BOHATERSKIE AKCJE ŻOŁNIERZY WYKLĘTYCH

Joanna Wieliczka-Szarkowa

BOHATERSKIE AKCJE ŻOŁNIERZY WYKLĘTYCH

Kraków
Wydawnictwo AA

Skład i łamanie: Anna Smak-Drewniak

Projekt okładki: Agnieszka Siekierżycka

Dziękujemy:

Panu Adamowi Borowskiemu za udostępnienie fotografii z albumu: J. Krajewski, J. Kurtyka, T. Łabuszewski, P. Niwiński, J. Pawłowicz, G. Wąsowski, J. Węgierski, L. Żebrowski, *Żołnierze wyklęci. Antykomunitsyczne podziemie zbrojne po 1944. Wydanie uzupełnione i poprawione*, Oficyna Wydawnicza Volumen, Liga Republikańska, Warszawa 2002;
Panu Adamowi Rolińskiemu z Fundacji Centrum Dokumentacji Czynu Niepodległościowego w Krakowie za fotografie Brygady Świętokrzyskiej;
Panu Bogdanowi Ścibutowi, koordynatorowi akcji „Powinniśmy wracać po swoich", zajmującemu się m.in. dokumentacją historii Zgrupowania Oddziałów Partyzanckich VII Okręgu Śląskiego Narodowych Sił Zbrojnych, za zdjęcia z archiwów rodzinnych Andrzeja i Magdaleny Jamro (zięcia i córki Tadeusza Przewoźnika „Kuby") oraz Aurelii Włoch, córki Stanisława Włocha „Lisa".
Fotografie współczesne ze zbiorów autorki.

ISBN 978-83-7864-333-3

Wydawnictwo AA s.c.
30-332 Kraków, ul. Swoboda 4
tel.: 12 292 04 42
e-mail: klub@religijna.pl
www.religijna.pl
www.historiamojapasja.pl

WSTĘP

Powrót do Polski

Rankiem 22 stycznia 1919 roku – nieco ponad dwa miesiące po odzyskaniu przez Polskę niepodległości – Krakowskim Przedmieściem w Warszawie, wśród rzesz mieszkańców stolicy ruszył pochód do katedry św. Jana. W asyście ułanów powozem wieziono Michała Szurmińskiego, ordynansa gen. Józefa Sowińskiego i Michała Przybylskiego – ostatnich żyjących powstańców listopadowych. Za nimi maszerowało ponad stu weteranów powstania styczniowego 1863 roku. W katedrze zajęli miejsca w prezbiterium i pierwszych ławach, z tyłu, za nimi, stali generałowie Wojska Polskiego i ministrowie. Ksiądz Antoni Szlagowski w kazaniu zwrócił się do powstańców: „Wyciągnijcie swe zgrzybiałe ręce nad wnukami i prawnukami po mieczu, a mówcie: Niech duch największych w narodzie rycerzy spocznie na was… niech Bóg ojców naszych, Bóg Piastów i Jagiellonów prowadzi was do zwycięstw". Po Mszy św. wszyscy przeszli pod krzyż, w miejsce stracenia Romualda Traugutta i członków Rządu Narodowego 1863 roku, gdzie jeden z powstańców wezwał: „My, weterani, błagamy was w imię Boże i Królowej Polski Matki Bożej – dokończcie zdrowymi siłami dzieła przez nas rozpoczętego. Dopełnijcie zbawiania tej drogiej ojczyzny, za którą tyle walczyło pokoleń".

Naczelnik Państwa Józef Piłsudski wydał rozkaz zaliczający do szeregów Wojska Polskiego wszystkich weteranów 1863 roku, w sierpniu przyznano im stałą pensję, w grudniu awansowano ich na stopień oficerski. W kolejną rocznicę, 22 stycznia 1920 r., już po wskrzeszeniu orderu Virtuti Militari, zostało nim uhonorowanych pierwszych 54 powstańców. Niepodległa Polska – walcząca o swe granice, odbudowująca gospodarkę, szkolnictwo, struktury państwowe po 123 latach niewoli – potrzebowała roku, aby uhonorować około 3,5 tysiąca styczniowych powstańców – tych, którzy doczekali...

Spośród uczestników antykomunistycznego powstania niezłomnych Żołnierzy Wyklętych, które rozpoczęło się wraz z wejściem w granice Rzeczypospolitej wojsk sowieckich w 1944 roku, mało kto doczekał wdzięczności. W okrągłostołowej republice zbudowanej po 1989 roku nadal nie było dla nich miejsca. Dla ich oprawców – owszem. W III RP nadal pozostali „wyklęci", a niektórzy jeszcze bardziej, choćby ci z Narodowych Sił Zbrojnych, a szczególnie z Brygady Świętokrzyskiej. Zbyt wiele karier zbudowano na ich „wyklinaniu". Gdy w 1998 roku wywodzący się z partii komunistycznej prezydent wręczał najwyższe polskie odznaczenie, Order Orła Białego, partyjnym rewizjonistom, autorom listu do członków PZPR z 1965 roku, powiedział wtedy: „Byliście pierwszymi, którzy w sposób otwarty napiętnowali system dyktatury". I na tym kłamstwie przez lata budowano. W mieniącej się niepodległą Polsce zohydzano wszystko, co ją od pokoleń kształtowało. Przecież była „nienormalnością", więc jej święte symbole i barwy zastąpiono czekoladowym ptakiem i różowym balonem. Ci sami ludzie nie odważyli się tak sponiewierać Narodowego Dnia Pamięci „Żołnierzy Wyklętych", choć nie żyli już wtedy inicjatorzy jego ustanowienia – śp. Janusz Kurtyka (w latach 2005-2010 prezes IPN), z determinacją przywracający pamięć o antykomunistycznym powstaniu, oraz prezydent Lech Kaczyński, polegli 10 kwietnia 2010 roku w smoleńskim błocie. Gdy ich zabrakło, w przygotowanej ustawie zamieniono zapis „W hołdzie «Żołnierzom Wyklętym» – bohaterom antykomunistycznego powstania..." na „antykomunistycznego podziemia", chcąc jeszcze umniejszyć skalę oporu z lat 1944-1956. Na nic się to zdało, już nie zagłuszy się okrzyku młodego pokolenia Polaków: „Chwała bohaterom". Nie sposób policzyć kolejnych inicjatyw przywracających pamięć o Wyklętych walczących w latach 1944-1963. Jedną z nich są krakowskie Zaduszki za Niezłomnych-Wyklętych – wypominkowa Msza św., modlitwa ofiarowana za dusze poległych i zakatowanych. W wypełnionej po brzegi krakowskiej bazylice Mariackiej, gdzie przed blisko 250 laty odprawiano uroczyste egzekwie nad antenatami Wyklętych, konfederatami barskimi, idącymi w bój z ryngrafami na piersiach, dziś wierni wznoszą nad głowami portrety Ciepińskiego, Flamego, Badochy, Szendzielarza, Borysewicza, Dziemieszkiewicza, Dekutowskiego, Brońskiego, Franczaka, ks. Gurgacza... a w tle ołtarz Wita Stwosza, polichromie Matejki, witraże Wyspiańskiego. Przejmująca symbolika, powrót do głównego nurtu polskiej historii i kultury. Wraz z nimi muszą powrócić wartości, które ich ukształtowały i za które oddali życie: prawda, dobro, piękno, wolność, honor, wierność, umiłowanie Ojczyzny.

W 1945 roku zdradzona w Jałcie Polska utraciła połowę terytorium i Niepodległość. Żołnierze antykomunistycznego powstania – z ryngrafami z Matką Bożą na piersiach i Orłami w koronie na wojskowych czapkach, nie pogodzili się z tym wyrokiem i chwycili za broń, pozostając do końca wiernymi Niepodległej Rzeczypospolitej. O tej walce jest ta książka. Gdy wolny świat świętował zakończenie wojny, oni bili się z wojskami NKWD, KBW, grupami operacyjnym UB i MO pod Kuryłówką, Lasem Stockim, Miodusami, Ogółami... Skutecznie chronili Polaków przed samowolą komunistycznej władzy, rozbijali posterunki, areszty, więzienia, uwalniając zatrzymanych przez bezpiekę. W latach 1944-1946 odbili prawie 4 tysiące osób z więzień: ponad 300 uwolnił kpt. „Szary" w Kielcach, po kilkadziesiąt „Harnaś" w Radomiu, „Bruzda" w Grajewie, „Jastrząb" we Włodawie. Brygadzie Świętokrzyskiej udało się uratować ponad tysiąc ludzi, wyprowadzając ich na Zachód. Zaciskała się jednak pętla terroru, strzały padały coraz rzadziej. Na wiosnę 1948 roku Zdzisław Broński „Uskok" notował: „Ludzie coraz bardziej dostosowują się do znienawidzonego, a umacniającego się porządku – bo przecież trzeba żyć. My, garstka straceńców – jak nas nazywają – stajemy się oazą wiary i woli zwycięstwa na pustyni zwątpienia i beznadziejności".

Przemysław Dakowicz, poeta młodego pokolenia, w wierszu z tomiku „Łączka", dedykowanym Witoldowi Talaśce, synowi Bolesława Lipskiego z pomorskiej AK, zamordowanego w mokotowskim więzieniu, pytał: „dokąd idziesz chłopczyku / do taty / gdzieś tam / tatuś mój leży / biedny tatuś / położył się / położył i śpi / tatuś bandyta / pójdę go zbudzić / zawołam nie śpij tatusiu / wstań chodźmy / za siódmą górę / za siódmą rzekę / przez błota / kałuże / opłotkami / idzie chłopczyk / bezsenny / wytrwały / dokąd idziesz chłopczyku / do Polski". I tą drogą „do Polski" prowadzą nas dzisiaj odnajdowani na „Łączce" i tylu innych miejscach niezłomni Żołnierze Wyklęci.

Jarosław Szarek

„ZAMELDOWAĆ SIĘ U NACZELNEGO WODZA...”

BRYGADA ŚWIĘTOKRZYSKA

„Nie zdążyłem na dobre zasnąć, gdy do izby wpadł adiutant z meldunkiem o silnym zgrupowaniu komunistycznych leśnych oddziałów, znajdujących się w gęstym lesie przy gajówce, w odległości około dwóch kilometrów od naszego miejsca postoju. Otoczeni kolczastymi drutami, posiadają ciężkie karabiny maszynowe oraz granatniki. Wysłany po mąkę do młyna patrol z II batalionu w sile 12 ludzi, pod dowództwem podporucznika „Sanowskiego”, został przez nich złapany i rozbrojony. Wszyscy mają być rozstrzelani. Wiadomość tę przyniósł nam furman, który wiózł ich do młyna, a któremu udało się niepostrzeżenie ucicc. Wybiegłem z chaty, zabierając z sobą chłopa, który przyniósł nam tę wiadomość i zarządziłem alarm 202 Pułku Piechoty. Forsownym marszem ruszyliśmy w kierunku gajówki” – wspominał płk Antoni Szacki „Bohun”, dowódca Brygady Świętokrzyskiej – jedynej jednostki partyzanckiej, której udało się przedrzeć na Zachód i uratować około tysiąca partyzantów od komunistycznego terroru.

Po nocnym marszu, w poniedziałek nad ranem, 7 sierpnia 1944 roku mjr Antoni Szacki „Bohun" przyprowadził 300 ludzi na koncentrację oddziałów leśnych Narodowych Sił Zbrojnych w majątku Lasocin. Rozkazem Komendy Głównej NSZ z 11 sierpnia 1944 roku został on powołany na dowódcę nowego zgrupowania – Brygady Świętokrzyskiej, największej jednostki polowej NSZ na ziemiach polskich, składającej się z 204 Pułku Piechoty Ziemi Kieleckiej oraz 202 Pułku Piechoty Ziemi Sandomierskiej, złożonego z oddziałów NSZ przybyłych z Lubelszczyzny. Brygada liczyła około 850 żołnierzy, z których prawie 400 nie miało broni i amunicji.

„Obraliśmy drogę prostą i czystą"

W czasie przeglądu oddziałów „Bohun" powiedział do nich: „Kochani Żołnierze! Dumny jestem, że dane mi jest dowodzić Wami. Znam wielu spośród Was osobiście. Znam Wasze czyny, Wasze zwycięskie walki z okupantem jednym i drugim. Dziś, kiedy wojna ma się ku końcowi, kiedy Niemcy są już zdychającą szkapą, a klęska ich jest kwestią krótkiego czasu, na naszej drodze do wolności staje drugi potężny wróg i nasz ciemiężca – Rosja Sowiecka. Znane są w historii zbrodnie dokonywane na ciele Rzeczypospolitej Polskiej przez moskiewskich władców. Świeże są rany 1939 roku, Katynia, masowych mordów niewinnej ludności w czasie bolszewickiej okupacji i rozbicia polskich oddziałów leśnych na Wołyniu, Wileńszczyźnie i Lubelszczyźnie.

Fakty te odkryły i pokazały rzeczywiste oblicze czerwonego imperializmu w stosunku do Polski. Niestety, są wśród Polaków ludzie, są politycy, którzy mimo zbrodniczych czynów wschodniego sąsiada pertraktują z nim, zaprzedając siebie i kraj. Obraliśmy drogę prostą i czystą. Podjęliśmy walkę ciężką i trudną, bo walkę na dwa fronty. Zdając sobie sprawę, że zachodni okupant jest bezwzględny dla naszej cywilnej ludności, musimy działać rozumnie. Narażenie każdego polskiego życia przez nas, przez nasze nierozważne i lekkomyślne posunięcia byłoby zbrodnią. Ale tam, gdzie zaistnieje konieczność obrony, będziemy bezwzględni, mając zawsze na uwadze, że kropla przelanej polskiej krwi jest

Zwiad konny Brygady Świętokrzyskiej (od lewej): ppor. Franciszek Bajcer „Sanowski" (dowódca plutonu i zastępca dowódcy 1 kompanii w batalionie Legii Nadwiślańskiej), NN, kpt. Henryk Figura „Step" (dowódca I batalionu 202 pp), ppłk Władysław Marcinkowski „Jaxa" (zastępca dowódcy Brygady Świętokrzyskiej i dowódca 202 pp), NN, NN, kpr. Bronisław Główka „Buława". Jesień 1944 na wagę złota. Żołnierze! Znając Wasze wartości moralne i bojowe powiadam: możecie być naprawdę dumni. Idziecie przez tyle lat wśród trudów i niebezpieczeństw, narażając swoje życie. Idziecie, nie za dolary, nie dla stopni i odznaczeń, wszak jesteśmy 'nielegalni' – idziecie, bo tak Wam nakazują Wasze polskie serca i sumienia. (...) Z Wami nie obawiam się żadnych trudów, przeciwności i niebezpieczeństw. Pójdziemy naprzód, pokonując każdą przeszkodę. Pójdziemy razem, aż do ostatecznego zwycięstwa w walce o wolność i niepodległość naszej Ukochanej Ojczyzny".

Brygada powiększała się w następnych miesiącach i jesienią 1944 roku liczyła około 1200 osób, ale pod koniec roku wróciła do stanu początkowego. Zastępcą „Bohuna" był mjr Władysław Marcinkowski „Jaxa", a szefem sztabu cichociemny, mjr Leonard Zub-Zdanowicz „Ząb". O ile zaraz po sformowaniu jakiekolwiek uzbrojenie posiadała tylko połowa partyzantów, a na jeden karabin przypadało zaledwie po sześć naboi, to już 20 sierpnia 1944 roku sytuacja ta uległa zdecydowanej zmianie. Właśnie wtedy II batalion 202 Pułku Piechoty pod dowództwem mjr. Henryka Karpowicza „Rusina" urządził pod Kurzelowem zasadzkę na niemiecką kolumnę transportową i zdobył trzysta belgijskich karabinów oraz kilka tysięcy sztuk niemieckiej amunicji.

Od początku głównym wrogiem dla Brygady byli komuniści. Jak notował jej kronikarz, ppor. Stanisław Jaworski vel Tytus Piotrowski „Korwin" „od połowy sierpnia 1944 r., poza walkami z Niemcami, datują się także ustawiczne wyprawy na komunistów. Piszę ustawiczne, bo właściwie z każdego m[iejsca] p[ostoju], na których Brygada w późniejszych swych marszach zatrzymywała się, wykonywała wypady przeciw oddziałom komunistycznym GL [Gwardia Ludowa formalnie już wtedy nie istniała] lub AL, działającym przeciwko brygadzie ściśle według dyrektyw sowieckich”. Potwierdzały to sprawozdania Armii Krajowej, w których podkreślano, że „Brygada Świętokrzyska ściga zawzięcie AL-owców, aresztując podejrzanych o należenie lub sympatie do AL”. Podobnie opisujący działania jednostki Jerzy Jaxa-Maderski pisał, że „Brygada w tym okresie nie atakowała Niemców. Uznano, że głównym wrogiem Polski staje się Rosja. (...) Niemcy widząc, że oddziały NSZ unikają z nimi otwartych walk i nie atakują, biją się tylko w samoobronie, a walczą z komunistami i rozbijają ich – otrzymali rozkaz nieatakowania oddziałów NSZ, a szczególnie Brygady, licząc na to, że z czasem uda się wciągnąć je do wspólnej walki z komunizmem”. Na odprawie oficerskiej, dotyczącej rozmów z komendą Korpusu Kieleckiego AK, 5 września 1944 roku kpt. Stefan Władyka „Lech” stwierdził: „Są ludzie, których gnębi pytanie, czy dobrze robimy walcząc jednocześnie z Niemcami i bolszewikami. Czy nie lepiej byłoby postępować tak, jak AK i iść na kompromis z bolszewikami. Na te wątpliwości odpowiedział trafnie mjr ‘Ząb’: ‘Widzę przed nami dwie drogi – albo przejść spod okupacji niemieckiej pod okupację sowiecką, albo walczyć o istotnie wolną i niezależną Polskę. Zorganizowaliśmy się, aby uratować jak najwięcej wartościowego elementu polskiego. Musimy czerpać wzory ze średniowiecznych zakonów rycerskich i sami stworzyć oddział o nowoczesnym typie zakonu rycerskiego".

Uratowani znad dołów śmierci

Brygada wyruszyła wówczas na południe w kierunku Małogoszczy, ale niespodziewanie natknęła się na niemiecką obławę i cofnęła z powrotem do Lasocina, gdzie dotarła 7 września rano. Stamtąd żołnierze NSZ przemaszerowali do wsi Rząbiec. „Po uciążliwym nocnym marszu, przy pięknej księżycowej pogodzie i względnie dobrych leśnych drogach, o świcie osiągnęliśmy miejsce postoju – wspominał płk Antoni Szacki „Bohun". – „Piękny, słoneczny i ciepły poranek dawał nadzieję, że po ciężkich trudach żołnierz będzie mógł bezpiecznie odpocząć. Wieś leżała w głębi dużych lasów, które umożliwiały ukrycie większej jednostki partyzanckiej. Życzliwość ludności wiejskiej wskazywała na to, że brygada zostanie dobrze odżywiona i zaopatrzona". Ponieważ było to 8 września, w święto Matki Boskiej Siewnej, kapelan brygady, ksiądz kpt. Franciszek Błaż „Mróz" przygotowywał się do odprawienia mszy świętej przy postawionym przez żołnierzy ołtarzu polowym, ozdobionym brzozami. „Bohun", jak sam wspominał, był tak zmęczony, że po wejściu do chałupy, w której kwaterował, położył się w ubraniu na rozpostartej na podłodze słomie, żeby trochę odpocząć. Byli z nim także przybyli przed paroma dniami do brygady: komendant NSZ, generał Zygmunt Broniewski

„Bogucki" i doktor Eugeniusz Kerner „Kazimierz". Oficerowie nie zdążyli na dobre zasnąć, „gdy do izby wpadł adiutant z meldunkiem o silnym zgrupowaniu komunistycznych leśnych oddziałów, znajdujących się w gęstym lesie przy gajówce, w odległości około dwóch kilometrów od naszego miejsca postoju. Otoczeni kolczastymi drutami, posiadają ciężkie karabiny maszynowe oraz granatniki. Wysłany po mąkę do młyna patrol z II batalionu w sile 12 ludzi, pod dowództwem podporucznika 'Sanowskiego' [Franciszka Bajcera], został przez nich złapany i rozbrojony. Wszyscy mają być rozstrzelani. Wiadomość tę przyniósł nam furman, który wiózł ich do młyna, a któremu udało się niepostrzeżenie uciec".

„Bohun" natychmiast wybiegł z chaty, zabierając ze sobą chłopa, który przyniósł wiadomość i zarządził alarm 202 Pułku Piechoty. „Forsownym marszem ruszyliśmy w kierunku gajówki. W drodze wydawałem rozkazy poszczególnym oddziałom. Czułem jakąś wewnętrzną siłę, która pozwoliła mi działać bezbłędnie. Furman, którego zabrałem z sobą, wskazywał mi jedynie ogólny kierunek miejsca postoju oddziałów komunistycznych, ja zaś w pośpiechu patrząc na mapę, prawie widziałem czy wyczuwałem rozmieszczenie poszczególnych sił nieprzyjaciela i nawet położenie broni maszynowej i miotaczy min. Plan działania był prosty: okrążyć i zaatakować". „Bohun" kazał jednej kompanii 202 Pułku Piechoty, pod dowództwem kapitana Henryka Figuro-Podhorskiego „Stepa", uderzyć od południa, a od północnego zachodu rzucił do natarcia na główne siły nieprzyjaciela batalion majora Henryka Karpowicza „Rusina". I jeszcze ściągnął do pomocy batalion 204 Pułku pod dowództwem kapitana Władysława Kołacińskiego „Żbika", który od północnego wschodu miał odciąć drogę wycofującym się oddziałom komunistycznym. „Wszystkie bataliony uderzyły jednocześnie na odrutowane stanowiska komunistyczne. Zaskoczenie było całkowite. Nie spodziewali się tak nagłej i szybkiej reakcji. Po godzinnej walce, pomimo że posiadali dużo broni maszynowej, granatników i amunicji, wszyscy się poddali. Wzięty do niewoli komunistycznej podporucznik 'Sanowski' i 12 innych żołnierzy zostało uratowanych od śmierci. Stali już nad wykopanymi dołami, czekając na egzekucję. Ocaliła ich szybkość naszego uderzenia" – pisał „Bohun".

Brygada zdobyła dużo sprzętu wojskowego, w tym dwa cekaemy, jeden granatnik, pięćdziesiąt pistoletów maszynowych, dwa karabiny przeciwczołgowe, 120 karabinów ręcznych, dwadzieścia pistoletów oraz dużą ilość amunicji. W walce zginął jeden żołnierz NSZ i jeden został ciężko ranny. Komuniści stracili 34 zabitych oraz prawie 30 rannych, a do niewoli dostało się 67 jeńców sowieckich oraz 40 Polaków. Po ich przesłuchaniu okazało się, że Brygada Świętokrzyska rozbiła zgrupowanie oddziałów z komunistycznej brygady kapitana AL Tadeusza Grochala „Tadka Białego" oraz partyzantów sowieckich batalionu skoczków kapitana Iwana Karawajewa „Iwana Iwanowicza". „Zaplanowana koncentracja miała zadanie zniszczenia Brygady Świętokrzyskiej. Tymczasem karta się odwróciła. Udało się nam nie tylko uratować naszych ludzi i brygadę przed groźnym niebezpieczeństwem, ale także rozgromić komunistów i zasilić się w broń i amunicję. Zdobyliśmy także archiwa, w których znaleziono dokumenty świadczące o przygotowaniach Sowietów do ewentualnej wojny z zachodnimi aliantami oraz tajne instrukcje niszczenia członków polskich organizacji podziemnych: AK i NSZ, a także rozkazy gnębienia uchodźców z Warszawy itd. Tam również znaleźliśmy rozkazy koncentracji leśnych oddziałów sowieckich i AL celem pobicia Brygady Świętokrzyskiej. Siły koncentracji komunistycznej wynosiły około 300 ludzi, uzbrojonych w broń sowiecką o dużej sile ogniowej. Brygada w tym czasie osiągnęła liczbę 1400 żołnierzy, uzbrojenie jej jednak było niedostateczne" – podsumował „Bohun". Spośród jeńców Polaków, czterech zostało rozstrzelanych z wyroku sądu polowego za udział w rabunkach, trzynastu wstąpiło do Brygady Świętokrzyskiej, w tym późniejszy komunistyczny publicysta Władysław Machejek, który przez kilka dni był ordynansem „Bohuna", a potem uciekł.

Dopiero wieczorem, po bitwie, cała brygada mogła stanąć przed ołtarzem polowym i wziąć udział w mszy św., aby podziękować za ocalenie 13 żołnierzy od śmierci. Razem z partyzantami modliło się wielu mieszkańców Rząbca. „Wszyscy cieszyli się z rozgromienia partyzantów komunistycznych, którzy już od dłuższego czasu terroryzowali miejscową ludność, uprawiając zwykły bandytyzm". Podporucznik „Sanowski", dowódca ujętego przez komunistów patrolu, jak zaświadczył „Bohun", stojąc przed plutonem egzekucyjnym, przyrzekł Bogu, że w razie uratowania towarzyszy i siebie od śmierci, życie swe poświęci służbie Bogu i Kościołowi. Uwolniony dosłownie w ostatnich sekundach przed egzekucją, obietnicy dotrzymał. Po wojnie wstąpił do seminarium duchownego w Rzymie, następnie studiował teologię na tamtejszym uniwersytecie. Otrzymał tytuł doktora. Odwiedził swojego dowódcę i jego rodzinę we Francji pod Bordeaux w 1954 roku. Wysłany na misję do Afryki, zmarł kilka lat później na raka.

Odchodzącą z Rząbca jeszcze tego samego dnia wieczorem Brygadę mieszkańcy żegnali z żalem. Żołnierze prowadzili ze sobą jeńców pod konwojem podporucznika Jana Wodza „Lamparta". Jak wspominał „Bohun", „w nocy podczas marszu jeńcy przerwali konwój i część z nich uciekła, reszta poległa pod ogniem erkaemów i pistoletów maszynowych eskorty". Według dokumentu NSZ, straty własne w czasie tłumienia buntu wyniosły pięciu ciężko rannych, z których dwaj zmarli, zaś straty nieprzyjaciela – 67 zabitych.

Od zachodu Niemcy, od wschodu bolszewicy

Do końca 1944 roku Brygada Świętokrzyska walczyła zarówno z komunistami, jak i z Niemcami. Rozłożona na leże zimowe w rejonie Miechowa, 12 stycznia 1945 roku, w momencie rozpoczęcia sowieckiej ofensywy, znalazła się, jak zauważył „Bohun", prawie w beznadziejnym położeniu, pomiędzy silną obroną na rzece Pilicy, a potęgą ruszającego frontu sowiecko-niemieckiego. Jedynym wyjściem z tej sytuacji był marsz Brygady na zachód. Rozpoczął się on w nocy z 13 na 14 stycznia 1945 roku, ale przy próbie przekroczenia frontu koło Pogwizdowa jednostka została zaatakowana przez Wehrmacht, tracąc poległych i rannych. W końcu 15 stycznia 1945 roku Niemcy zgodzili się, aby przeszła Pilicę w Żarnowcu. „Ofensywa bolszewicka zmusiła nas do przesunięcia się na zachód Polski. Na drodze stanęły nam umocnienia niemieckie. W dniu 14 bm. starliśmy się z Niemcami, chcąc przebić się na zachód. Nie daliśmy rady. W dniu 15 bm. czołgi bolszewickie zaatakowały nas od wschodu. Dla ratowania brygady porozumiałem się z dowództwem fortyfikacji niemieckich, aby zezwoliło nam przejść przez ich linie na zachód. Tym samym weszliśmy w stan niewojowania z Niemcami na czas nieokreślony. Mam nadzieję, że szybko toczące się wypadki wojenne pozwolą nam w niedalekiej przyszłości zameldować się u Naczelnego Wodza i prawowitego Rządu Polskiego i według jego rozkazu zwrócić nasz oręż przeciwko wrogowi, którego każe nam zwalczać" – stwierdzał „Bohun".

Jeszcze przez kilka dni szybko posuwające się wojska sowieckie stanowiły zagrożenie dla Brygady. Dopiero po przekroczeniu Odry, 21 stycznia, zatrzymała się w Komornikach (Kammerfeld) na prawie dwa dni oraz na kolejny dłuższy postój w Kubicach (Kaubit) koło Ząbkowic Śląskich i w Pogorzale (Seifersdorf), w pobliżu Wałbrzycha. Dawną granicę niemiecko-czechosłowacką w Sudetach pokonała 6 lutego 1945 roku. Przejście przez linię frontu i dalszy marsz „bocznymi szosami z kierunkiem ogólnym na Pragę Czeską", odbywał się na mocy porozumień zawieranych z dowódcami niemieckimi, którym nie udało się nakłonić Brygady do walki z Sowietami, ale działali według instrukcji z Berlina, a powszechnie znane antykomunistyczne nastawienie NSZ dawało nadzieję, że w końcu taką walkę podejmie. Dowództwo Brygady nie brało pod uwagę przyłączenia się do Niemców przeciwko Armii Czerwonej, bo nie zamierzało tracić samodzielności oraz chciało dążyć do zawarcia porozumienia z aliantami zachodnimi. Tymczasem do sztabu Brygady zostało przydzielonych kilku niemieckich podoficerów, którzy mieli za zadanie regulować sprawy zakwaterowania i wyżywienia, ale nie mieli prawa w jakikolwiek sposób wtrącać się w wewnętrzne sprawy Brygady. Dlatego przez cały czas podkreślała ona swój polski charakter. W połowie lutego „Bohun" nakazał dopilnować dowódcom pododdziałów, „aby wszyscy żołnierze mieli orzełki i proporczyki biało-czerwone na czapkach, orzełki na lewych rękawach mundurów, opaski biało-czerwone na lewym rękawie płaszcza i oznaki stopni wojskowych". Prowadziła poza tym nasłuch polskich audycji, dzięki którym dowiadywano się o aktualnej sytuacji na świecie.

Wielkanoc jak w Polsce

Po wkroczeniu Brygady na teren Protektoratu Czech i Moraw problem utrzymania jednostki spadł częściowo na ludność czeską. Żołnierz Brygady, Bolesław Kempa zapisywał wtedy w Dzienniku, że kwaterowali w domach prywatnych, a na obiad jedli narodową potrawę czeską – knedle (knedliczki), „bardzo smaczne, z czysto białej mąki. A to się rzadko zdarza". Wspominał także, że Czesi byli dla nich uprzejmi. Poza tym żołnierze mogli korzystać z kościołów i innych lokali publicznych w miejscach postoju, z usług miejscowych rzemieślników, a także otrzymywać przepustki do innych miejscowości. „Przed wyjściem do miasta należy sprawdzić wygląd zewnętrzny (umundurowanie, czystość rąk i twarzy). Wychodzić wolno tylko z bronią krótką, granaty pozostawiać na kwaterze. Przepustki wolno wydawać tylko do godz. 20-ej. Do 23-ej [przepustkę] może wydać Kierownik Filii [batalionu] w specjalnym wypadku. Oficerowie mogą opuszczać rejon zakwaterowania tylko za

Brygada Świętokrzyska w marszu na Zachód. Czechy, kwiecień 1945

wiedzą d[owódc]y" – pisano w rozkazie dziennym. Ponadto żołnierze mieli zakaz słuchania audycji radiowych z Londynu w obecności miejscowej ludności i „straszenia jej nadciągającymi bolszewikami".

Na dłuższy postój, trwający prawie miesiąc, Brygada zatrzymała się w Rostein (Rozstani) na północny wschód od Brna, w pobliżu niemieckiego obozu szkoleniowego, gdzie została zakwaterowana w opuszczonych domach. Od razu przystąpiono do zorganizowania tam garnizonu. „Rostein przewidziane jest na miejsce stałego postoju Firmy. Bez względu na to, jak długo sytuacja wojenna i polityczna pozwoli nam tu pozostać, polecam wprowadzić na miejscu] p[ostoju] jak największą dyscyplinę i porządek. (...) Szefowi O[ddziału] IV polecam zaprowadzić ewidencję zagród niezamieszkanych i przedstawić możliwości ich wykorzystania do dn. 31 bm. [marca 1945] włącznie. Każdy pododdział jest odpowiedzialny za czystość odcinka ulicy przechodzącej przez jego rejon. Każdy pododdział na zajmowanych kwaterach uporządkuje stan płotów i uprawi ogródki. Polecam otoczyć opieką drzewa i krzewy" – pisał w inauguracyjnym rozkazie „Bohun". Poza tym nakazano zorganizować izbę chorych, ośrodek dla chorych koni, areszt, wykopać latryny, założyć wysypisko śmieci. Miejscowy kościół został kaplicą garnizonową, w której odprawiono rekolekcje wielkopostne, a także zorganizowano chór kościelny. „Niedziela Palmowa przeszła bez żadnych zmian, jak wszystkie niedziele w roku. Po południu rozpoczęły się rekolekcje i będą trwały do środy włącznie. Na tej wsi, gdzie obecnie jesteśmy, jest kościół. Oczywiście zastaliśmy tylko ściany, bo wszystko zostało z niego zabrane. Nasz kapelan jak mógł, tak go ozdobił i mamy teraz kościół sami dla siebie. (...) Ostatni tydzień był naprawdę ciężki, bo poza ćwiczeniami mieliśmy przez trzy dni rekolekcje, potem spowiedź i codziennie rano nabożeństwo z komunią". Na Wielkanoc „kapelan tak ładnie urządził ciemnicę i grób, że przypomina się zaraz Polska" – notował w dzienniku Bolesław Kempa.

„Wojsko Polskie! Polacy! Nasi! Paliaki! Polonais!..."

Marsz na zachód Brygada, licząca wówczas około 930 osób uzbrojonych przeważnie w broń automatyczną, dwa działka, około 70 wozów taborowych oraz 180 koni, wznowiła 13 kwietnia 1945 roku. W tym czasie jej sytuacja zaopatrzeniowa bardzo się pogorszyła. „Najgorzej jest z jedzeniem, bo jest go coraz mniej, ale pocieszamy się nadzieją, że to już niedługo. (...) Ostatnio trochę straciłem mój animusz i chęć do życia – zaczyna być źle, nie ma co jeść. Nawet nie ma jednego papierosa, żeby go można spokojnie zapalić. Głupie uczucie, kiedy się ma pieniądze (mam jeszcze około dwóch tys. koron), a nie można za nie nic dostać. Bo naprawdę jak nie zahandlujesz coś z ubrania, możesz umrzeć z głodu. Żeby się to już wreszcie skończyło" – pisał Kempa.

Coraz bliższa była jednak linia frontu i Brygada pozbyła się w końcu całkowicie niemieckiej opieki, a 1 maja 1945 roku zakończyła swój marsz, kwaterując w kilku wsiach na zachód od Pilzna z dowództwem we Všekarach. Wkrótce nawiązała też bezpośredni kontakt z Amerykanami. „Armia amerykańska zrobiła na nas potężne wrażenie. Nie tyle żołnierze, ile sprzęt, broń i sprawność wojskowa. Ich obojętne i wyniosłe zachowanie, ogromne czołgi, prawie fortece na kółkach, technika i dyscyplina. Między naszym dowództwem i Amerykanami natychmiast doszło do porozumienia, uznali nas za wojsko i podobno zaraz zawiadomili polskie władze wojskowe i gen. Andersa. Teraz odpoczywamy, czekając na rozkazy naszego wodza" – pisał żołnierz Brygady w swoim dzienniku. Amerykanie wykorzystali podane przez Polaków wiadomości i m.in. zbombardowali wskazane przez nich składy amunicji, a Brygada wspierała wojska amerykańskie w blokowaniu trasy przemarszu oddziałów niemieckich. Największą akcję przeciwko Niemcom przeprowadziła 5 maja 1945 roku, wyzwalając kobiecy obóz koncentracyjny w Holiszowie.

„Cały dzień 4 maja został przeznaczony na dokładne rozpoznanie obozu. Wywiad czeskiej organizacji podziemnej dostarczył nam bardzo cenne wiadomości o składzie załogi niemieckiej, o rozmieszczeniu budynków z ciężkimi karabinami maszynowymi, oraz wręczył dokładny plan całego obozu. Na podstawie tych danych, powziąłem decyzję wykonania akcji bojowej 5 maja o godzinie 12.00 w południe, przez zaskoczenie w porze obiadowej. Cała brygada była już od godziny 6.00 rano w pogotowiu alarmowym, czekając na rozkaz wymarszu na podstawy wyjściowe do natarcia na obóz" – pisał „Bohun". Zanim jednak rozpoczęła się akcja, u dowódcy zjawiła się delegacja mieszkańców

Holiszowa z prośbą o odłożenie ataku na obóz. „Swoje obawy motywowali tym, że Amerykanie prawdopodobnie nie wkroczą wcześniej niż za parę tygodni, a tymczasem Niemcy w odwecie za akcję na obóz mogą zastosować represje na mieszkańcach Holiszowa". Pułkownik Szacki oświadczył, że nie może odwołać przygotowanego uderzenia na obóz, gdyż esesmani zamierzają wymordować wszystkie więźniarki. Po wyjściu „rozgoryczonych" Czechów „Bohun" zarządził alarm z natychmiastowym wymarszem wyznaczonych do akcji oddziałów.

„O godzinie 11.30, na sygnał wystrzelonej zielonej rakiety, bataliony wyruszyły z podstaw wyjściowych do natarcia. II batalion 202 Pułku Piechoty posuwał się powoli w terenie pokrytym lejami po bombach lotniczych i połamanymi drzewami. Dochodząc do obozu, na swej drodze napotkał nową przeszkodę – dość głęboką rzeczkę z jednym tylko wąskim mostem. Nastąpiło krótkie zatrzymanie się oddziałów. Na rozkaz: – 'Biegiem przez most' cały batalion przekroczył rzekę. Z niemieckich bunkrów odezwały się ciężkie karabiny maszynowe, na szczęście, pociski wysoko gwizdały nad naszymi głowami. Kompanie majora 'Rusina' w natarciu wpadły na dziedziniec obozu, na którym stały zabudowania administracji niemieckiej. Większość esesmanów znajdowała się w jednym z tych budynków, spożywając obiad. Zaskoczeni, próbowali się bronić, lecz po postawionym im pięciominutowym ultimatum, wywiesili białe chorągiewki i poddali się. Z podniesionymi do góry rękami, małymi grupkami wychodzili z budynku. Po szczegółowej rewizji osobistej zostali ustawieni w szereg pod murem. Tymczasem I batalion 202 Pułku Piechoty, po unieszkodliwieniu dwóch bunkrów, obsadził fabrykę 'Holiszów', wystawiając ubezpieczenia w kierunku na Pilzno. Obóz koncentracyjny Holiszów został zdobyty. Do niewoli wzięto 200 esesmanów i 15 esesmanek" – opisywał akcję „Bohun".

Jedna z tysiąca uwolnionych wtedy kobiet, Zofia Plebaniak, wspominała po latach: „Naraz krzyk wstrząsa powietrzem, aż szyby do reszty wylatują. Podnoszę głowę. Wojsko polskie! Polacy! Nasi! Paliaki! Polonais! Powariowały – myślę, wstając pomału; chcę wyjść na podwórze. Stanęłam i jak gdyby skamieniałam. Rzeczywiście! Nasi żołnierze! Biegają z karabinami w garści, rozbrajają Niemców. Kobiety całują mundury, orły na ramionach żołnierzy, i wszystkie

Dowódca Brygady Świętokrzyskiej płk Antoni Szacki „Bohun" odbiera wiązankę kwiatów od delegacji uwolnionych kobiet. Holiszów, maj 1945

okropnie krzyczą". Wśród oswobodzonych więźniarek były Polki, Francuzki, Czeszki, Rumunki, Jugosłowianki i Żydówki. Brygada wyzwoliła obóz właściwie bez strat, gdyż tylko dwóch żołnierzy zostało rannych.

Spotkanie z US Army

Następnego dnia, 6 maja, po wspólnym z Amerykanami natarciu na Hradislawy [Hradislavy] – siedzibę sztabu niemieckiej 13 Armii, po którym do niewoli został wzięty cały sztab tej armii wraz z dwoma generałami i 70 oficerami wyższych stopni oraz 500 żołnierzami, Brygada Świętokrzyska zakończyła działania wojenne.

Spotkanie z żołnierzami armii amerykańskiej. Všekary, 6 maja 1945

Amerykanie uznali ją za jednostkę aliancką i mimo sowieckich nacisków pozostali do końca wierni temu postanowieniu. Pułkownik „Bohun" wydał w tym dniu rozkaz specjalny: „Żołnierze! Chwila, na którą tak długo czekaliśmy nastąpiła. Dzisiaj o godzinie 12 minut 15 oddziały naszej brygady nawiązały łączność z pierwszymi patrolami armii amerykańskiej, niosącej wolność narodowi polskiemu. Spotkaliśmy się jak równi z równymi, jak sprzymierzeńcy ze sprzymierzeńcami. Wiara nasza, która nie pozwoliła nam zwątpić nawet w beznadziejnej zdawałoby się sytuacji, gdy zguba i zagłada wisiały stale jak złowrogie widma nad nami, nie okazała się złudną. Osiągnęliśmy to, co początkowo

Defilada Brygady Świętokrzyskiej przed przedstawicielem Polskich Sił Zbrojnych, ppłk. dypl. Alojzym Mazurkiewiczem, wizytującym oddziały Brygady. Maszeruje kompania kpt. „Waltera". Všekary, 14 maja 1945

niejeden przenosił w sferę nieziszczalnych marzeń. Ponad cztery miesiące temu opuszczaliśmy Polskę z ciężkim sercem. Wiedzieliśmy, że przed nami jest droga trudna, gdzie tylko rozsądek i rozwaga mogą doprowadzić do realizacji naszych zamierzeń. Jakże ciężko było zdobyć się na decyzję marszu przez kraj zamieszkany przez Niemców, zaciętych wrogów naszej Ojczyzny, z którymi do ostatniej chwili przed przejściem frontu wschodniego prowadziliśmy nieubłaganą walkę. Za sobą zostawiliśmy nasze rodziny, nasze matki i żony. W naszym marszu na Zachód przeszliśmy wiele. Dławiło nas niekiedy uczucie chwilowej bezsilności i świadomość niemożliwości dalszej walki na tyłach armii niemieckiej. Okresu tego jednak nie zmarnowaliśmy. W zmienionych warunkach kontynuowaliśmy pracę mającą na celu realizację Polski Wielkiej i Niepodległej".

JEŃCÓW NIE BRANO

BITWA POD KURYŁÓWKĄ, 7 MAJA 1945

Pod Kuryłówką partyzanci „Ojca Jana" walczyli z wojskami NKWD. Było to jedno z największych zwycięstw antykomunistycznego podziemia nad sowietami po wojnie. „Atak! 'Hura! Hura!' – poszło po wszystkich liniach otaczających Kuryłówkę, jak gdyby ta mała płonąca wioska rzuciła się do rozpaczliwego kontrataku. Kilkadziesiąt koni śmignęło nad okopem i szło szarżą jak wicher w kierunku Sanu, odcinając ruskim drogę do rzeki. Wyskoczyliśmy z okopów, bezładnie pędząc przed siebie, bijąc z rkm-ów, wśród wybuchów granatów, świstu kul parliśmy do przodu. Na lewo od nas, równo jak na paradzie, szła do ataku podchorążówka z Laszek. Rozbici w tyralierę, z bagnetami na karabinach, młodzi polscy chłopcy brali już ruskich frontowców na bagnety" – wspominał Aleksander Pityński „Kula".

W czasie wojny major Franciszek Przysiężniak, trzydziestoparoletni zawodowy oficer artylerzysta, dowódca oddziału partyzanckiego Narodowej Organizacji Wojskowej (NOW) na Zasaniu, znany był nie tylko z opanowania i odwagi, ale przede wszystkim z wyjątkowo życzliwego stosunku do miejscowej ludności i niesienia jej bezinteresownej pomocy. Z tego też powodu nazywano go ojcem i dlatego przyjął pseudonim „Ojciec Jan". Jego stuosobowy oddział należał do najlepiej wyposażonych i uzbrojonych w całym podziemiu. Wspólnie z cichociemnym mjr. Leonardem Zub-Zdanowiczem „Zębem" z Narodowych Sił Zbrojnych (NSZ) walczyli z Niemcami, a w lutym 1944 roku zdecydowali się na taktyczną współpracę z przybyłym na Zasanie około dwutysięcznym zgrupowaniem partyzantki sowieckiej. Była to dowodzona przez ppłk. Piotra Werszyhorę 1 Ukraińska Dywizja Partyzancka im. gen. Sidora Kowpaka. Podobnie postąpił były partyzant „Ojca Jana", urodzony w Kostopolu na Wołyniu dowódca oddziału NOW Józef Zadzierski „Wołyniak", który jako szesnastolatek we wrześniu 1939 roku uciekł z domu i został zwiadowcą konnym u gen. Franciszka Kleeberga w Samodzielnej Grupie Operacyjnej „Polesie".

Sowieckie porządki na Zasaniu

Gdy pod koniec lipca 1944 roku na Zasanie weszła Armia Czerwona, „Wołyniak" wskazał sowieckim oddziałom gen. Nikołaja Puchowa brody na Sanie w okolicach Leżajska, dzięki czemu opanowały one miasto prawie bez walk i strat. Wkrótce Zadzierski został komendantem milicji w Leżajsku, a „Ojciec Jan", na polecenie Kazimierza Mireckiego „Żmudy", komendanta Okręgu Rzeszów NOW, pod koniec lipca 1944 roku rozwiązał oddział, ukrywając broń w lesie koło Brzyskiej Woli w powiecie łańcuckim. NKWD tymczasem metodycznie zwalczało polską niepodległościową konspirację. We wrześniu aresztowało „Wołyniaka". Siedział na Zamku w Lublinie, a potem w Bakończycach pod Przemyślem, skąd w listopadzie został wysłany do sowieckich łagrów Borowicze. Na miejsce jednak nie dojechał, bo udało mu się uciec z transportu. Wrócił w okolice Leżajska i zwołał swoich chłopaków znowu do lasu. Mieli walczyć z komunistycznym aparatem władzy, z jego konfidentami i NKWD, a także likwidować byłych współpracowników niemieckich oraz bronić ludności polskiej przed atakami ukraińskich oddziałów OUN-UPA. „Ojciec Jan" w końcu 1944 roku także został aresztowany przez NKWD i przekazany UB w Jarosławiu, ale zwolniono go dzięki fałszywym dokumentom. Przez pewien czas nie angażował się w konspirację, a o jego powrocie do walki zdecydowały tragiczne przeżycia osobiste.

Na prawym brzegu Sanu Polacy byli zagrożeni nie tylko działalnością NKWD i UB, ale również terrorem oddziałów zbrojnych nacjonalistów ukraińskich. Dlatego komendant „Żmuda" 26 lutego 1945 roku wydał rozkaz formalnie wznawiający działalność głęboko zakonspirowanej od sierpnia 1944 roku NOW (właściwie było to Narodowe Zjednoczenie Wojskowe – NZW, ale tej nazwy nie używano), a w marcu 1945 roku utworzył Komendę Oddziałów Leśnych NZW (NOW), której podlegały wszystkie oddziały partyzanckie. Pod koniec kwietnia 1945 roku dowództwo nad nimi objął „Ojciec Jan", który miesiąc wcześniej w tragicznych okolicznościach stracił żonę. Janina Przysiężniak „Jaga" została aresztowana przez UB w Kuryłówce w Wielki Piątek, 30 marca, razem ze swoim bratem Marianem Oleszkiewiczem. Mimo że dziewczyna była w siódmym miesiącu ciąży, oprawcy przesłuchiwali ją przez całą noc w nieludzki sposób. Nad ranem 31 marca, tuż przed Wielkanocą, odwieźli ją samochodem do Kuryłówki, gdzie kazali wysiąść i iść do domu rodziców. Gdy przeszła kilkanaście metrów, dostała serię z pepeszy w plecy, a ubowcy zapakowali się do samochodu i odjechali w stronę Leżajska. Po pół godzinie konającą „Jagę" znaleźli na drodze zaalarmowani partyzanci: „Wołyniak" i Józef Krzysztanowicz „Hanys", który wspominał, że dziewczyna jeszcze żyła i opowiedziała im, jak to się stało. Zanieśli ją do czyjegoś domu, ale już nie było dla niej ratunku. Zmarła na ich oczach. „Jaga" miała 22 lata, zamordował ją ubek Machaj z Niska. W lecie 1945 roku zastrzelono go podczas rozbrajania posterunku MO w Kamieniu.

Partyzanci „Ojca Jana"

„Ojciec Jan" miał pod sobą oddziały leśne: Józefa Zadzierskiego „Wołyniaka", Tadeusza Gajdy „Tarzana", Bronisława Gliniaka „Radwana", Stanisława Pelczara „Majki", Franciszka Szarka „Lisa", Mariana Kazanowskiego „Ospałego", Stanisława Orłowskiego „Weuwarta" i Józefa Krawczyka „Kudłatego". U „Radwana" i „Wołyniaka" znalazło się wielu żołnierzy – dezerterów z „ludowego" Wojska Polskiego i tworzonych wtedy jednostek Korpusu Bezpieczeństwa Wewnętrznego (KBW). W kwietniu i maju 1945 roku zdezerterowało ich około 800, w tym m.in. 23 kwietnia prawie cały 2 Samodzielny Batalion Operacyjny Wojsk Wewnętrznych z Laszek koło Lubaczowa. To właśnie jego podchorążowie zasilili partyzanckie szeregi na Zasaniu. Byli oni dobrze uzbrojeni w rusznice przeciwpancerne i karabiny maszynowe, mieli też służbę sanitarną wyposażoną w środki lecznicze i opatrunkowe.

W święto Matki Bożej Królowej Polski, 3 maja 1945 roku oddziały „Ojca Jana" przybyły na koncentrację do Ożanny pod Kuryłówką. Uroczystą Mszę św. polową w intencji Ojczyzny odprawił kapelan partyzantów,

Koncentracja oddziałów mjr. Franciszka Przysiężniaka „Ojca Jana". Ożanna koło Kuryłówki, 3 maja 1945

o. Bartłomiej Głowacki, bernardyn z klasztoru w Leżajsku. Zgromadzonym żołnierzom, w tym dezerterom, którzy zaciągnęli się do „leśnych" powiedział, że są zalążkiem prawdziwego polskiego wojska, które będzie bronić niepodległości Ojczyzny przed komunistami. Po przemówieniu oficera inspektoratu NOW Tadeusza Kaczurby „Tatara", ustawieni w dwuszeregu żołnierze złożyli przysięgę na wierność niepodległej Polsce: „W obliczu wiekuistości minionych pokoleń ojców i praojców, w obliczu nieśmiertelnego ducha Ojczyzny mojej Polski, ślubuję i przyrzekam, że w każdym miejscu i we wszystkich okolicznościach walczył będę z najeźdźcami o całkowite przywrócenie wolności Narodu. Do walki tej staję świadomie i dobrowolnie w szeregach znanej mi organizacji ideowo-politycznej, zmierzającej do sprawiedliwej Polski Ludowej, na chrześcijańskich zasadach demokracji opartej. Na drodze walki, wszelkie rozkazy i polecenia wykonywał będę rzetelnie i karnie. Tajemnic organizacyjnych nie wyjawię przed nikim, nawet przed najbliższymi osobami. Przyrzeczenie to składam i ślubuję dotrzymać. Tak mi dopomóż Bóg". Po zaprzysiężeniu pododdziały przedefilowały przed licznymi gośćmi, bo na uroczystościach pojawili się mieszkańcy okolicznych wsi oraz prawie wszyscy członkowie komendy NOW z okręgu i inspektoratu „Hanka" z powiatów Nisko, Łańcut i Przeworsk oraz z inspektoratu „Janina" z Przemyśla, Lubaczowa i Jarosławia. Partyzanckie święto zakończył wspólny obiad.

Tymczasem na początku maja 1945 roku zdezerterował też Samodzielny Batalion Operacyjny 3 Brygady Wojsk Wewnętrznych z Biłgoraja, za którym ruszył w pościg batalion 11 Pułku Pogranicznego NKWD, należącego do 64 Dywizji Wojsk Wewnętrznych NKWD, utworzonej specjalnie do zwalczania polskiego podziemia niepodległościowego. Sowieci korzystający z ukraińskich przewodników, członków UPA, dotarli 6 maja w okolice Kuryłówki. Tego dnia do wsi podjechały na zwiad dwie tankietki, ale ostrzelane przez podchorążych z Laszek, dowodzonych przez szefa kancelarii szkoły podoficerskiej armii Berlinga, Józefa Maziewicza „Tadę", oraz przez patrole „Radwana", „Majki" i „Lisa", odjechały do promu na Sanie i przeprawiły się do Leżajska.

Dowódcy oddziałów, spodziewając się rychłego ataku większych sowieckich sił, zebrali się na naradzie w gospodarstwie Władysława Rakszawskiego w Tarnawcu, gdzie przybył „Ojciec Jan" z „Tatarem" oraz komendantem NZW w powiecie łańcuckim, Ludwikiem Więcławem „Śląskim". Jak wspominał Kazimierz Stocki „Jacek", pod wieczór do Kuryłówki dotarł „Radwan" ze swymi żołnierzami, który dostał od sztabu polecenie ubezpieczania wsi przez całą noc do godziny 6 rano. Potem ubezpieczenie miało być ściągnięte.

„Nasi chłopcy roznosili Czerwoną Armię na bagnetach"

Tymczasem o świcie z Tarnawca w stronę Kulna wyjechało furmankami pięciu ludzi od „Majki". Zaraz za wsią zostali ostrzelani przez sowietów, którzy w szyku bojowym szli do Kuryłówki. „Radwan" z 40 ludźmi, słysząc strzały, a nie mając wyraźnego rozkazu rozpoczęcia walki zaczął się wycofywać. W okolicach mleczarni został zatrzymany przez „Ojca Jana", który nakazał mu urządzić zasadzkę wzdłuż wzniesienia przy szosie, w okolicy szkoły i budynku gminy. Wkrótce potem właśnie tam rozpoczęła się walka. „Ojciec Jan" z „Tatarem", „Jackiem" i kilkoma innymi stanął na cmentarzu koło kościoła, gdzie na plebanię zaczęto przywozić pierwszych rannych. Na pomoc „Radwanowi" pospieszył z Tarnawca „Majka". „Biegnąc do przodu z erkaemem – wspominał jeden z jego partyzantów, Zbigniew Bukojemski „Grom" – dołączył do mnie plut. podchorąży 'Zabawa' od 'Radwana', z visem w ręku. Prosił o mój erkaem. Położył go na moim ramieniu. Trzymałem nóżki erkaemu, mając tłumik koło ucha. Wyrąbał cały talerz pocisków i oddał mi erkaem, potem huczało mi w uszach kilka godzin".

„Jacek", wyznaczony przez „Ojca Jana" na gońca, przyniósł od „Radwana" meldunek, że jeśli walka będzie taka gwałtowna jak dotychczas, to wkrótce braknie amunicji do rosyjskiej broni, którą posiadali żołnierze „Radwana" i „Majki". Przekazał też wiadomość, że po stronie rosyjskiej jest kilku zabitych, a nie ma strat po stronie partyzantów. „Wtedy – jak zapamiętał „Jacek" – 'Ojciec Jan' polecił komendantowi placówki Kuryłówka 'Maćkowi' wydać kilka tysięcy sztuk amunicji do RPD (sowiecki ręczny karabin maszynowy) i automatów z magazynu placówki, który znajdował się w domu Michała Gondka (...). Polecenie to 'Maciek' wykonał i przez miejscowych ludzi amunicję dostarczył 'Radwanowi'". Pierwsze sowieckie natarcie zostało zatrzymane, ale oddziały enkawudzistów przegrupowały się, próbując okrążyć partyzantów od strony Sanu. Zapobiegł temu nadchodzący od Ożanny najliczniejszy i najlepiej uzbrojony w broń maszynową oddział zuchwale odważnego „Wołyniaka", który zaszedł Sowietów od tyłu. Jeden z jego żołnierzy, ranny w bitwie Aleksander Pityński „Kula" wspominał decydujący atak: „'Bagnet na broń!' – poleciało po okopach. 'Ura! Ura!' – usłyszałem przez jazgot strzałów. 'Przygotować granaty, przygotować się do kontrataku', słyszę z tyłu krzyk 'Wołyniaka' galopującego wzdłuż naszej linii na swym rybiookim siwku. Seriami z broni maszynowej przeczesaliśmy ich dobrze, ręczne granaty zaczęły wybuchać na naszej linii, ruscy parli do przodu, byli już za blisko. Jeżeli przebiją się do wsi, to koniec. Zielona rakieta prysnęła w górę gdzieś tam na tyłach ruskich zza lasu od Dąbrowicy Małej. Atak! 'Hura! Hura!' – poszło po wszystkich liniach otaczających Kuryłówkę, jak gdyby ta mała płonąca wioska rzuciła się do rozpaczliwego kontrataku. Kilkadziesiąt koni śmignęło nad okopem i szło szarżą jak wicher w kierunku Sanu, odcinając ruskim drogę do rzeki. Wyskoczyliśmy z okopów, bezładnie pędząc przed siebie, bijąc z rkm-ów, wśród wybuchów granatów, świstu kul parliśmy do przodu. Na lewo od nas, równo jak na paradzie, szła do ataku podchorążówka z Laszek. Rozbici w tyralierę, z bagnetami na karabinach młodzi polscy chłopcy brali już ruskich frontowców na bagnety. Atak ruskich załamał się i wtedy na ich tyłach, od Kulna, Łazowa, Ożanny, Tarnawca wybuchły granaty, zagrały erkaemy Radwana, Majki, Mewy. Ich oddziały uderzyły na tyły ruskiej tyraliery. Zaskoczenie było kompletne, ruscy wpadli w panikę, wzięci w dwa ognie, kocioł w kotle, próbowali uciekać, (...) jak się strzela do uciekających? (...) jak do kaczek (...) część z nich próbowała się przebić. Seria z rkm-u ścięła mnie z nóg, padłem w gliniastą bruzdę, postrzału nie czułem wcale, dopiero teraz, leżąc na rozbryzganym błocie, poczułem ciepły, piekący ból nogi, krew waliła przez przestrzeloną na wylot cholewę buta. Cały płaszcz poniżej kolan postrzelany był jak sito. Ostrożnie podniosłem głowę. 'Hura! Hura!', serie, wybuchy, krzyk, pisk, to nasi chłopcy roznosili już Czerwoną Armię na bagnetach – jeńców pod Kuryłówką nie brano".

Pacyfikacja Kuryłówki przez NKWD

Po stronie polskiej w bitwie wzięło udział 170-200 partyzantów. W czasie ponad ośmiu godzin walki odparli oni trzy sowieckie ataki. Zginęło, według różnych źródeł od 57 do 72 enkawudzistów. W oddziałach leśnych poległo siedmiu żołnierzy, a pięciu zostało ciężko rannych. Za radą

„Radwana" odwieziono ich wozami do szpitala w Jarosławiu. Późnym popołudniem „Ojciec Jan", spodziewając się odsieczy wojsk sowieckich, wydał rozkaz wycofania się ze wsi. Oddział „Majki" poszedł za San w rejon Przychojca, „Radwan" ruszył w kierunku Jarosławia, a „Wołyniak", po zabraniu taboru z Ożanny, przeprawił się przez San w rejonie Rzuchowa i schował w lasach koło Grodziska Dolnego. Kuryłówkę opuścili też prawie wszyscy mieszkańcy, którzy w obawie przed sowiecką zemstą przedostali się promem na drugi brzeg Sanu do Starego Miasta i Leżajska.

Karna ekspedycja NKWD spacyfikowała Kuryłówkę już następnego dnia, 8 maja 1945 roku. Zamordowano pozostałych we wsi ośmiu mężczyzn oraz spalono prawie

Msza św. polowa oddziałów mjr. Franciszka Przysiężniaka „Ojca Jana". Ożanna koło Kuryłówki, 3 maja 1945

dwieście domów i budynków gospodarczych. Potem chłopcy od „Wołyniaka" przez całe lato pomagali w odbudowie domostw, a Komenda Okręgu NOW wypłaciła mieszkańcom wsi zapomogi, przeznaczając na nie część z 11,5 miliona złotych, zdobytych w akcji ekspropriacyjnej na bank w Przemyślu, przeprowadzonej pod koniec czerwca 1945 roku na rozkaz zastępcy komendanta okręgu, mjr. Jana Totha „Twardego". Oddziały „Ojca Jana", liczące około 450 żołnierzy, zostały w tym czasie zdemobilizowane na rozkaz nowego komendanta okręgu, Józefa Sałabuna „Groma". Rozkazowi nie podporządkował się „Wołyniak" oraz Tadeusz Gajda „Tarzan". Na początku 1946 roku weszli oni ze swoimi oddziałami w skład okręgowego Pogotowia Akcji Specjalnej (PAS).

Franciszek Przysiężniak wyjechał na Pomorze, gdzie w Wąbrzeźnie wydzierżawił tartak i został komendantem Okręgu Pomorze. Z powodu dekonspiracji, od grudnia 1945 roku ukrywał się w Nowym Porcie w Gdańsku, pracując w Rolniczej Centrali Mięsnej. Nie uchroniło go to przed aresztowaniem. Wpadł w Gdańsku 15 maja 1946 roku i dostał cztery lata. Wyszedł po amnestii w marcu 1947 roku, ale mimo tego, że się ujawnił, we wrześniu 1948 roku ponownie trafił do więzienia. Tym razem skazano go na osiem lat. Siedział w Lublinie, Rawiczu i we Wronkach, gdzie w lutym 1951 roku podpisał deklarację współpracy z UB. Po wyjściu z więzienia w grudniu 1954 roku zdecydowanie odmówił dalszej współpracy, ale funkcjonariusze upomnieli się o niego jeszcze prawie dwadzieścia lat później. Zwodził ich, opowiadając o wojennej historii podziemia narodowego, w końcu zrywał spotkanie. Mieszkał w Jarosławiu i tam zmarł 30 września 1975 roku.

Józef Zadzierski walczył do listopada 1946 roku. W czasie wielkiej akcji pacyfikacyjnej przeprowadzonej na Zasaniu przez KBW i UB, w rejonie tzw. czterech chałup, niedaleko kościoła w Tarnawcu, rankiem 13 listopada 1946 roku został ranny w prawą rękę. Rana trudno się goiła, a w końcu wdała się w nią gangrena. 29 grudnia w Szegdach „Wołyniak" zastrzelił się z pistoletu. „Walczyć nie był w stanie, na to nie pozwalała mu choroba i gangrena prawej ręki, którą do niedawna mógł składać broń z zamkniętymi oczami. Doskonale odczuwał, że Jego partyzanci są bliscy śmierci, gdy jest wśród nich. Nie mają szansy szybkiej zmiany postoju itp. Musiał odejść, jak kapitan przeciążonego statku, aby statek mógł płynąć dalej do celu. Przecież Józik był jeszcze młody, zakochany, marzył o lepszej przyszłości, śmierć przyjął jako konieczność, którą narzuciła mu walka" pisała po latach jego siostra Alina Glińska. Po śmierci dowódcy oddział przejął Adam Kusz „Garbaty". Został rozbity w sierpniu 1950 roku, w wyniku kombinacji operacyjnej UB i akcji oddziałów KBW.

Ocalały z oddziału Michał Krupa „Wierzba" został aresztowany dopiero 11 lutego 1959 roku w Kulnie, gdzie ukrywał się samodzielnie przez dziewięć lat. Sąd w Rzeszowie skazał go na 15 lat więzienia. Wyszedł z niego w 1965 roku. Jeszcze później wpadł w ręce bezpieki inny były partyzant „Ojca Jana" i „Wołyniaka", Andrzej Kiszka „Dąb", który podobnie jak „Wierzba" przeżył rozbicie oddziału Kusza. Milicjanci i esbecy trafili do jego kryjówki w gęstym lesie między Hutą Krzeszowską a wioską Ciosmy w dniu 31 grudnia 1961 roku. Z więzienia wyszedł 3 sierpnia 1971 roku. Miał wtedy 49 lat.

O bitwie polskich partyzantów z wojskami NKWD pod Kuryłówką nie można było wspominać przez kilkadziesiąt lat. We wsi do dzisiaj nie ma pomnika upamiętniającego dzielnych żołnierzy „Ojca Jana". Pozostały tylko groby na cmentarzu w Tarnawcu, gdzie pogrzebano mieszkańców Kuryłówki, zamordowanych przez NKWD nazajutrz po bitwie. Tam też spoczywa „zuchwały zagończyk" kapitan Józef Zadzierski „Wołyniak".

PARTYZANCKI DZIEŃ ZWYCIĘSTWA

OPANOWANIE GRAJEWA, 8/9 MAJA 1945

Major „Bruzda" zakończył drugą wojnę światową po swojemu. Na czele dwustu partyzantów 9 maja 1945 roku opanował powiatowe miasteczko Grajewo. Zajął siedzibę Urzędu Bezpieczeństwa Publicznego, Komendę Powiatową Milicji Obywatelskiej, komendanturę sowiecką oraz starostwo i izbę skarbową. Uwolnił aresztowanych przez UB żołnierzy podziemia, zabrał pieniądze i dokumenty. Wracając z akcji, zlikwidował punkt łączności Armii Czerwonej pod Łojkami oraz przesłuchał i rozstrzelał komendanta sowieckiej komendantury wojennej w Szczuczynie, który nieopacznie wjechał do lasu zajętego przez partyzantów.

Komendant Okręgu Białystok AK, ppłk Władysław Liniarski „Mścisław" nie wykonał rozkazu Komendanta Głównego AK, gen. Leopolda Okulickiego „Niedźwiadka", mówiącego o rozwiązaniu AK i 15 lutego wydał swój rozkaz o utworzeniu Armii Krajowej Obywatelskiej (AKO): „Wojna trwa! Dopóki na polskiej ziemi będzie jeden zaborczy sołdat czy bojec obcego państwa – wojna trwa! Dopóki ostatni NKWD-dzista nie opuści naszych granic – wojna trwa! Bo co robi komandir, bojec, NKWD, na naszej Świętej Ziemi? Kradnie nasz dobytek, rabuje, gwałci nasze siostry, morduje ojców i matki, broniących swych córek. Wywieziono do Rosji żelazo, zapasy z magazynów, pozostałe maszyny z fabryk, drugie tory z niektórych linii kolejowych, sprzęt rolniczy z pasa wysiedlonego. Wycięto lasy. Aresztowano w Białostockiem 85 000 najlepszych naszych braci, wywieziono z tego do Rosji 48 000. Pozostałych w więzieniach katuje się w bestialski sposób (...). Dojdzie do waszej wiadomości, że Armia Krajowa jest rozwiązana ze względów czysto politycznych. Ale Armia Krajowa Obywatelska nie może być rozwiązana, bo nie oddacie rodzonej córki, mowy, wiary, zagrody – na łup rosyjskiego zaborcy, który chce wcielić Polskę do Rosji, a całą ludność Polski wywieźć do Syberii, do rosyjskich kopalń, do kołchozów. Armia Krajowa Obywatelska (AKO) istnieje nadal. Dowódca wydał rozkaz – 'Będziecie nadal przewodnikami Narodu!'".

Jednym z tych przewodników w rejonie Łomża został mjr Jan Tabortowski „Bruzda", w AK inspektor dwóch obwodów – Łomża i Grajewo, zawodowy oficer artylerii, który we wrześniu 1939 roku wziął udział w bitwie nad Bzurą na stanowisku zastępcy dowódcy pociągu pancernego „Danuta", a po jego zniszczeniu przez dwa dni zorganizowaną przez siebie baterią, składającą się z czterech porzuconych armat 75 mm, osłaniał odwrót polskich żołnierzy przez rzekę. Ranny w obie nogi i rękę, okrążony przez Niemców, po wyczerpaniu się amunicji musiał się poddać. Został odesłany do niemieckiego szpitala polowego, z którego uciekł i przeszedł na teren okupacji sowieckiej w Białostockie, gdzie na wiosnę 1940 roku został komendantem Obwodu ZWZ Bielsk Podlaski, a dwa lata później, już pod pseudonimem „Bruzda", inspektorem. W sierpniu 1944 roku ze swoim stuosobowym oddziałem stacjonował wśród bagien nadbiebrzańskich na uroczysku Kobielne, gdzie bronił się przed Niemcami razem z oddziałem 50 sowieckich spadochroniarzy, dowodzonych przez kombryga Mikołaja Wojciechowskiego. Po spotkaniu z armią sowiecką, gen. Fiodor Zacharow podziękował „Bruździe" za wspólną walkę, ale zaraz potem kazał oddział rozbroić i aresztować. Żołnierze majora płakali, gdy składali broń. Przez dziesięć dni oficerowie wywiadu Smiersza wozili „Bruzdę" po okolicznych wioskach w poszukiwaniu terenowych dowódców AK i namawiali go do wstąpienia do „ludowego" Wojska Polskiego. W końcu Tabortowskiemu udało się uciec i wrócić na stanowisko inspektora, ale musiał się ukrywać poza terenem Inspektoratu. Odznaczono go wtedy Krzyżem Virtuti Militari.

Odbicie „Iskry"

W styczniu 1945 roku w Białymstoku została aresztowana przez NKWD łączniczka majora „Bruzdy", Franciszka Ramotowska „Iskra". Zdradził ją „Huzar", jeden z byłych partyzantów, którego „Iskra" opatrywała kiedyś po akcji w bazie Kobielne. Dziewczyna była brutalnie torturowana, bo enkawudziści zamierzali wymusić na niej zeznania o dowódcy. W końcu, wykorzystując nieuwagę śledczych, spróbowała uciec, skacząc przez okno. Doznała wtedy ciężkich obrażeń miednicy i kręgosłupa. Leczono ją kolejno w trzech szpitalach, a do ostatniego, garnizonowego szpitala w Białymstoku przy ulicy Lipowej, przewieziona została w kwietniu. Major „Bruzda", poinformowany o tym przez mieszkającą w Wagach rodzinę „Iskry", zaplanował akcję odbicia łączniczki.

Rozpoznaniem położenia szpitala i wykonaniem dokładnego planu sytuacyjnego zajął się Witold Lipiński „Szczedroń", który na tydzień przed akcją odwiedził „Iskrę" w szpitalu i na miejscu stwierdził, że jej uwolnienie będzie możliwe. Wtedy major skompletował grupę wypadową, złożoną z doświadczonych, odważnych i sprawdzonych żołnierzy. Szef samoobrony Obwodu Łomża AKO Stefan Kwaskiewicz „Kwas" przysłał mu Władysława Wesołowskiego „Jastrzębia" oraz Stanisława Chojnowskiego „Komara". Wyznaczył także kierowcę, ale ten zachorował. Dwaj pozostali zameldowali się u „Szczedronia" i razem z Bolesławem Kalinowskim „Karasiem" z Jedwabnego oraz Piotrem Kopaczem „Sokolikiem" z okolic Wizny przeprawili się przez Narew i w Zawadach, zakwaterowani każdy osobno, oczekiwali na „Bruzdę". Po kilku dniach, 19 kwietnia 1945 roku major zarządził zbiórkę, na której przedstawił plan akcji w Białymstoku. Około godziny 11 partyzanci, dobrze uzbrojeni, w cywilnych ubraniach, wyszli na szosę Warszawa-Białystok, aby, jak wspominał „Szczedroń",

Mjr Jan Tabortowski „Bruzda"

pokazując dwie półlitrówki wódki, zatrzymać kryty, dwutonowy samochód i wjechać nim do lasu. Ponieważ odpowiednie auto nie przyjechało przez cały dzień, wieczorem cała grupa przeszła na nocleg na drugi brzeg Narwi, do Kolonii Tykocin.

Rano 20 kwietnia partyzanci pojechali furmanką do Krypna, gdzie „Karaś" przyprowadził z Zawad adiutanta majora i szefa samoobrony inspektoratu łomżyńskiego Stanisława Marchewkę „Rybę", który narysował dokładny plan budynku szpitala garnizonowego i objaśnił każdemu jego rolę w akcji. Po południu wszyscy poszli na szosę Grajewo-Białystok w Puszczy Knyszyńskiej i podczas gdy „Karaś" prowadził rower, chodząc tam i z powrotem po drodze, reszta zajęła pozycje w rowach. Zdjęcie przez „Karasia" czapki z głowy oznaczało, że nadjeżdża odpowiedni samochód.

Partyzanci zatrzymali wojskowy ambulans pocztowy z kierowcą i czterema żołnierzami „ludowego" Wojska Polskiego. Zaraz też musieli się w nim ukryć, bo zbliżała się sowiecka eskorta z erkaemem na dachu auta. Obstawy udało się jednak szybko pozbyć, bo odjechała po krótkiej rozmowie z kierowcą wozu pocztowego. „Bruzda" wprowadził zdobyty pojazd do lasu, zostawiając „pocztowców" pod opieką „Karasia" w jednym z pozostałych po przejściu frontu schronów. W lesie do grupy dołączył, prawdopodobnie umówiony wcześniej z „Bruzdą", żołnierz z oddziału „Halki", „Cezar" (NN), jako przewodnik.

Siedmioosobowy oddział wyruszył z Puszczy Knyszyńskiej do Białegostoku około godziny 19. W mieście „Bruzda" zaparkował samochód na jednym z podwórek, 70 metrów od wyjścia ze szpitala, tyłem do niego. Przez całą akcję czekał za kierownicą wozu, z włączonym silnikiem. W tym czasie wejście i korytarz szpitala obstawili „Jastrząb" oraz „Komar", a „Ryba" poszedł w stronę wartowni, natomiast „Szczedroń", „Sokolik" i „Cezar" weszli po schodach do sali, w której leżała „Iskra". „Szczedroń" chciał wziąć nosze, ale ponieważ były połamane, partyzanci wynieśli chorą łączniczkę na sienniku i bez przeszkód załadowali do samochodu. Chwilę później „Ryba" przyprowadził ze sobą dwóch rozbrojonych polskich żołnierzy, których „Bruzda" rozkazał wziąć do auta – i wyjechał z miasta w stronę Zawad. Partyzanci i zabrani żołnierze trzymali siennik z „Iskrą" nad podłogą, aby wstrząsy nie zaszkodziły chorej. Dziesięć kilometrów za Białymstokiem „Bruzda" wysadził żołnierzy, oddając im broń, bo jak się okazało należeli do wileńskiej AK i siłą zostali wcieleni do „ludowego" Wojska Polskiego. Mimo że wyrazili chęć dołączenia do partyzantów, major radził im, żeby nie komplikowali sobie życia i odmówił prośbie. Z Zawad do promu na Narwi przed samochodem, jako ubezpieczenie, jechali na rowerach „Jastrząb" i „Komar". Spod Boguszek na drugim brzegu rzeki „Iskrę" przewieziono furmanką do kryjówki, którą przez następny miesiąc musiała kilkakrotnie zmieniać. W końcu „Ryba" przetransportował ją do znajomego lekarza w Warszawie. Franciszka Ramotowska wyzdrowiała i została potem profesorem historii, jednym z najwybitniejszych uczonych zajmujących się Powstaniem Styczniowym. Wydała m.in. fundamentalną pracę *Tajemne państwo polskie w Powstaniu Styczniowym 1863-1864*. Zmarła w Białymstoku w 2003 roku, mając 81 lat.

Marsz na Grajewo

Niedługo po odbiciu „Iskry", po tym jak „Bruzda" dowiedział się, że komenda powiatowa Narodowych Sił Zbrojnych Grajewo z powodu zbyt małych sił i środków zrezygnowała z rozbicia więzienia PUBP w Grajewie, sam zarządził przygotowania do takiej akcji. Oprócz uwolnienia więźniów z aresztów PUBP i Komendy Powiatowej Milicji Obywatelskiej (KPMO), wśród których znajdowali się żołnierze AKO i NSZ, udany atak na powiatowe miasto spowodowałby sparaliżowanie aparatu komunistycznej władzy na tym terenie i byłby demonstracją siły niepodległościowej organizacji.

Major zdecydował, że Grajewo opanują oddziały Rejonu „D", czyli Inspektoratu Łomża AK. Na początku maja spotkał się w gospodarstwie Dominika Obryckiego w Klimaszewnicy koło Radziłowa z dowódcą Obwodu Grajewo AKO, por. Franciszkiem Warzyńskim „Wawrem" oraz z szefem wywiadu obwodu, ppor. Zygmuntem Mazurkiem „Kubą", którym przydzielił pierwsze zadania. „Kuba" miał przeprowadzić rozpoznanie w Grajewie: ustalić liczebność stacjonujących w nim sił i sporządzić dokładny plan budynków publicznych, przewidywanych do zajęcia.

Grajewo było ważnym węzłem komunikacyjnym, bo leżało na skrzyżowaniu dróg z Łomży, przez Rajgród do Augustowa oraz z Białegostoku przez Ełk w kierunku Prus Wschodnich. Przechodziła przez nie także linia kolejowa. Miasto liczyło około 6 tysięcy mieszkańców. Na początku maja przebywało w nim około 250 funkcjonariuszy i żołnierzy w służbie komunistycznej władzy, rozlokowanych w komendanturze sowieckiej, KPMO, PUBP i milicji kolejowej.

W dniu 6 maja, po kolejnej odprawie, na której omówiono wstępny plan operacji, „Wawer" rozesłał gońców z rozkazami do poszczególnych kompanii. Zarządzono w nich zbiórkę w noc z 6 na 7 maja w lesie koło miejscowości Żebry, niedaleko Wąsoszy. Ponieważ siły obwodu grajewskiego były niewystarczające, „Bruzda" tego samego dnia wezwał do Przytułów kompanie z obwodu Łomża. Do wieczora 6 maja stawiło się tam, na placu przed szkołą, około 100-120 partyzantów, którzy pod dowództwem mjr. Tabortowskiego oraz ppor. „Ryby" przemaszerowali do lasu w pobliżu Żebrów, gdzie wkrótce zaczęły docierać oddziały grajewskie. Rankiem 7 maja do zgrupowania dołączył sztab obwodu Grajewo z por. „Wawrem", jego drugim zastępcą, ppor. Antonim Kurowskim „Olszyną" oraz przewodnikami: wywiadu – ppor. „Kubą" i propagandy – st. sierż. Józefem Rutkowskim „Adamem". Wieczorem przybyli łącznicy z meldunkami od plut. Franciszka Waszkiewicza „Wichra" z Grajewa, po czym w zgrupowaniu zarządzono stan gotowości, a ppor. „Ryba" odczytał rozkaz mjr. „Bruzdy" o przydziałach i zadaniach pododdziałów.

Zgrupowanie podzielono na trzy grupy szturmowe. Pierwsza, złożona z 80 partyzantów, dowodzona przez „Rybę", miała zdobyć dwupiętrową siedzibę PUBP, znajdującą się w ciągu budynków przy dzisiejszej ulicy Niepodległości, około 60 metrów od kościoła stojącego w centrum miasta, przy pl. Wolności. W PUBP pracowało, według meldunku „Kuby" z 30 kwietnia 1945 roku, 23 funkcjonariuszy, w tym sześciu oficerów. Przed samym atakiem Grajewo opuściła grupa operacyjna, dowodzona przez st. sierż. Janusza Wojtulewskiego. Zdaniem jednego z ubowców, Czesława Zyskowskiego, wyjazd ten był uzgodniony z „Bruzdą", a w PUBP zostało tylko siedmiu ubowców.

Zadaniem drugiej grupy uderzeniowej, liczącej 50 żołnierzy i dowodzonej przez por. „Wawra", było zajęcie siedziby KP MO przy ul. Ełckiej, w której służbę pełniło 100 milicjantów (dwóch oficerów, 16 podoficerów i 82 szeregowych). Trzecia grupa, pod dowództwem ppor. Antoniego Kurowskiego „Olszyny", miała zablokować znajdującą się przy ul. Kopernika sowiecką komendanturę wojenną i placówkę NKWD, obsadzoną przez 60 żołnierzy, tak aby Sowieci nie mogli udzielić pomocy atakowanym urzędom. Osobny oddział, złożony z partyzantów miejscowej kompanii grajewskiej, pod dowództwem Władysława Rzeniewicza „Dęba", miał ubezpieczać wszystkie drogi wylotowe z miasta. Poza tym na początku akcji plut. „Wicher" i jego podwładni mieli przerwać wszystkie połączenia telefoniczne i odciąć dopływu prądu.

Po apelu partyzanci przemaszerowali nocą około 20 km do położonej o 4,5 km na zachód od Grajewa Kolonii Uścianki w gminie Bogusze, gdzie rozłożyli się na kwaterze w jednym z gospodarstw: żołnierze w zabudowaniach, w stodole i na podwórzu, a sztab w domu. Zgrupowanie pozostało tam 8 maja przez cały dzień. Tam też wieczorem dotarli łącznicy i przewodnicy od plut. „Wichra". Na zbiórce pododdziałów przed akcją mjr „Bruzda" przyjął raport „Ryby", dokonał przeglądu wojska i przypomniał, że wojna nadal trwa, a Sowieci chcą zrobić z Polski swoją republikę, dlatego żołnierze AK muszą pokazać światu, że się na to nie godzą.

Z Uścianka partyzanci wyszli około godz. 21. W marszu rozciągnęli się w ponad stumetrowy szereg, na czele którego szedł „Wawer" ze swoimi ludźmi. W czasie drogi nie wolno było rozmawiać i palić papierosów. Pod miastem do zgrupowania dołączyło 30 żołnierzy z kompanii rajgrodzkiej oraz grajewskiej, dowodzonej przez plut. „Wichra".

Ubowcy bronili się krótko

Do Grajewa dwustuosobowe zgrupowanie wkroczyło około godz. 22 od strony stacji kolejowej i rozdzieliło się zgodnie z ustalonym planem. „Ryba" poprowadził swój oddział pod siedzibę PUBP za kościołem, od strony plebanii i zajął pozycje od frontu budynku, po przeciwnej stronie ulicy. Jak wspominał Zdzisław Lipiński „Szczara", nieobstawione tyły urzędu miały umożliwić funkcjonariuszom ucieczkę. „Bruzda" dowodził z placu przed kościołem. Wartownika przed PUBP zlikwidowano bez strzału, a o 22.30, na rozkaz „Bruzdy", 80 partyzantów otworzyło ogień ze swoich 14 erkaemów i reszty broni maszynowej. Budynek został obrzucony granatami. Ubowcy bronili się krótko, grupa szturmowa licząca 30-40 partyzantów wdarła się do środka i po godzinie opanowała cały urząd. Z piwnic, gdzie znajdowały się cele, uwolniono więźniów. Wśród nich było dwóch funkcjonariuszy PUBP, aresztowanych pod zarzutem naruszenia dyscypliny. Więźniowie zabili na dziedzińcu jednego z nich, Henryka Zyskowskiego, znanego z okrucieństwa i brutalnego przesłuchiwania zatrzymanych. Drugiego rozstrzelali partyzanci. Z urzędu wyniesiono wszystkie dokumenty, które załadowano na zdobyczny wóz zaprzężony w parę koni. W czasie akcji zginął jeden partyzant obsługujący erkaem.

W tym samym czasie por. „Wawer" zaatakował komendę milicji. Po krótkiej obronie milicjanci wyszli z podniesionymi rękami. Partyzanci zajęli budynek bez strat, uwalniając aresztowanych. Pomieszczenia zostały zdemolowane. W tym samym czasie, gdy zaatakowano siedziby UB i MO, ppor. Antoni Kurowski „Olszyna" ze swoim oddziałem obstawił sowiecką komendanturę wojenną, którą, mimo rozkazu nieatakowania, ostrzelał, kiedy na odgłos strzałów w mieście Sowieci zaczęli wychodzić z budynku. Gdy w walce zginął dowódca grupy operacyjnej, lejtnant Lebiediew i jeden z jego żołnierzy, reszta dała za wygraną i pozostała w budynku. Partyzanci zajęli i zdemolowali siedziby Starostwa Powiatowego i Urzędu Skarbowego, z którego zabrali 270 tysięcy zł. Poza tym zarekwirowali radioodbiornik, maszynę do pisania, cztery pary koni, trzy wozy, bryczkę i dokumenty urzędowe. Z aresztów UB i MO uwolniono od 90 do 120 więzionych. Zatrzymano kilku ubowców i sześciu milicjantów.

„Bruzda" zakończył akcję przed świtem wystrzeleniem rakiety. Partyzanci rozpoczęli odwrót, opuszczając Grajewo około godz. 4. Przez Elżbiecin, Kacprowo i Lipnik zgrupowanie przemaszerowało 10 kilometrów na południe do wyznaczonego miejsca postoju w lesie między wsiami Okół i Modzele, gdzie obozowano przez cały dzień 9 maja. Zniszczono wtedy część zabranych dokumentów, a przed sądem polowym pod przewodnictwem „Bruzdy" postawiono byłych agentów gestapo i konfidentów komunistycznej władzy, którzy znajdowali się wśród uwolnionych więźniów. Najprawdopodobniej rozstrzelano pięć lub sześć osób. Zatrzymanych milicjantów po przesłuchaniu i złożeniu przez nich przysięgi, że porzucą służbę w aparacie bezpieczeństwa, zwolniono do domu.

W tym czasie „Ryba" z kilkunastoma partyzantami zlikwidował sowiecki bunkier łączności w pobliżu wsi Łojki, leżącej 3 kilometry od miejsca postoju zgrupowania. W bunkrze, do którego podczołgał się „Ryba" i wrzucił otworem kominowym granaty, zginęło kilku Sowietów, a resztę, czyli oficera, sierżanta, czterech szeregowców i telefonistkę wzięto do niewoli. Zostali osądzeni i skazani przez sąd polowy na karę śmierci. Podczas postoju w lesie partyzanci zatrzymali samochód, którym prawdopodobnie do punktu w Łojkach jechał komendant sowieckiej komendantury wojennej w Szczuczynie. Po przesłuchaniu przez „Bruzdę" i on został rozstrzelany. Major rozwiązał zgrupowanie po południu 9 maja 1945 roku, rozpuszczając oddziały do domu. Tego samego dnia w Białymstoku, w wyniku akcji podjętej przez więźniów, na wolność wydostało się ponad sto osób.

Zaledwie dwa dni później, 11 maja, mjr „Bruzda" zorganizował kolejną akcję. Przebywając razem z „Rybą" przy sześcioosobowym patrolu partyzanckim Wojciecha Przybylaka „Łosia" w lesie drozdowskim, koło leśniczówki Drozdowo, dostał wiadomość od łącznika z Wyrzyk, że wieś została okrążona przez wojsko, które aresztowało „Jałowca", dowódcę miejscowego plutonu. „Bruzda" postanowił od razu przygotować zasadzkę na samochód grupy operacyjnej, gdy będzie wyjeżdżał z Wyrzyk. Na akcję poszedł prawie cały patrol w składzie: Czesław Dąbrowski „Socha", Michał Szymanek „Pocisk", Marian Dąbrowski „Węgorz", Jan Marchewka „Laweta", Wacław Dąbrowski „Tygrys". (Szósty, Kazimierz Ćwikłowski „Grzmot" w tym czasie załatwiał żywność dla chłopców). Oddział w oczekiwaniu na samochód zaległ w rowach po obu stronach drogi dojazdowej z Wyrzyk do szosy Łomża-Wizna. Gdy wóz podjechał na 100-200 metrów od partyzantów, „Bruzda" rozkazał otworzyć ogień. Zupełnie zaskoczony kierowca zatrzymał auto, a część żołnierzy wyskoczyła z niego i zaczęła strzelać. Wtedy „Ryba" rzucił w ich kierunku granat, przeczołgał się przepustem pod drogą, rzucił dwa granaty i krzyknął: „Prawe skrzydło otaczać". Na to żołnierze zrezygnowali z dalszej walki i zaczęli wychodzić z rękami podniesionymi do góry. W czasie rewizji doszło do zastrzelenia jednego z poddających się, który schował pistolet. Pojmani należeli do grupy operacyjnej Komendy Głównej Milicji Obywatelskiej z Warszawy, która od marca 1945 roku brała udział w obławach na terenie Obwodu Łomża. W walce zginęło lub zostało rannych 16 z 20 funkcjonariuszy, zabito dowódcę grupy, funkcjonariusza PUBP w Łomży Michała Wyrwasa, czterech ubowców puszczono wolno bez mundurów. W akcji zdobyto 11 pistoletów maszynowych, 2 erkaemy, 4 pistolety różne, 2 kbk, 30 granatów oraz 15 płaszczy. Uwolniony został aresztowany w Wyrzykach „Jałowiec". Partyzanci odjechali z miejsca akcji zdobytym samochodem, zabierając broń i mundury. Po sześciu kilometrach, w Bożejowie, spalili samochód, który miał przestrzeloną chłodnicę i poszli pieszo do lasu jeziorkowskiego. Kolejna zakończona sukcesem akcja „Bruzdy" przyniosła mu dużą sławę wśród miejscowej ludności.

„Pisze Mama, iż robię niedobrze"

Po wejściu z inspektoratem do Zrzeszenia WiN, mjr „Bruzda" zmienił pseudonim na „Tabor" i zaangażował się w akcję „R" – polegającą na prowadzeniu propagandy przed czerwcowym referendum 1946 roku – oraz akcję „O" – odpluskwiania – przeciwko przedstawicielom „władzy ludowej". Po sfałszowanych wyborach, gdy komuniści ogłosili „amnestię", tak jak wielu członków WiN zdecydował się ujawnić, mimo że w komunistyczne gwarancje nie wierzył. 25 marca 1947 roku w PUBP w Łomży zdał pistolet maszynowy, powielacz i radioaparat odbiorczy. Otrzymał zaświadczenie nr 63604.

Przez następne trzy lata próbował powrócić do „normalnego" życia w komunistycznej rzeczywistości. Okazało się to bardzo trudne, a w końcu niemożliwe. W Warszawie nie mógł znaleźć ani stałej pracy, ani mieszkania. Zaczął nawet studiować w Szkole Głównej Handlowej, ale szybko zrezygnował. W liście z maja 1948 roku pisał: „Obijam się po cudzych kątach, tak mnie to zmęczyło i usposabia apatycznie, że zapominam o najistotniejszych obowiązkach. Dzisiaj żałuję, że osiadłem w Warszawie". A w lutym i marcu 1950 roku było jeszcze gorzej: „W większości wypadków ogarnia mnie taka negacja, że dosłownie nie jestem zdolny do jakiejkolwiek pracy umysłowej. (...) Czas nie czeka i meta życia szybko się do nas zbliża, zresztą dzisiaj się tym nie przerażam. W życiu swym więcej napotykamy kolców niż róż, a więc i mniejsza jego szkoda. Pisze Mama, iż robię niedobrze, że ten, a może inny tryb życia pędzę. Do pewnego stopnia może ma Mama rację, jednak są pewne zjawiska oddziaływania, których na nas dowolnie nie możemy zmienić. W pewnych wypadkach możemy stwarzać pewne złudzenia, które jednak długo nie trwają i pozostają jedynie pozorami. Zresztą wszystko na tym świecie jest tylko czasowe, nie wyłączając nas samych. Prawdopodobnie ci wszyscy, którzy odeszli, są już dziś szczęśliwsi od nas".

Próbował przedostać się na Zachód, ale ostatecznie, zagrożony aresztowaniem, ponownie zszedł do podziemia i wyjechał w Łomżyńskie, gdzie dołączył do swojego starego towarzysza Stanisława Cieślewskiego „Lipca". Ukrywali się wspólnie w nadbiebrzańskich bagnach, lasach i wioskach. Latem 1952 roku skontaktował się z nimi ppor. Ramotowski „Rawicz", zastępca prezesa Obwodu Łomża WiN. Przebywał z nimi także żołnierz NSZ i NZW Tadeusz Wysocki „Zegar" oraz Mieczysław Zalewski „Tarzan". W lipcu 1953 roku do grupy dołączył były adiutant i szef ochrony osobistej Tabortowskiego, ppor. Stanisław Marchewka „Ryba". W 1952 roku podpisał współpracę z UB i miał wydać „Bruzdę", ale po nawiązaniu kontaktu z majorem pozostał w podziemiu. Oddział ograniczał swoją zbrojną działalność do koniecznych akcji ekspropriacyjnych, przeważnie w sklepach spółdzielczych.

Jedna z takich robót okazała się dla „Bruzdy" ostatnią. W Przytułach, 23 sierpnia 1954 roku, w czasie rozbrajania posterunku milicji, co miało umożliwić zabranie pieniędzy z kasy Samopomocy Chłopskiej, doszło do strzelaniny, w której „Bruzda" został ciężko ranny. Niewykluczone, że trafił go rykoszet własnego pocisku. Przytomny, miał powiedzieć do „Ryby": „Stasiu, dobij". A ten strzelił mu dwa razy w głowę. Był ostatnim oficerem zawodowym Wojska Polskiego, który poległ w walce z komunistycznym aparatem bezpieczeństwa.

Poza miniaturką Krzyża Virtuti Militari, przy zmarłym znaleziono „kaburę skórzaną do pistoletu w stanie zniszczonym, pas skórzany wojskowy w stanie zniszczonym, granat zaczepny, 30 sztuk amunicji wraz z dwoma magazynkami do pistoletu maszynowego Bertman, jedną manierką aluminiową koloru białego" oraz zegarek i portfel. Nie wiadomo, co stało się z ciałem majora „Bruzdy" – czy zostało zakopane w nieznanym miejscu, czy oddane Akademii Medycznej w Białymstoku.

„Ryba", który przejął trzyosobowy oddział, (poza nim należeli do niego Tadeusz Wysocki „Zegar" i Wacław Dąbrowski „Tygrys") ukrywał się jeszcze ponad dwa lata, przeważnie w bunkrze w gospodarstwie Apolinarego Grabowskiego w Jeziorku. Zginął tam w walce z bezpieką 3 marca 1957 roku.

„WYCHODŹCIE, JESTEŚCIE WOLNI"

ROZBICIE OBOZU NKWD W REMBERTOWIE 20/21 MAJA 1945

Partyzanci ppor. Edwarda Wasilewskiego „Wichury" w ciągu 20 minut rozbili specjalny obóz NKWD nr 10 w Rembertowie i uwolnili kilkuset jego więźniów. „Najważniejszym celem akcji było oczywiście uwolnienie więźniów. Był jednak jeszcze jeden ważny cel – zasygnalizowanie NKWD i UB, że Armia Krajowa w podziemiu jest liczna, silna i dobrze uzbrojona; zdolna, w przypadku stosowania dalszego terroru wobec społeczeństwa i AK, do akcji odwetowych" – stwierdzał komendant Obwodu „Kamień", Walenty Suda „Młot", który polecił przygotować i wykonać akcję odbicia więźniów z obozu w Rembertowie.

W fabryce amunicji „Pocisk" w podwarszawskim Rembertowie na przełomie 1944 i 1945 roku Sowieci założyli specjalny obóz NKWD nr 10, w którym osadzali żołnierzy AK, NSZ i BCh przed wywiezieniem ich w głąb Związku Sowieckiego. Obóz znajdował się na skraju lasu i był otoczony podwójnymi drutami kolczastymi z wieżami wartowniczymi. Poza nimi, na zewnątrz, przed bramą główną stał tzw. pałac, czyli komenda NKWD. Komendantem obozu był kpt. Aleksandrow, a jego zastępcą mjr Kruczkin. Jeden z więźniów, Alfred Grabowski zapamiętał, że cały obóz umownie nazywano batalionem i podzielono na kompanie po 250 ludzi każda. Kompania dzieliła się na 5 plutonów po 50 osób, a pluton na 3 drużyny. Wszystkimi tymi jednostkami dowodzili więźniowie. Także wewnętrznym komendantem obozu był więzień – prawie pięćdziesięcioletni, wysoki i potężnie zbudowany łysy Ukrainiec Goga. „Różne funkcje u Sowietów wykonywali Ukraińcy i folksdojcze. Często enkawudziści używali ich do bicia Polaków. Ukraińcy, jeśli u kogoś zobaczyli dobre buty lub coś innego, to przychodzili w nocy, zabierali człowieka mówiąc, że idzie na przesłuchanie. Wyprowadzali pod druty i rabowali, a jeśli się bronił lub groził, że powie o tym, to mordowali go, a Sowietom mówili, że chciał zbiec z obozu lub próbował atakować, więc musieli go zabić w obronie własnej" – opisywał Marian Lipiński „Młot".

Więźniowie mieszkali w budynkach pofabrycznych, podzielonych na mniejsze pomieszczenia, zastawionych nawet trzypiętrowymi pryczami. Jak wspominają, warunki bytowe były bardzo ciężkie – „zimno, głód i wszawica". „Wyżywienie składało się z wodnistych zup ze śladami kukurydzy lub kaszy – serwowanych dwa razy dziennie – oraz 100 gramów gliniastego chleba". Dlatego „umierało wielu, głównie z głodu. Po każdej nocy wynoszono kilkunastu zmarłych. W pobliżu bramy wewnętrznej obozu był wielki

Pomnik ofiar obozu NKWD w Rembertowie, odsłonięty w 50. rocznicę odbicia więźniów

rów. Tam ich zakopywano. Rów szybko się zapełnił i teren został wyrównany".

W obozie w Rembertowie osadzono aresztowanego 7 marca 1945 roku w Milanówku, pod fałszywym nazwiskiem Walentego Gdanickiego, generała Augusta Emila Fieldorfa „Nila". Nierozpoznany przez Sowietów, 25 marca został wywieziony transportem do łagru na Syberii. Więźniami obozu byli m.in.: Witold Bieńkowski z Delegatury Rządu, gen. bryg. Edward Gruber – były naczelny prokurator wojskowy, czy płk Kazimierz Marszewski – ostatni komendant Obszaru Warszawskiego AK. Wiosną 1945 roku w Rembertowie uwięziono wielu żołnierzy AK oraz NSZ z Sokołowa Podlaskiego, Mińska Mazowieckiego, Węgrowa i Radzynia Podlaskiego. Na podstawie liczby więźniów przewidywano, że kolejny transport wyruszy około 25 maja 1945 roku. Dlatego dowódca Obwodu Mińsk Mazowiecki AK „Mewa-Kamień", kpt. Walenty Suda „Młot", podjął decyzję o odbiciu więźniów z obozu w Rembertowie. Zadanie miał wykonać Oddział Partyzancki „Wichura" pod dowództwem ppor. Edwarda Wasilewskiego „Wichury" oraz grupa dywersyjna z IV Ośrodka, pod dowództwem ppor. Edmunda Świderskiego „Wichra". „Młot" uważał ich za dzielnych i karnych żołnierzy oraz dobrych dowódców.

„Idziemy na rozbicie obozu"

W nocy z 17 na 18 maja 1945 roku partyzanci ppor. „Wichury" wyszli z okolic Mińska Mazowieckiego i szybkim marszem dotarli 18 maja do wsi Zastawie koło Długiej Kościelnej, gdzie kwaterowali przez dwa dni. Eugeniusz Kowalski „Łódź" wspominał: „Dowódca oddziału prowadził rozpoznanie obozu, wyjeżdżając kilkakrotnie motocyklem do Rembertowa. Poza tym obóz obserwowany był przez wybranych partyzantów. Chodziło o poznanie zwyczajów załogi, rozmieszczenia i liczby posterunków, zabezpieczenia bram, rozstawienia baraków z więźniami oraz budynków wartowni itp. Ja również brałem udział w rozpoznaniu". W nocy z 19 na 20 maja do oddziału „Wichury" dołączyła grupa dywersyjna ppor. „Wichra". „Po przybyciu 'Wichra' zaczęliśmy omawiać przyszłą akcję. Zdecydowano, że jutro, w pierwszy dzień Zielonych Świąt, 'Wicher' i 'Wichura', przebrani za wojskowych, pojadą do

Rembertowa motocyklem, staną na szosie obok tego obozu i będą udawać, że reperują motor. Zrobią rozeznanie miejsca przyszłej akcji. Na drugi dzień po śniadaniu obaj pojechali i po dwóch godzinach wrócili" – wspominał Tadeusz Murawski „Sokół". Wieczorem zarządzono zbiórkę oddziału, który liczył 44 żołnierzy. Plan akcji przewidywał uderzenie trzema grupami. Pierwsza, szturmowa, składająca się z 12 osób pod dowództwem „Wichury", miała zdobyć bramę główną, wejść do obozu i otworzyć baraki. Druga, grupa wsparcia, licząca 13 żołnierzy, dowodzona przez „Wichra", miała wspierać oddział szturmowy, opanować wartownię i zlikwidować ewentualną odsiecz. Trzecia, ubezpieczeniowa, składała się z dwóch pododdziałów, złożonych z 7 i 12 osób pod dowództwem „Wyrwy" i „Grota". Ich zadaniem było wejść do obozu przez pierwszą bramę lub wykonać przejście w ogrodzeniu i osłaniać ucieczkę więźniów.

Na dzień przed akcją „Młot" wysłał do obozu informację o przygotowanej akcji, którą przekazano więzionemu tam ppor. Stanisławowi Maciejewskiemu „Kożuszkowi", przed aresztowaniem komendantowi Ośrodka IV, aby wtajemniczył w plany zaufanych więźniów. Alfred Grabowski wspominał, że 20 maja przed południem na teren apelowy weszło kilku enkawudzistów i kazali więźniom wejść do swoich pomieszczeń, które zamknęli i zaparli sztabami drzwi. Otwarto je dopiero na wieczorny apel. „Pamiętam, że na apelu komendant wszystkich kompanii meldował stan obozu i podał ilość więźniów około 1950". Powodem podjętych działań było przekazanie mjr. Kruczkinowi przez zastępcę wydziału operacyjnego ostrzeżenia o możliwości akcji uwolnienia więźniów. Mimo to komendanci obozu oraz inni oficerowie NKWD w nocy z 20 na 21 maja wybrali się do Kawęczyna, oddalonego o 2 km od Rembertowa, na bankiet zorganizowany przez komendanta garnizonu praskiego.

Tymczasem 20 maja, na krótkiej odprawie około godziny 22 „Wichura" powiedział do partyzantów: „Idziemy na rozbicie obozu w Rembertowie i jeżeli można, to trzeba zdobyć obóz bez oddania strzału". Albin Wichrowski „Góral" wspominał, że do Rembertowa wjechali wozami przez przejazd kolejowy przy ulicy Kilińskiego. „Dojechaliśmy do ulicy Zwycięstwa i tą drogą dotarliśmy pod obóz. Tam zeskoczyliśmy w biegu z wozów i rowem wzdłuż ogrodzenia obozu pobiegliśmy w kierunku drogi wawerskiej. Przeszliśmy przez tor bocznicy kolejowej, która wchodziła na teren obozu, i biegnąc dalej zbliżyliśmy się do drogi wawerskiej. Skręciliśmy w lewo i biegnąc wzdłuż ogrodzenia wyszliśmy na polanę znajdującą się przed bramami obozu".

„Wichura" dał rozkaz rozpoczęcia akcji po wpół do drugiej w nocy 21 maja, ponieważ wtedy zmieniano posterunki wokół obozu i, jak stwierdzono w czasie rozpoznania, zmniejszano z podwojonych na normalne. Podczas gdy grupy „Wichury" i „Wichra" poszły do bramy głównej, grupa „Grota", do której należał „Góral", zatrzymała się przy bramie pierwszej. Jej zadaniem było opanowanie małego domku w pobliżu bramy, w którym urzędował komendant obozu, oraz utrzymanie ogniem dwóch erkaemów i dziesięciu pepesz wartowni głównej tak, by nikt z niej nie mógł wyjść. „Po wyważeniu furtki przy bramie weszliśmy do środka, likwidując stojących tam wartowników. Kilku z nas wpadło do domku. Miał on dwie izby. W pierwszej siedział na krześle sowiecki oficer. Nogi miał w misce z wodą. Przed nim klęczał jakiś człowiek. Wyglądało to tak, jakby mył enkawudziście nogi. Oficer sięgnął po broń. Nie zdążył. Zwalił się z krzesła martwy. Cywil zawołał do nas, że jest więźniem, żeby go nie zabijać" – wspominał „Góral".

Jednego ze swoich ludzi „Grot" wysłał z domku z pękiem kluczy od drzwi baraków do „Wichury", którego ludzie w tym czasie otworzyli bramę główną. „Przed bramą stało czterech enkawudzistów uzbrojonych w karabiny z nasadzonymi bagnetami. Był rozkaz, by zlikwidować ich bez wystrzału. Doskoczyłem do najbliższego z nich tak, że nie zdążył zdjąć karabinu z ramienia. Był to silny, masywnie zbudowany sołdat. Zanim zdążyłem zadać mu cios, chwycił mnie oburącz za gardło i zaczął dusić. Udało mi się również chwycić go za gardło. Musiał to być silny chwyt, bo jego uścisk zelżał. Upadliśmy na ziemię i chwilę kotłowaliśmy się tak, że raz ja, raz on był na górze. W chwili gdy ja siedziałem na nim, doskoczył do nas 'Dziki'. Porwał z ziemi karabin sołdata i chciał uderzyć go w bok bagnetem. Krzyknąłem wtedy 'pchaj z góry'. 'Dziki' uniósł karabin i zadał cios. Zerwałem się na nogi. Zobaczyłem, że trzej pozostali enkawudziści leżą na ziemi. Przy bramie uwijał się 'Lech', który miał za zadanie wysadzić ją. Zawołał, by się nie zbliżać. Nastąpił wybuch" – zapamiętał Eugeniusz Kowalski „Łódź".

„Niedźwiedź" pomylił rakietę

Przez otwartą bramę partyzanci wbiegli do obozu, ostrzeliwani teraz przez Sowietów z broni maszynowej i obrzucani granatami. „Biegliśmy w kierunku baraków. Z prawej strony był budynek wartowni głównej. Stamtąd do nas strzelano. Wybuchły kolejno dwa granaty. Jeden z nich uderzył mnie w pierś i odbity potoczył się kilka metrów. Rozerwał się, zasypując mnie ziemią. Na szczęście był to granat zaczepny. Jego odłamek, kawałek blachy, utkwił mi nad prawym okiem, przecinając brew i kalecząc powiekę. Wyjęto mi go następnego dnia na kwaterze. Pobiegliśmy dalej. Wartownia została szybko opanowana, jej załoga wybita. Dobiegliśmy do baraków, wyważyliśmy drzwi pierwszego. Ludzie początkowo bali się, nie wierzyli. Wreszcie

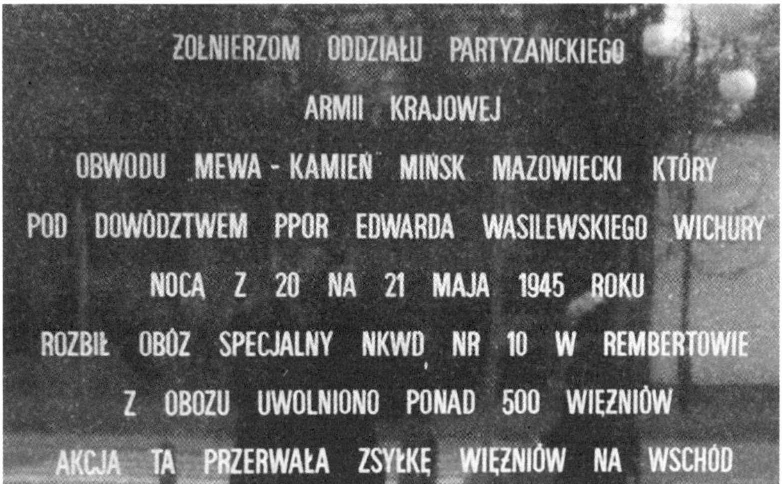

Jedna z tablic pamiątkowych na pomniku ofiar NKWD w Rembertowie

poczęli wychodzić. Biegali po baraku, szukając swoich rzeczy. Pakowali swój obozowy dobytek. Popędzaliśmy ich. Pobiegliśmy dalej wzdłuż ulicy idącej przez obóz. Biegliśmy rowem, drogę zostawiając dla uwolnionych” – wspominał Tadeusz Dzięciołkowski „Minus”.

Ludzie „Wichury” wyważali drzwi kolejnych baraków i wołali: „Wychodzić, jesteście wolni”. Jeden z więźniów, Marian Lipiński „Młot” zapamiętał, jak zbudziły ich strzały, a następnie wybuchy granatów. „Słychać je było bardzo blisko w obozie. Czekaliśmy, co będzie. Nagle drzwi naszego baraku zostały siłą otwarte. Usłyszeliśmy ludzi wołających po polsku: ‘Polacy wychodźcie, jesteście wolni. Uciekajcie, bo nie ma dużo czasu, a my nie możemy was zabrać ze sobą. Uciekajcie na wschód’. Szybko założyłem buty i wybiegłem przed barak. Chciałem się tylko rozejrzeć i poczekać na ubierających się kolegów, ale nogi same mnie poniosły. Przebiegłem przez wewnętrzną, a następnie zewnętrzną bramę obozu. Obie były otwarte na oścież. Jak mogłem najszybciej, pobiegłem w las, kierując się na Gocławek. Po drodze widziałem grupki uciekających ludzi”. Partyzanci kierowali uwolnionych więźniów na północ i wschód, a zarazem ostrzegali, aby nie szli w stronę Warszawy.

Nie do wszystkich baraków zdołano dotrzeć. Nie otwarto baraku nr 11, w którym zamknięty był m.in. Stanisław Maciejewski „Kożuszek”. Partyzantom nie udało się także uruchomić zdobytych w obozie samochodów ciężarowych, co opóźniło ucieczkę i utrudniło ewakuację oddziału. Ale po 20-25 minutach akcji więźniowie byli już poza obozem i „Wichura" dał rozkaz „Niedźwiedziowi", by wystrzelił zieloną rakietę na znak, że odbijanie zostało zakończone. „'Niedźwiedź' załadował rakietnicę i uniósł w górę rękę. Strzał – i w niebo poszła czerwona rakieta. 'Wichura' zaczął kląć jak nigdy przedtem. Trzymał w dłoni pistolet. Bałem się, że 'Niedźwiedź' straci życie. Ale 'Wichura' zapanował nad sobą i po chwili dalej kierował akcją. Czerwona rakieta oznaczała, że grupa szturmowa wzywa pomocy. W takim przypadku grupy ubezpieczające powinny zbliżyć się do grupy szturmowej i wspierać ją. Na szczęście akcja dobiegała końca, więc i tak wkrótce mieliśmy się zbierać w miejscu wcześniej wyznaczonym" – wspominał „Łódź".

Po wyjściu grupy szturmowej i grupy wsparcia przez bramę główną, gdy ubezpieczający odwrót oddział „Grota" także szykował się do odejścia, od strony Warszawy drogą wawerską nadjechały samochody ciężarowe z sowiecką odsieczą i zatrzymały się na wprost partyzantów na szosie. Jak wspominał „Góral", „żołnierze zeskoczyli z samochodów. Wyraźnie nie byli pewni, co mają robić. W tym czasie enkawudziści z wartowni głównej strzelali w naszą stronę. My nie odpowiadaliśmy. 'Grot' przesunął sześciu ludzi z jednym erkaemem, tak by mogli strzelać do zbliżających się wolno żołnierzy z odsieczy. Enkawudziści z budynku zobaczyli ruch przy drodze i myśląc, że to partyzanci, otworzyli do nich silny ogień. Idący padli i rozpoczęli ogień po oknach budynku. Ta wymiana ognia odbywała się nad naszymi głowami. Gdy na chwilę ogień przycichł, z okna budynku wychylił się enkawudzista, wołając: 'Bladź, partizany kak krepko bijut!' (K...a, partyzanci jak mocno biją). Usłyszeli to żołnierze z odsieczy. Zrozumieli, że w budynku są swoi, a nie partyzanci lub zbuntowani więźniowie. Zaczęli wołać po rosyjsku. Ogień ucichł zupełnie". Żołnierze wstali i biegiem ruszyli w kierunku bramy, przy której leżeli ludzie „Grota". Gdy Sowieci zbliżyli się do nich na 10-15 metrów, dowódca dał rozkaz „ognia!" z dwóch erkaemów oraz dziesięciu pepesz i wykorzystując zaskoczenie odsieczy nagłym ostrzałem, poderwał chłopców i odskoczył w las za obozem. Po drodze spotkali duże grupy uwolnionych z obozu, którzy poszli za nimi. Gdy za Wolą Grzybowską przeszli tor kolejowy i zbliżyli się do drogi z Okuniewa do Sulejówka, zobaczyli, że droga była obstawiona przez żołnierzy w polskich mundurach. „Grot" zaryzykował: „Ustawił nas w sześć dwójek. Broń na pasie przez ramię, odbezpieczona. Sam wyszedł na drogę, stanął w poprzek niej i przynaglając nas lewą ręką do szybkiego marszu, prawą wskazywał kierunek po drugiej stronie drogi. Przeszliśmy, a za nami tłum uwolnionych. Żołnierze, berlingowcy – jak ich nazywaliśmy, nie mogli nie zdawać sobie sprawy, kim jesteśmy, a jednak przepuścili nas bez walki. Niektórzy salutowali 'Grotowi'"– wspominał „Góral".

Wściekłość Sowietów

Pościg za partyzantami i uwolnionymi więźniami poprowadził mjr Korżenko. Oddział złożony z sowieckich żołnierzy z ochrony obozu oraz przybyłych z odsieczą z komendantury Pragi i dywizjonu przeciwlotniczego wyruszył o godzinie 4.30. Nadleciały także dwa „kukuruźniki" (samoloty Po-2), które miały z powietrza zlokalizować partyzantów i uciekinierów. W obozie zwołano więźniów na apel o godzinie 6 i komendant wewnętrzny obozu, Goga, jak zapamiętał Alfred Grabowski, zameldował oficerowi NKWD, że doliczono się około 1350 więźniów. Ponieważ poprzedniego dnia na apelu porannym, według niego, stawiło się około 1950 osób, można przyjąć, że partyzanci uwolnili około 600 Polaków. Sowieci podają liczbę 466 oswobodzonych. Grabowski doliczył się około 290 więźniów, którzy zostali złapani i przywiezieni z powrotem do Rembertowa. Wielu z nich zostało zamordowanych w lesie poza obozem. „Złapanych zwożono samochodami i furmankami przez kilkanaście dni. (...) 20-30 osób zostało rozstrzelanych bez wprowadzania na teren obozu. Rozstrzeliwano w zagajniku leżącym około 80 m od parkanu obozu. Strzały oraz krzyki mordowanych słychać było wyraźnie. Zabitych zakopywano pod sosnami, w tym samym miejscu chowano zmarłych w obozie z głodu i wycieńczenia".

W meldunku sporządzonym w 1945 roku przez nieznanego więźnia dla kierownictwa Delegatury Sił Zbrojnych na Kraj pisano: „Rano zaczęła się martyrologia tych, którzy zostali złapani z powrotem. Przyprowadzano przed sztab ludzi partiami, najpierw 20. Zdarto z nich ubranie. Walono kolbami do tego stopnia, że trzy karabiny połamali w drzazgi na głowach nieszczęsnych. Sześć osób zakatowano na śmierć, jednego zastrzelił bojec w końcu ganku serią naboi. Bili żelazem do nieprzytomności. Jednemu z więźniów skakał po piersiach olbrzymi kucharz, łamiąc mu żebra i odbijając nerki. (...) Przez cztery dni nie mieliśmy dostępu do chorych, dopiero później przekradliśmy się do tzw. izby chorych (ciemny budynek, maleńkie okienka, ściany na zewnątrz posmarowane smołą), umieszczono tam ok. 80 pobitych, z których 3-4 umierało dziennie. Przez trzy dni nie dawano im nic jeść, zdarto z nich wszystko i podzielono między siebie". Wielu nieprzytomnych pozostawiano bez pomocy medycznej na pryczach.

Alfred Grabowski zapamiętał także, że złapanych uciekinierów przepuszczano przez korytarz utworzony przez kapo, stojących wzdłuż przejścia do baraku komendantury, i bito drewnianymi kołkami po całym ciele. Wielu bitych miało połamane ręce, palce, a nawet popękane i połamane kości głowy. Jeden z więźniów, skatowany w ten sposób, wspominał: „Starałem się przebiec szybko, nic mi to nie dało, bo jeden krzyknął 'zwodnyj komandir' i wpadli za mną do pomieszczenia i bili tam aż straciłem przytomność". 21 maja Sowieci zmasakrowali przeszło 100 osób, ponad dwudziestu więźniów zmarło wskutek pobicia. „Widok był makabryczny. Podłoga zalana krwią oraz leżący nieprzytomni ludzie, których z powodu połamania rąk i nóg trzeba było układać na pryczach. Po masakrze oficerowie sowieccy kazali iść przed studnie i zmyć krew. Przez trzy dni nikt nie otrzymał żadnego opatrunku, dopiero czwartego dnia przybył sanitariusz sow[iecki] z dwiema sanitariuszkami, którzy tylko ciężko pobitych prymitywnie opatrzyli.

Dopiero następnego dnia lekarz więzienny dr Zienkiewicz dokonał solidnych opatrunków oraz poukładał połamane ręce i nogi w 'szyny'. Robił to wszystko w miarę dostarczania środków, których wcale nie było dużo (…). Przez szereg dni nad więźniami wisiała groźba masowego rozstrzelania, lecz później kurs złagodniał" – zapisano w aktach śledztwa w sprawie obozu w Rembertowie.

Uwolnienie więźniów przez oddział „Wichury" rozwścieczyło Sowietów. Komisja NKWD, która badała okoliczności rozbicia obozu, doprowadziła do przeniesienia dotychczasowych komendantów z Rembertowa. Ich miejsce zajęli inni, ale jak stwierdzał w raporcie pokontrolnym sam szef NKWD Ławrientij Beria, i oni „nie podjęli żadnych działań zmierzających do podwyższenia gotowości bojowej oraz czujności". Obóz w Rembertowie został zlikwidowany, a pozostałych tysiąc więźniów 4 lipca 1945 roku wywieziono do sowieckiego obozu przy ulicy Słonecznej w Poznaniu, następnie część z nich umieszczono w więzieniu we Wronkach, a część w Łodzi, skąd mieli być wywiezieni przez Wilno w głąb Związku Sowieckiego. Brawurowa akcja polskich żołnierzy miała ogromne znaczenie propagandowe, bo pokazała społeczeństwu, że istnieje zbrojny opór wobec komunistycznych okupantów.

Zdrada „Wichury"

Dowódca akcji na Rembertów, 22-letni wtedy ppor. Edward Wasilewski ujawnił się we wrześniu 1945 roku. Już pół roku później został zatrzymany przez UB. Wytrzymał roczne śledztwo i został zwolniony w marcu 1947 roku. W 1950 roku zgodził się na współpracę z bezpieką. Jako agent występował pod kryptonimami „Huragan", „Ramzes", „Wierny", „Pewny", „Znak", „M" i „A". Jednocześnie był „figurantem", czyli osobą rozpracowywaną przez UBP, w środowisku akowców w Mińsku Mazowieckim. Jako legendarny dowódca akcji rozbicia obozu NKWD bez trudu zdobywał zaufanie osób, którymi interesowała się bezpieka. Przyczynił się do ujęcia legendarnych żołnierzy antykomunistycznego, niepodległościowego podziemia. Brał udział w działaniach operacyjnych przeciwko grupie mjr. Jana Tabortowskiego „Bruzdy" oraz Jana Sałapatka „Orła". Uczestniczył w likwidacji oddziału partyzanckiego Jana Kmiołka „Wira". Zaangażował się także w kombinację operacyjną „Cezary" (stworzenie prowokacyjnej V Komendy WiN) i przyczynił do aresztowania kpt. Kazimierza Kamieńskiego „Huzara". Za współpracę pobierał znaczne wynagrodzenie, dzięki UB został także dziennikarzem w gazecie „Wola Ludu", co było jego marzeniem. Nigdy jednak nie pozwolono mu na samodzielną, niezależną pracę. Po dziesięciu latach okazał się nieprzydatny jako agent z powodu całkowitego wyeksploatowania i w 1960 roku został wyrejestrowany. W czasie „służby" często nadużywał alkoholu i zdarzało mu się dekonspirować powierzone zadania, był chory na gruźlicę. W latach sześćdziesiątych pracował w „Przyjaciółce", gdzie pod pseudonimem „Ewa" udzielał różnych porad czytelnikom. Zginął tragicznie, wypadając z okna na warszawski bruk, nazajutrz po agresji wojsk Układu Warszawskiego na Czechosłowację, 22 sierpnia 1968 roku. Pozostaje sprawą do końca niewyjaśnioną czy popełnił samobójstwo, czy z wydarzeniem tym mieli coś wspólnego byli mocodawcy z resortu.

JUŻ NIE BYŁO SŁYCHAĆ „URRA!"

BITWA W LESIE STOCKIM, 24 MAJA 1945

W Lesie Stockim niedaleko Kazimierza Dolnego oddziały majora „Orlika" zostały niespodziewanie zaatakowane przez silną grupę operacyjną NKWD, KBW, UB i MO. Na dwustu partyzantów zwaliło się prawie siedmiuset funkcjonariuszy i żołnierzy mających na dodatek trzy samochody pancerne i dwa transportery opancerzone. „Co chwila spadały na nas serie z automatów i karabinów maszynowych oraz granaty ręczne. Jeden z nich rozerwał mi się z prawej strony głowy, ale był to granat zaczepny i poza kilkoma zadraśnięciami odłamkami nic mi się nie stało. Przed sobą, na parę metrów za wybrzuszeniem terenu, słyszałem komendę w języku rosyjskim: 'pryniat oboronu' – 'przyjąć obronę'!" – wspominał Jerzy Jurkiewicz „Junacz".

W Zalesiu koło Ryk stoi do dzisiaj drewniany dom, w którym wychował się i z którego wyszedł na wojnę Marian Bernaciak. Uciekając we wrześniu 1939 roku z transportu do obozu w Kozielsku, najprawdopodobniej uniknął strzału w tył głowy w katyńskim lesie. Wrócił prosto do podziemia w Związku Walki Zbrojnej w Rykach. Przyjął wtedy pseudonim „Dymek", a „Orlikiem" stał się, kiedy w 1943 roku, zagrożony aresztowaniem, poszedł do lasu i zorganizował partyzancki patrol złożony z takich jak on „spalonych" konspiratorów. Wkrótce z jego małej grupy powstała kompania sławnego Oddziału Partyzanckiego 15. Pułku Piechoty AK „Wilków", z którą „Orlik" przeprowadził ponad dwadzieścia zbrojnych akcji przeciwko Niemcom i na jej czele 26 lipca 1944 roku wjechał konno do zdobytych Ryk, przed sowieckimi czołgami. Nie udało mu się jednak dotrzeć z pomocą do powstańczej Warszawy, a oddział został rozwiązany. „Orlik" odtworzył go już w marcu 1945 roku, a wkrótce, w stopniu majora, objął dowództwo nad wszystkimi oddziałami partyzanckimi Zrzeszenia Wolność i Niezawisłość w Inspektoracie Puławy.

Do „Orlika" przedarła się m.in. grupa uciekinierów z obozu NKWD w Skrobowie. Z miejsca, gdzie Sowieci podstępnie rozbroili 27 Wołyńską Dywizję Piechoty AK, która w ciężkich walkach wyzwoliła z rąk Niemców okolice Lubartowa, miejsca przeznaczonego na obóz dla niepokornych akowców, w Wielki Wtorek 27 marca 1945 roku udało się zbiec 48 więźniom, w tym Jerzemu Ślaskiemu „Nieczui", który wspominał: „Tuż po godz. 11.00 zaczęła kartoflarnia. Kpr. podch. Zdzisław Jarosz ('Czarny') zaatakował wartownika, odebrał mu pepeszę i wybiegł z nią na zewnątrz kuchni. W tej samej chwili pozostałe grupy zaatakowały strzegących je wartowników. Z zabraną im bronią próbowano zdobyć wartownię. Szturm jednak nie powiódł się,

Mjr Marian Bernaciak „Orlik”

zdołano ją tylko zablokować. Opanowano natomiast koszary, w których spała nocna zmiana. Po sterroryzowaniu żołnierzy zdobyto tam broń i amunicję, które błyskawicznie rozdzielono wśród uczestników akcji. Po sforsowaniu głównej bramy, pod ogniem bijących z wieżyczek i wartowni cekaemów, więźniowie przeskoczyli szosę i – rozsypani w tyralierę – pobiegli przez mokre, orne pole w stronę odległego o trzy kilometry skraju Lasów Kozłowieckich. Cała akcja trwała 20-25 minut". Uciekinierzy zorganizowani w partyzancki pluton pod dowództwem ppor. „Wiernego", prowadzeni przez kpr. podch. Antoniego Jabłońskiego „Jasieńczyka", internowanego w Skrobowie partyzanta z oddziału „Orlika", pomaszerowali w stronę Wieprza, aby dołączyć do leśnego zgrupowania.

„Po katyńsku strzał w tył głowy"

W podporządkowanym Delegaturze Sił Zbrojnych a potem WiN oddziale „Orlika" służyło 160-200 ludzi. Działał w powiecie garwolińskim, puławskim, łukowskim, lubartowskim, kraśnickim i kozienickim. W kwietniu 1945 roku partyzanci przeprowadzili jedną ze swoich brawurowych akcji, rozbijając ubeckie powiatowe więzienie w Puławach, które, podobnie jak inne komunistyczne katownie, „Orlik" nazywał Katyniem. Pisał o nim w odezwie *„Orlik" do społeczeństwa*: „Dlatego w Puławach zamordowanych przez siebie funkcjonariusze resortu grzebali koło ustępu i śmietnika na podwórzu swego urzędu. Dlatego giną bez śladu ludzie, a gdy się znajdzie ich zwłoki, mają po katyńsku ślad strzału w tył głowy, ręce w tył związane często drutem kolczastym, zakneblowane usta i połamane kości”.

W więzieniu w Puławach zamęczony na śmierć przez klucznika Kazimierza Kwiatkowskiego został m.in. żołnierz AK-WiN Antoni Szlachetka „Boguś”, o czym zeznawał jeden ze współwięźniów, Jan Piotrowski: „Szlachetka mówił mi, że był bity przez wojsko w Opolu, a następnie musiał być również bity w czasie przesłuchań w Łaziskach, gdyż każdorazowo wracał z badań bez sił i kładł się na ziemię. Słyszałem jęki z pokoju badań. Po pięciu dniach pobytu w Łaziskach zostaliśmy obaj przeniesieni do UB w Puławach, gdzie po spisaniu danych osobistych wtrącono nas do komórki w piwnicach gmachu. Do komórki tej przyszedł następnie klucznik Kazik, nazwiska nie znam, wraz z jeszcze jednym funkcjonariuszem i obaj bili nas obu pistoletem i rękami gdzie popadło. Także nas kopali. Następnie przeprowadzili nas do innej celi, gdzie było już kilku innych zatrzymanych. W nocy przychodził do nas klucznik dwukrotnie i urządzał nam ‘ćwiczenia’ w sąsiedniej celi, gdzie był warsztat szewski. W czasie tych ‘ćwiczeń’ kazał nam na komendę wskakiwać pod pryczę, a następnie wzajemnie okładać się pasami. Gdy któryś osłabł, dostawał pasem, względnie pistoletem, uderzenie od klucznika. Za drugim razem widziałem u klucznika w ręku tęgi kołek, którym nas również bił. Najgorzej ucierpiał Szlachetka Antoni, który był słaby już poprzednio. Na drugą noc powtórzyło się to samo, z tym że byliśmy tylko raz budzeni i przeprowadzeni do celi warsztatowej na 'ćwiczenia'. Widziałem wtedy jak klucznik bił Sztachetkę Antoniego młotkiem szewskim po głowie. Po tym wszystkim Szlachetka czuł się coraz gorzej, i w dniu, kiedy umarł, leżał cały czas na ziemi i po obiedzie prosił o doktora, wobec czego został z celi wyprowadzony".

We wtorek, 24 kwietnia 1945 roku przed świtem oddział „Orlika" przybył na kwatery do małego i biednego, ukrytego głęboko w lesie Sachalina. Major rozkazał por. „Wiernemu" zdobycie na krzyżówce w Żyrzynie, gdzie szosa

Obelisk przed domem, w którym urodził się w Marian Bernaciak, Zalesie pod Rykami

Warszawa-Lublin łączy się z drogami do Baranowa i Puław, dwóch samochodów, najlepiej studebakerów z napędem na cztery koła i pełnymi bakami. Zasadzką dowodził kpr. podch. Jerzy Michalak „Świda”, a kierowcom zatrzymywanych sowieckich ciężarówek, o rzekomym objeździe przez las z powodu zagrożenia przez bandy, meldowali gładko po rosyjsku kpr. podch. Stanisław Szymański „Igołka” i kpr. podch. Zdzisław Jarosz „Czarny”. Po godz. 10 w Sachalinie stanęły, wedle życzenia dowódcy, dwa studebakery z pełnymi bakami i beczkami zapasowego paliwa, ale do obiadu nikt nie wiedział po co. Dopiero około godz. 14 „Orlik” zwołał wszystkich i zapowiedział akcję dla ochotników. Po wybraniu 44 najlepiej uzbrojonych przedstawił plan ataku i opanowania budynku PUBP w Puławach oraz uwolnienia znajdujących się tam więźniów. Partyzanci szybko załadowali się na samochody. Pierwszym pojechało szesnastu umundurowanych żołnierzy oraz sześciu przebranych za aresztowanych przez wojsko i wiezionych do puławskiego „Katynia”. W kabinie, obok kierowcy w mundurze czerwonoarmisty, zajął miejsce „Orlik” ubrany w mundur zatrzymanego na szosie lejtnanta, który w tym czasie, podobnie jak sowiecki major i dwaj kierowcy, pozostając w samej bieliźnie w jednej ze stodół, zajadał przewożone przez siebie konserwy, popijając partyzanckim bimbrem. Mundur majora pożyczył sobie „Igołka” jadący obok kierowcy w drugim studebakerze, na pace którego, pod brezentową plandeką, podróżowało dwudziestu umundurowanych partyzantów pod dowództwem Zygmunta Kęski „Świta”.

„Tawariszczi! Poliaki naszych bijut!"

Około godz. 15 samochody, nie zwracając niczyjej uwagi, wjechały do Puław, pełnych sowieckich żołnierzy, co prawda głównie z jednostek tyłowych i rekonwalescentów, ale i tak ich przewaga była miażdżąca. Budynek puławskiej katowni znajdował się wówczas na uboczu, daleko od innych zabudowań. Był jednak prawdziwą twierdzą: dwukondygnacyjny z zakratowanymi i zastawionymi workami z piaskiem oknami, pilnie strzeżony, otoczony ogrodzeniem z kolczastym drutem. Gdy studebakery zajechały pod bramę więzienia, kilku umundurowanych partyzantów wyskoczyło, aby otworzyć klapy auta, z którego wypakowali się popędzani krzykami „aresztanci". Do wartowników podszedł „Igołka", a widząc wybiegającego z budynku oficera NKWD, krzyknął po rosyjsku, że przyjechała grupa operacyjna z Warszawy i przywiozła sześciu bandytów. Ci właśnie szli do bramy z rękami na karkach, pilnowani przez kolegów wymachujących pepeszami. Pozostali zaczęli okrążać budynek, depcząc rabatki z kwiatami, co wyraźnie zaniepokoiło enkawudzistę i zawołał, żeby komandir poszedł za nim, a reszta miała czekać. Ponieważ „Igołka" nie ruszył się z miejsca, sowiet sięgnął do kabury, ale w tym momencie stojący za „Igołką" „Orlik" wypalił ze swojego colta, zabijając go od razu. Natychmiast rozbrojono pozostałych wartowników, budynek był już otoczony, a skrobowiacy – Feliks Tymoszuk „Longinus" i Tadeusz Czajkowski „Kotwica" – ustawili erkaemy. Partyzanci wdarli się do środka, błyskawicznie opanowując parter i część pierwszego piętra. Kilku dostało się do piwnic, gdzie mieścił się areszt. Cele otwarto łomami i wyprowadzono więźniów na podwórze. Ubowcy strzelali bez opamiętania, zabarykadowani na piętrze. „Longinus" został ranny w brzuch. Na rozkaz „Orlika" zabrano rannego kolegę i oba studebakery ruszyły pełnym gazem, zanim z odsieczą przybył garnizon Sowietów. „Igołka", nadal w mundurze sowieckiego majora, stał na stopniach auta i machając ruską czapką-uszanką darł się na cały głos: „Tawariszczi! Poliaki naszych bijut! [Towarzysze! Polacy biją naszych!], w co zresztą ci uwierzyli i rozpoczęli bezładną strzelaninę w mieście. „Orlik" zaś kończył akcję, nakazując odwrót. Na wschód, w stronę lasu ruszył oddział i uwolnieni więźniowie. Na koniec odskoczyła także straż tylna ze „Świtem", który rzucił w strzelających z budynku ubowców granat, raniąc m.in. zastępcę szefa PUBP, ppor. Aleksandra Legięzę „Armatę". Przed lasem partyzantów dosięgnął ogień sowieckich cekaemów, raniąc czterech ludzi. Tymczasem pod budynek PUBP przybyła sowiecka odsiecz i zaatakowała zabarykadowanych ubowców, myśląc, że to bronią się „bandyci". Ubowcy z kolei byli przekonani, że strzelają do nich przebrani akowcy. Zanim wyjaśniono nieporozumienie, „Orlik" był już w lesie i nie mogły mu zaszkodzić wytoczone na koniec sowieckie działa przeciwlotnicze. Partyzanci odbili 107 więźniów, w tym sześć kobiet, zabili pięciu funkcjonariuszy UB, dwóch milicjantów i kilku enkawudzistów. Sami stracili dwóch zabitych i dwóch rannych.

„Zapora" w Kazimierzu Dolnym

Tydzień później, 1 maja, pododdział „Orlika" dowodzony przez por. „Świta" wkroczył na rynek w Kocku i zamienił komunistyczny wiec w manifestację poparcia dla Rządu RP na Uchodźstwie i zachodnich aliantów. Jeden z partyzantów przez telefon poinformował UB w odległym o 20 km Radzyniu, że w Kocku grasują „bandyci" „Orlika", a na obiecaną grupę operacyjną partyzanci zrobili zasadzkę w Annówce. Wkrótce nadjechały tam dwa odkryte samochody ciężarowe, wiozące 60 ubowców z Łukowa. Partyzanci zaatakowali je z ustawionych wzdłuż skraju lasu wszystkich karabinów maszynowych. Auta wpadły do rowu, część ubowców zaczęła uciekać, niektórzy schowali się w dołach po ziemniakach, a reszta podjęła walkę, ale na krótko. Zginęło trzech ubowców i dwóch milicjantów, a po walce rozstrzelano jeszcze pięciu funkcjonariuszy UB, natomiast puszczono wolno czterech milicjantów. Oddział nie poniósł żadnych strat.

Po udanych akcjach w Kocku i Annówce Zgrupowanie przeszło za Wieprz, ponieważ „'Orlik' uzyskał informacje, że w południowych rejonach Lubelszczyzny, z uwagi na intensywną działalność władz administracyjnych, Milicji i Bezpieczeństwa, należy urządzić (...) parę marszów propagandowych, aby w ten sposób zamanifestować, że organizacje nielegalne jeszcze istnieją i równocześnie zmusić działaczy demokratycznych do zahamowania normalnej pracy w dziedzinie odbudowy Państwa Polskiego". Główna część

Krzyż w Piotrówku, w miejscu śmierci mjr. Mariana Bernaciaka

Zgrupowania z „Orlikiem" na czele, po przejściu Wieprza w połowie maja rozbiła posterunki MO i inne placówki komunistyczne w Baranowie, Gołębiu, Żyrzynie i Końskowoli. „Orlik" miał ze sobą około dwustu żołnierzy. Na jego rozkaz w sobotę przed Zielonymi Świątkami, 19 maja 1945 roku, 30-osobowy oddział dowodzony przez Tadeusza Orłowskiego „Szatana" zaatakował posterunek MO w Nałęczowie. Ale ostrzeżeni milicjanci zdołali się zabarykadować, a partyzanci nie mieli wystarczającej ilości broni i musieli się wycofać. W drodze na miejsce zbiórki zostali osaczeni i ostrzelani przez milicjantów, którzy zorganizowali pościg trzema samochodami. Zginęło 17 partyzantów. Za nieumiejętne dowodzenie „Szatan" stracił dowództwo.

Tego samego dnia sławny wkrótce dowódca oddziałów leśnych, cichociemny kpt. Hieronim Dekutowski „Zapora" zdobył Kazimierz nad Wisłą. Ze swoimi partyzantami wrócił właśnie z rajdu za San, gdzie rozbili kilka posterunków MO i 19 maja zdobycznym studebakerem wjechał na rynek kazimierski. „Jedna drużyna ubezpieczała akcję od strony Opola, druga od strony Puław, reszta oddziału na czele z 'Zaporą' zaatakowała posterunek MO. Wyznaczeni partyzanci odcięli połączenia telefoniczne, następnie wpadli do magistratu, legitymując obecnych w tym urzędzie cywilów i wojskowych. (...) Zdobycie posterunku odbyło się przy bezpośrednim udziale Komendanta, który zamocowanym na tyczce ładunkiem wybuchowym z angielskiego plastyku, zaszokował ukrytych na piętrze budynku milicjantów, a w tym czasie sekcja minerów dokonała ataku na drzwi wejściowe, obrzucając je gammonami i wdzierając się do środka" – wspominał Marian Pawełczak „Morwa". Partyzanci wyprowadzili funkcjonariuszy i zabrali znajdującą się na posterunku broń maszynową oraz amunicję. Karabiny „Zapora" kazał zniszczyć i porozrzucać po rynku. Miesiąc później zgrupowanie Dekutowskiego, który współpracował także z mjr. „Orlikiem", liczyło ponad 220 ludzi. On sam został wtedy awansowany do stopnia majora, odznaczony Krzyżem Walecznych i mianowany dowódcą wszystkich oddziałów partyzanckich w Inspektoracie Lublin. Zasłynął potem na terenie województw lubelskiego, rzeszowskiego i kieleckiego, przeprowadzając w latach 1945-47 około 60 akcji zbrojnych przeciwko Armii Czerwonej, funkcjonariuszom UB i MO oraz działaczom i agentom komunistycznym.

Z białym bzem na czapkach

Wieczorem 22 maja 1945 roku Zgrupowanie mjr. „Orlika" wymaszerowało ze swych kwater w rejonie Bobrownik nad Wieprzem, koło Dęblina, kierując się na południe. W okolicy działały duże grupy operacyjne UB i MO, a także jednostki 4. Dywizji Piechoty i brygada zaporowa NKWD, wyposażone w artylerię i broń pancerną. Partyzanci szli całą noc, moknąc w rzęsistym deszczu i zapadając się w błocie, prowadzili ze sobą wozy z amunicją i uzbrojeniem. Oddział miał na stanie kilka zrzutowych granatników przeciwpancernych PIAT, dwa ciężkie karabiny maszynowe, wymontowane z niemieckich samolotów, pistolety maszynowe oraz dużą ilość gammonów, czyli brytyjskich granatów ręcznych, przeznaczonych dla wojsk powietrznodesantowych. O świcie 23 maja, po prawie 30 kilometrach forsownego marszu żołnierze „Orlika" stanęli w okolicach Lasu Stockiego, wsi położonej między Puławami a Kazimierzem Dolnym, niedaleko drogi z Bochotnicy do Nałęczowa i Lublina. Partyzanci zajęli na kwatery domy stojące nad wąwozem Zadole w zachodniej części wioski zwanej Okręglicą. Major postanowił tu zanocować, choć zgodnie z obyczajem leśnych, z zasady nie spano w miejscu, do którego oddział przychodził rano, ale do Lasu Stockiego nie dotarła jeszcze umówiona na spotkanie grupa około 70 partyzantów z rejonu Baranowa, dowodzona przez ppor. Czesława Szlendaka „Maksa”. Zmęczeni i przemoknięci zjawili się we wsi następnego dnia, 24 maja i rozłożyli na południowym krańcu Okręglicy. Od razu też dowódca zarządził pranie i suszenie brudnych ubrań.

Jeszcze tego samego dnia do PUBP w Puławach trafiła informacja od agenta, że we wsi Cholewianka „kwateruje zbrojna banda pod dowództwem ‘Orlika’”. Wspominał o tym por. „Wierny”, stwierdzając, że „ludność miejscowa była źle ustosunkowana do nich, a nawet kilku

Krzyż (w tle były budynek PUBP w Puławach) pamięci pomordowanych przez komunistów w latach 1944-1956

współpracowało z tzw. resortem bezpieczeństwa i ktoś doniósł Sowietom o ich obozowaniu w koloniach Stoczek i dokładnie określił zakwaterowanie". Dlatego do wskazanego miejsca wysłano grupę operacyjną pod dowództwem bliskiego współpracownika Adama Humera, kpt. Henryka Deresiewicza – naczelnika Wydziału do Walki z Bandytyzmem WUBP w Lublinie, zaczynającego swą komunistyczną karierę w 1942 roku w sowieckim oddziale partyzanckim, a potem w AL. W sztabie jego grupy znajdował się zastępca szefa puławskiego UB, por. Aleksander Legięza oraz oficer NKWD z wydzielonym oddziałem. W Cholewiance jednak nie znaleziono partyzantów, ale po drodze do Puław, w Bochotnicy, komendant MO z Puław Józef Morgut doniósł Deresiewiczowi, że duża „banda" kwateruje w Lesie Stockim, o czym dowiedział się od mieszkającej tam swojej teściowej. Grupa operacyjna NKWD, KBW, UB i MO, licząca 680 funkcjonariuszy i żołnierzy, wyposażona w trzy samochody pancerne, dwa transportery oraz tankietkę, po przygotowaniu planu ataku i wysłaniu do Puław gońca po dodatkowe posiłki, ruszyła w kierunku Lasu Stockiego, licząc na zaskoczenie przeciwnika. „Szli szeroką ławą. Lewe rękawy kurtek mundurowych mieli podwinięte powyżej łokci, co stanowiło znak rozpoznawczy, zabezpieczający przed otwarciem ognia do swoich. Pododdziałami NKWD dowodzili oficerowie sowieccy, ale przodem szli znający teren ubowcy i milicjanci. Posuwali się bez zachowania szczególnych środków ostrożności, byli pewni siebie, przekonani, że przewaga, jaką mają, z góry przesądza wynik starcia. Otaczali wieś szerokim półkolem. Część swych sił rozmieścili w wąwozach za kolonią, sądząc, że zaatakowani frontalnie partyzanci tam właśnie będą szukać schronienia" – pisał Jerzy Ślaski.

Posterunki oddziału „Orlika" obserwowały wszystkie drogi dochodzące do wsi, dlatego gdy tylko Mieczysław Polak „Leonidas" dostrzegł samochód pancerny, ostrzelał go z karabinu maszynowego, ale wyjście tyraliery na południowym krańcu wsi zaskoczyło niedawno przybyły oddział „Maksa". „Niedługo po naszym przyjściu i rozpoczęciu rozmów rozległa się w Lesie Stockim bardzo silna strzelanina. Wyskoczyliśmy szybko z domu i zaczęliśmy biec do oddziału. Jeden albo dwa z zajętych przez oddział domów już płonęło. Wokół domostw trwała silna strzelanina, a na polnej drodze, równoległej do wioski, stał jakiś opancerzony pojazd i seriami z karabinu maszynowego ostrzeliwał gospodarstwa Lasu Stockiego. Zaczęliśmy biec przez pola do zabudowań Lasu Stockiego, ale zostaliśmy silnie ostrzelani, upadliśmy na ziemię, a 'Maks' został ranny w nogę. Nie mogąc dalej biec polami, skręciliśmy w prawo, do odgałęzienia wąwozu, aby nim, a później głównym wąwozem, dobiec do naszych kwater i oddziału" – wspominał Jerzy Jurkiewicz „Junacz".

Po pierwszym zaskoczeniu „Orlik" opanował sytuację. Postanowił przebić się na tyły przeciwnika i okrążyć go. Jako znak rozpoznawczy partyzanci mieli zatknięty za otokami wojskowych czapek biały bez. Pluton por. Jerzego Michalaka „Świdy" przeczołgał się na tyły wroga przez łan zboża i zaatakował w kierunku krzyża stojącego przy rozwidleniu dróg w Okręglicy. Jeden transporter zniszczono granatami, a jego załogę z lotniczego karabinu maszynowego wybił kpr. Ryszard Pawelec „Spłonka", który wkrótce zginął. Samochód pancerny został zniszczony gammonem przez kpr. podch. Jerzego Skolimowskiego „Znicza". Drugą pancerkę załatwił Jerzy Michalak „Świda", a drugim transporterem zajęli się: Jerzy Ślaski „Nieczuja", Kazimierz Łukasik „Samopał" i Zdzisław Jarosz „Czarny". W końcu por. „Wierny" ze swoim plutonem przedzierał się wzdłuż wąwozu Zadole, gdzie starł się ostro z przeciwnikiem: „Odległość pomiędzy toczącymi walkę wynosiła zaledwie kilka metrów – widoczność mała, wąwóz był zalesiony i pofałdowany, musieliśmy zdobywać pagórek za pagórkiem, walka była bardzo ciężka. Stale słychać było sowieckie komendy, ale metr po metrze spychaliśmy napastników do wąwozu, zabudowania gospodarskie płonęły" – wspomniał po latach jeden z partyzantów. Napastników udało się zepchnąć na sam koniec wąwozu, jednak walki wciąż były zażarte. „Co chwila spadały na nas serie z automatów i karabinów maszynowych oraz granaty ręczne. Jeden z nich rozerwał mi się z prawej strony głowy, ale był to granat zaczepny i poza kilkoma zadraśnięciami odłamkami nic mi się nie stało. Przed sobą, na parę metrów za wybrzuszeniem terenu, słyszałem komendę w języku rosyjskim: 'pryniat oboronu' – 'przyjąć obronę'!" – wspominał Jerzy Jurkiewicz „Junacz".

Decydującym momentem bitwy okazało się przypadkowe spotkanie „Orlika" i jego pocztu ze sztabem grupy operacyjnej. „Obydwie grupy przystanęły. 'Spokojny' krzyknął: 'Hasło!' Usłyszał: 'Leningrad'. O odzew nie zdążyli już zapytać. Zostali dosłownie rozniesieni seriami z broni maszynowej". Zginęło wówczas osiem osób, całe dowództwo grupy operacyjnej, z kpt. Deresiewiczem i por. Legięzą. „Po stracie dowództwa wśród napastników zapanowała całkowita dezorientacja. Biegali gromadnie, nie wiedząc, co począć. Erkaemy oddziału, dobrze ustawione nad wąwozem, biły w nich celnymi seriami. Poszli więc w rozsypkę, kryli się w różnych dziurach i wykrotach, próbowali uciekać. Nie wiedząc gdzie swój, a gdzie przeciwnik, ostrzeliwali się wzajemnie. W likwidowaniu rozproszonych grup pomagali partyzantom chłopi, wskazując ich kryjówki lub kierunek ucieczki. Dochodziło do walki wręcz. Jeńców nikt nie brał. Jeszcze po zapadnięciu zmierzchu trwało likwidowanie poszczególnych grup nieprzyjaciela" – pisał Jerzy Ślaski. Około godziny 22, gdy walka wygasła, „Orlik" zarządził zbiórkę i wydał rozkaz natychmiastowego odwrotu, ponieważ do Lasu Stockiego zbliżała się odsiecz ogromnych sił KBW, NKWD, UB i MO. „Orlik" poprowadził główne siły z podwodami na północ, w stronę Wieprza, por. „Świt" z resztą oddziału poszedł na zachód, w stronę Wisły, a po jej przejściu – na przyczółek magnuszewski, gdzie chciał przeczekać obławę. Grupa pościgowa z czołgami i tankietkami wjechała do Lasu Stockiego dwie godziny po wymaszerowaniu partyzantów.

W wielogodzinnej bitwie w Lesie Stockim poległo 11 lub 12 partyzantów, 10 zostało rannych. Według oficjalnych danych w bitwie zginęło 8 funkcjonariuszy UB, 4 MO oraz 28 z NKWD. Jerzy Ślaski szacuje, że po stronie komunistycznej władzy mogło zginąć nawet 69 ludzi (7 z UB i MO i 62 z NKWD). Była to największa bitwa niezłomnych Żołnierzy Wyklętych z siłami komunistycznej władzy po wojnie. Wzięło w niej udział, po obu stronach, ponad 900 walczących.

Prawda o bitwie w Lesie Stockim nie była znana przez prawie pół wieku. Komuniści zakłamali jej przebieg i znaczenie: „Mimo znacznej przewagi bojówek ‘Orlika’, funkcjonariusze, nie czekając na przybycie dodatkowych sił, koncentrycznym ogniem prowadzą ponaddwugodzinną

Tablica pamiątkowa w Lesie Stockim

walkę. Wkrótce przybywa pomoc. W wyniku stoczonej walki ugrupowanie 'Orlika' doznaje dużych strat – około 100 zabitych" – pisali partyjni historycy: Zenon Jakubowski i Władysław Góra. W 1964 roku przy szosie do Nałęczowa, pomiędzy Bochotnicą a Wierzchoniowem komuniści postawili pomnik ku czci „poległych funkcjonariuszy UB i MO w walce z bandami reakcyjnymi w dniu 24 maja 1945 r. w rejonie Lasu Stockiego". W 1975 roku kpt. Henryk Deresiewicz miał zostać patronem szkoły podstawowej w położonym niedaleko Lasu Stockiego Pożogu, ale gdy w związku z tym dyrekcja szkoły poprosiła Komendę Wojewódzką MO w Lublinie o przesłanie życiorysu „bohatera walk z reakcyjnymi bandami" i przeznaczenie na ten cel funduszy, spotkała się z odmową. Na przesłanym piśmie znalazła się adnotacja: „Był Żydem!".

W lecie 1945 roku „Orlik" podzielił oddział na mniejsze grupy, które łatwiej mogły wymykać się obławom. Dwie z nich, dowodzone przez „Świta" i „Junacza", pod koniec lipca 1945 roku wspólnie przeprowadziły udaną i spektakularną akcję. Gdy „Świt" dowiedział się od kolejarzy z Dęblina o transporcie żołnierzy podziemia z Warszawy do Wronek przez Dęblin i Radom, postanowił ich odbić. Razem z „Junaczem" na czele 70-osobowego oddziału przeprawił się łodziami na drugi brzeg Wisły w okolicach stacji Bąkowiec. Kiedy pociąg z więźniami zatrzymał się na czerwonym świetle, partyzanci bez większych problemów rozbroili 60-ciu żołnierzy „ludowego" Wojska Polskiego i wypuścili z wagonów 120 przewożonych do Wronek osób.

Żołnierzy puszczono wolno, a więźniów przeprawiono na drugą stronę Wisły, zaopatrzono w fałszywe dokumenty i cywilne ubrania. Wśród uwolnionych było dwóch wyższych oficerów AK: cichociemny ppłk Henryk Krajewski „Trzaska”, od maja 1944 roku komendant Okręgu Poleskiego AK i dowódca 30 Poleskiej Dywizji Piechoty AK oraz ppłk Antoni Żurowski, w czasie Powstania Warszawskiego dowódca walk na Pradze, w listopadzie 1944 roku aresztowany osobiście przez Józefa Światłę. Partyzanci uwolnili także kilku akowców internowanych w Skrobowie, sądzonych i skazanych po buncie i ucieczce podchorążych, którzy m.in. trafili do oddziału „Orlika”.

Salwa honorowa dla majora „Orlika”

Trzynaście miesięcy po bitwie w Lesie Stockim, w poniedziałek, 24 czerwca 1946 roku mjr Bernaciak wracał z odprawy dowództwa Inspektoratu Puławy WiN z Życzyna. Zatrzymał się w kuźni we wsi Piotrówek, bo jego koń zgubił podkowę. Jak się okazało, kowal wysłał od razu rowerem swoją córkę z wiadomością o partyzantach do sołtysa Jana Maraszka, który powiadomił nie tylko posterunek milicji w Trojanowie, ale także oddział saperów z 1 Dywizji Piechoty, przysłany z Dęblina do Więckowa dla ochrony zbliżającego się tzw. referendum ludowego. Gdy partyzanci zauważyli nadchodzące wojsko od strony lasu Życzyn, zaczęli strzelać. Major „Orlik” i Leon Jankowski „Obarek” wycofywali się w stronę Trojanowa, ale nie mieli szans na ucieczkę, bo strzelano do nich z dwóch stron: od kuźni i z lasu. „Obarek" został zabity, a „Orlik" dostał pociskami z erkaemu w nogę koło kolana i w lewe ramię. Upadł po kilkunastu metrach. Odebrał sobie życie, strzelając z pistoletu pod brodę. Na polu, pod lasem, w miejscu, gdzie zginął stoi dzisiaj żelazny krzyż, a niedaleko przy drodze symboliczny grób.

Komuniści nie posiadali się z radości, bo dotąd zgrupowania „Orlika" nie było w stanie zlikwidować kilka tysięcy ubowców i milicjantów, wyposażonych w radiostacje, moździerze, samochody pancerne, czołgi i samoloty, a akcję przeciwko niemu zaplanował sam Karol Świerczewski, wiceminister obrony narodowej. W meldunku z 25 czerwca 1946 roku napisano, że „został osaczony i zabity herszt bandy Bernasiak [tak w oryginale] pseudo 'Orlik', pochodzący z Ryk oraz został zabity nieznany drugi osobnik z tejże bandy, przyczem dwóch zostało ujętych żywcem z bronią w ręku".

Krótko po śmierci dowódcy, 3 lipca o 3.00 rano jego podkomendni złożyli w Rykach na pomniku poległych za Ojczyznę w 1918 roku wieniec z liści dębowych, przepasany biało-czerwoną szarfą z napisem: „Orlikowi" i oddali salwę honorową z automatu.

Ubowcy zabrali ciało Majora do Warszawy. Rozpoznali je jego rodzice, przetrzymywani od dziesięciu miesięcy w areszcie przy Rakowieckiej, oraz jego żołnierze zwożeni z różnych więzień, w tym sanitariuszka Halina Rybakowska-Szulc „Iskierka", która zapamiętała: „W wielkiej świetlicy ułożono go na deskach podwyższonych w górnej części ciała. Twarz była czysta i spokojna, wyglądał jakby spał, ręce miał ułożone wzdłuż ciała, lewa była pokrwawiona i poszarpana pociskiem dum-dum, prawa zupełnie czysta. Miał na sobie zielonkawą kurtkę o kroju wojskowym i bryczesy. Zaszokowały mnie jego bose stopy, z palcami nadgryzionymi przez szczury. Modlitwą i łzami pożegnałam swego dowódcę. Byłam wówczas więźniarką UBP na Pradze. Nigdy nie dowiedzieliśmy się, co zrobiono z ciałem”.

Do niedawna powszechnie uważano, że „Orlik” został pochowany na Cmentarzu Bródnowskim w kwaterze 45N, tzw. „przy studni”, pod fałszywym nazwiskiem Mariana Biernackiego. Jednak kwerenda przeprowadzona w księgach cmentarnych przez historyka z pionu śledczego warszawskiego IPN, Krystiana Pielachę, wykazała, że Marian

Krzyż i obelisk upamiętniający bitwę w Lesie Stockim

Biernacki był osobą prawdziwą, więźniem Więzienia Karno-Śledczego nr III Warszawa, w którym zmarł 4 lipca 1946 roku i został pochowany 8 lipca właśnie w kwaterze 45N. Odnaleziono także jego akt zgonu w księgach USC m. st. Warszawy. Miejsce pochowania „Orlika" pozostaje zatem nieznane. Komuniści, chcąc zatrzeć wszelki ślad po bohaterze, najprawdopodobniej w ogóle nie sporządzili aktu zgonu majora Bernaciaka (zachowały się tylko częściowo wypełnione karty zgonu z 26 czerwca 1946 roku, nie wysłane ani do Zarządu Cmentarza, ani do USC). Możliwe, że w czasie prowadzonych przez zespół prof. Krzysztofa Szwagrzyka prac poszukiwawczych szczątków bohaterów podziemia niepodległościowego na Cmentarzu Bródnowskim zostanie odnaleziony grób majora „Orlika" – tak jak w lecie 2012 roku w Kwaterze na Łączce na wojskowych Powązkach w Warszawie odnalezione zostały szczątki zamordowanego na Mokotowie 7 marca 1949 roku mjr. Hieronima Dekutowskiego „Zapory".

SOWIECI NACIERALI KILKA RAZY

BITWA POD OGÓŁAMI, 8 LIPCA 1945

„Po przejściu kilkudziesięciu metrów zauważyliśmy wśród drzew szeroką linię żołnierzy w mundurach LWP idących prosto na nas. Padł rozkaz 'Muchy': 'Padnij i ognia!' Strzelamy ostro, ale tyraliera nie zatrzymała się i z okrzykiem 'hurra' zaatakowała nas. Atak jednak załamał się i żołnierze LWP uciekli do tyłu. Odparliśmy trzy ataki, po których nastąpiła cisza. Niedługo nad Wyspą Konrada przeleciał na bardzo niskim pułapie samolot 'kukuruźnik'. Znów nastąpiła cisza, ale nie na długo. Rozpoczął się ostrzał obozu z moździerzy 82 mm. Pociski rozrywały się już niedaleko naszej tyraliery" – wspominał strz. Stanisław Holak „Grzmot", uczestnik największej bitwy partyzanckiej na Białostocczyźnie.

W Puszczy Knyszyńskiej na wiosnę 1945 roku roiło się od oddziałów leśnych tworzonych przez Armię Krajową Obywatelską (AKO) w celu obrony przed działaniami komunistycznego aparatu władzy. Rozbudową silnych stałych grup samoobrony zajmował się przewodnik Rejonu

„F", czyli powiatów białostockiego i sokólskiego, mjr Aleksander Rybnik „Jerzy", oficer Korpusu Ochrony Pogranicza Kraju, walczący na Kresach, w czasie okupacji szef Inspektoratu Białostockiego AK.

Partyzancki szlak „Jura"

Na stanowisko adiutanta i przewodnika samoobrony mjr „Jerzy" mianował ppor. Hieronima Piotrowskiego „Jura", który na swój partyzancki szlak wszedł wiosną 1944 roku, najpierw na Kresach, w zwiadzie konnym 3 Brygady Wileńskiej AK por. Gracjana Fróga „Szczerbca", a potem jako dowódca ochrony ppłk. Aleksandra Krzyżanowskiego „Wilka" i jego sztabu. „W wolnych chwilach" ze swoimi podkomendnymi urządzał na drodze lidzkiej zasadzki na samochody niemieckie i jeszcze na cztery dni przed „Ostrą Bramą", zdobył w ten sposób działko przeciwpancerne z zapasem amunicji, dwa erkaemy i 20 sztuk broni długiej. Pod Wilnem osłaniał stanowisko dowodzenia „Wilka", ale nie został rozbrojony przez Sowietów, bo z piętnastoosobowym patrolem ułanów wysłano go po zaopatrzenie pod Konwaliszki. I kiedy większość niedobitych oddziałów spod Wilna szła na zachód, w stronę Polski centralnej, „Jur" odskoczył daleko na południowy-wschód, do Puszczy Nalibockiej. Wymykając się sowieckim obławom, po dwóch tygodniach, na początku sierpnia 1944 roku dotarł na teren Nowogródzkiego Okręgu AK, gdzie nie tylko dowodził rejonem konspiracyjnym „Dąb" (Juraciszki i Ługomowicze), ale przyjmował do swojego oddziału partyzanckiego żołnierzy z rozbitych jednostek AK. Zebrał w ten sposób 120 ludzi, z którymi likwidował agentów NKWD i nadużywających władzy sowieckich urzędników, niszczył sielsowiety i rozbrajał niedobitki armii niemieckiej, rozstrzeliwał esesmanów.

Po podzieleniu oddziału na mniejsze grupy, którym łatwiej było wychodzić z sowieckich okrążeń, „Jur" przetrwał ze swoim pododdziałem w Puszczy Nalibockiej do września 1944 roku, przechodząc w tym czasie przez dziesięć obław. W styczniu 1945 roku, po koncentracji 1 i 2 Oddziału Samoobrony Czynnej Ziemi Wileńskiej, wyruszył na zachód, za linię Curzona. Ale ten „marsz do Polski" dwustu partyzantów był kontrolowany przez Sowietów. Gdy tylko polskie oddziały przeszły za Niemen, do akcji przeciw nim ruszyły dziesięciokrotnie liczniejsze pułki strzeleckie wojsk wewnętrznych NKWD. W kilkugodzinnej walce, w śniegu po pas, we wsi Rowiny koło Korelicz w powiecie nowogródzkim 29 stycznia 1945 roku partyzanci zostali rozbici, tracąc 89 poległych, wielu rannych zostało dobitych przez Sowietów, do niewoli dostało się 25. „Jur" przejął dowodzenie po rannym rtm. Władysławie Kitowskim „Orliczu" i wyprowadził z okrążenia dużą grupę żołnierzy. Miesiąc później, już tylko z siedmioma ludźmi, po trzytygodniowym rajdzie saniami przez puszczę Rudnicką i Ruską, wzdłuż Kanału Augustowskiego, szczęśliwie przekroczył (po starciu z bolszewikami) tzw. „granicę" i zaczął służbę u „Jerzego".

W samym tylko maju 1945 roku oddziały leśne w powiatach Sokółka i Białystok przeprowadziły 365 różnych akcji bojowych, w których rozbiły 21 posterunków gminnych milicji (13 w obwodzie Białystok i 8 w obwodzie Sokółka) oraz zlikwidowały 101 szpicli NKWD i UBP. „Jur" meldował także, iż za gadulstwo i donosicielstwo ukarano karą chłosty 220 osób. „Ten rodzaj dywersji dał doskonałe rezultaty, doprowadzając bez wystrzału do rozprzężenia w urzędach PKWN i dezercji pracowników".

Kościuszkowcy razem z ubekami

W drugiej połowie maja 1945 roku mjr „Jerzy" zaczął tworzyć silną, stałą jednostkę partyzancką, która ostatecznie została sformowana w czerwcu jako Zgrupowanie „Piotrków", liczące prawie 300 żołnierzy pod dowództwem ppor. „Jura". Zgrupowanie zorganizowane na wzór wojskowy składało się z dwóch kompanii piechoty, szwadronu kawalerii, plutonu żandarmerii oraz sekcji osłonowej. Pododdziały te przyjęły nazwy jednostek WP, które stacjonowały przed 1939 rokiem w Białymstoku. Były to: 42 Pułk Piechoty oraz 10 Pułk Ułanów. Partyzanci kwaterowali w obozowiskach leśnych, w szałasach i namiotach, na uroczyskach zwanych Wyspą Konrada, Trzema Źródłami lub w gajówkach Stary Majdan i Zacisze, położonych w Puszczy Knyszyńskiej, niedaleko Czarnej Wsi i Supraśla. Gdy przy pododdziałach przebywał mjr „Jerzy", to on przejmował dowództwo nad wszystkimi siłami.

W powiecie białostockim żołnierze Zgrupowania „Piotrków" rozbijali posterunki MO i ochrony kolejowej, w urzędach gminnych niszczyli dokumenty kontyngentowe, podatkowe i poborowe, rozbrajali grupy operacyjne funkcjonariuszy milicji i żołnierzy „ludowego" Wojska Polskiego oraz patrole Armii Czerwonej. Likwidowali także agentów i konfidentów NKWD i UB oraz pospolitych przestępców. W czerwcu 1945 roku wykonali wyroki śmierci na 93 osobach oraz wymierzyli karę chłosty 341 osobom. Przeciw oddziałom Zgrupowania komuniści organizowali obławy grup operacyjnych, złożonych z wojsk NKWD oraz liniowych jednostek „ludowego" Wojska Polskiego, ściągniętych po zakończeniu działań wojennych z frontu. Komunistyczne oddziały były wyposażone w broń pancerną, artylerię i lotnictwo. W obławie na obozowisko stu partyzantów 1 kompanii 42 Pułku Piechoty w Starym Majdanie, urządzonej 2 lipca

Żołnierze ppor. Hieronima Piotrowskiego „Jura"

1945 roku przez grupę operacyjną UB i wojsk NKWD, liczącą około 240 funkcjonariuszy, zginął jeden partyzant i jedenastu enkawudzistów.

Do największej bitwy Zgrupowania „Piotrków" doszło w niedzielę, 8 lipca 1945 roku, kiedy o godzinie 13.30 jedno z jego obozowisk, znajdujące się pod Ogółami, gdzie kwaterowało wtedy prawie 180 partyzantów, zaatakowała grupa operacyjna PUBP w Białymstoku oraz pododdziały 1 Praskiego Pułku Piechoty I Dywizji Piechoty im. Tadeusza Kościuszki (razem około 400 ludzi), wyposażone w artylerię oraz lotnictwo. Walkę podjęły najpierw plutony kawalerii i żandarmerii: „Po pewnym czasie przybiegł jeden z ułanów pilnujących koni, informując, że jacyś ludzie zabierają nam konie – w tym momencie padł strzał z tamtej strony. Wachmistrz 'Konrad' poderwał pierwszą i drugą sekcję naszego plutonu i zajął stanowiska obronne na prawym skrzydle obok plutonu żandarmerii. (…) Chwile oczekiwania są bardzo denerwujące. Nie mieliśmy dużo czasu na rozważania i odpędzenie strachu, bo pierwsze strzały padły na styku naszych plutonów. W pierwszym starciu padł 'Wężyk' (Tadeusz Dresler), erkaemista z plutonu żandarmerii i ranny został 'Grześ' z naszego plutonu. Pocisk przeszedł wzdłuż prawej ręki przed łokciem, lekko raniąc 'Grzesia'. Natarcie zostało odparte stratą jednego zabitego i jednego rannego; po stronie przeciwnej padło dwóch oficerów i kilku jeszcze żołnierzy oraz wzięliśmy dziewięciu jeńców. Jeńców natychmiast odprowadził 'Grześ' do zgrupowania" – wspominał ułan Kazimierz Cimochowicz „Ken" z 1 szwadronu 10 Pułku Ułanów.

Początek natarcia zapamiętał także dowódca plutonu żandarmerii, ppor. Jakub Górski „Jurand": „Zaczęła się strzelanina. Patrzę, a tu już z lewej strony sunie sowieckie [faktycznie: „ludowego" Wojska Polskiego] natarcie. Na jego czele szedł, jak się potem okazało, zastępca dowódcy pułku d/s politycznych – płk [faktycznie: kpt.] Oksanicz. Rąbnął go 'Konrad', który nie wiadomo skąd wziął się na moim przedpolu. Jak mi później opowiadał, obaj stali naprzeciwko siebie niemal nos w nos, skryci za drzewami i Oksanicz wołał do niego 'Poddaj się!', a 'Konrad' z kolei krzyczał: 'Rzuć broń!'. No i w końcu 'Konrad' nie wytrzymał i rąbnął go. (...). Sowieci próbowali kilka razy nacierać. Jak to oni: głośno i na 'Uraa!', ale jak posunęło się po nich ognia z MG to zaraz robiło się cicho i już nie było słychać tego 'Ura!' Za każdym razem odrzucaliśmy ich do tyłu".

Virtuti Militari dla „Jerzego"

Do walki włączyła się także 2 kompania 42 Pułku Piechoty, dowodzona przez ppor. Władysława Supronia „Muchę": „Następnie major podesłał ppor. 'Muchę' z dwiema sekcjami, które zajęły miejsce po plutonie żandarmerii, natomiast pluton żandarmerii odszedł od naszych pozycji w kierunku zachodnim. (...) Tymczasem nieprzyjaciel atakujący nasze pozycje na lewym skrzydle, nie napotkawszy oporu, dotarł do opuszczonego przez nasze siły główne obozu. Po chwili ciszy nasze niepełne plutony odwróciły front i powoli zbliżały się do obozu. Tu powitał nas ogień z broni maszynowej, na który odpowiedzieliśmy. Byliśmy bardzo blisko siebie i komenda ognia padła ze strony przeciwnej. Rkm 'Gruszy' bił długimi seriami nad moim uchem (byłem lekko wysunięty do przodu). Oddałem pięć strzałów z mojego karabinka i ponownie go załadowałem, a 'Gruszy' podałem pełny dysk do rkm-u. Odbierając pusty od 'Gruszy', usłyszałem: 'Wycofujemy się, podaj dalej'. Przekazałem koledze z prawej strony i wykonałem skok za 'Gruszą'" – wspominał „Ken".

Partyzanci musieli się wycofać z obozu, bo rozpoczął się jego ostrzał z moździerzy 82 mm. „Pociski rozrywały się już niedaleko naszej tyraliery. Wycofujemy się z obozu. Przechodząc koło naszej polowej kuchni, zauważyliśmy, że w miejscu gdzie była kuchnia i kocioł z zupą, jest lej po rozerwanym pocisku, a wokoło na gałęziach świerków zwisający makaron. Obserwator z 'kukuruźnika' musiał dokładnie namierzyć miejsce, skąd wydobywał się dym z naszego kuchennego paleniska. Wycofywaliśmy się szeroką tyralierą, kierując się na bagna" – wspominał Stanisław Holak „Grzmot".

W trwającej dwie godziny walce straty partyzantów były minimalne, poległo dwóch żołnierzy zgrupowania, a trzech wzięto do niewoli. Po stronie komunistycznej zginęło na pewno dwóch oficerów: zastępca dowódcy pułku ds. polityczno-wychowawczych kpt. Eugeniusz Oksanicz i ppor. Władysław Bartel oraz kpr. Jan Pochwatka. Partyzanci odbili także dziesięciu aresztowanych i wzięli dziewięciu jeńców. Oddziały zgrupowania wyszły zwycięsko

Partyzanci Zgrupowania „Piotrków" Armii Krajowej Obywatelskiej w Puszczy Knyszyńskiej z bitwy dzięki przytomności i dobremu dowodzeniu mjr. „Jerzego", który otrzymał Order Virtuti Militari, oraz ppor. „Jura", awansowanego na porucznika i odznaczonego Krzyżem Walecznych. Porażka sił komunistycznych nie przeszkodziła im w głoszeniu w kłamliwej propagandzie odniesionego rzekomo zwycięstwa i przypisywaniu partyzantom wielkich strat: 43 zabitych, 25 wziętych do niewoli, zdobyty 1 ckm, 5 rkm-ów, 2 automaty i 6 kb.

Ostatni nabój „Jur" zostawił dla siebie

W lecie 1945 roku Zgrupowanie „Piotrków" wyszło z Puszczy Knyszyńskiej i rozpoczęło rajd po Białostockiem. Szwadron kawalerii dotarł nawet do pogranicza dawnych Prus Wschodnich. Ale jesienią 1945 roku Zgrupowanie zostało rozwiązane w związku z akcją „rozładowywania lasów", przeprowadzaną przez Delegaturę Sił Zbrojnych. Część partyzantów znalazła się wtedy w oddziałach utworzonego właśnie Zrzeszenia Wolność i Niezawisłość. „Jurowi" powierzono komendę Obwodu WiN „Maciejka" (Pułtusk), a potem został przeniesiony do Obwodu WiN Ostrów Mazowiecka, gdzie używał nowych pseudonimów: „Mohort" i „Andrzej". Zabrał ze sobą swój oddział osłonowy, dowodzony przez ppor. Stanisława Łaneckiego „Przelotnego" i początkowo chodzili po ziemi ostrowskiej z żołnierzami Dariusza Kieliszka „Ponurego". Od lipca 1946 roku w powiatach radzymińskim i węgrowskim „Jur" zwiększył dyscyplinę w oddziałach partyzanckich, po czym został komendantem (prezesem) Obwodu WiN Ostrów Mazowiecka. Jego partyzanci wykonali wiele akcji przeciwko siłom bezpieczeństwa, a sam „Jur" raz nawet rozbrajał milicjantów i rekwirował żywność aż w Rembertowie pod Warszawą. Największą akcją przeprowadzoną przez oddziały „Jura" (ale bez niego) było rozbicie więzienia w Pułtusku.

Pomnik upamiętniający żołnierzy m.in. oddziałów por. Hieronima Piotrowskiego „Jura" w Puszczy Białej, Brok

Bezpieka chciała go dopaść od dawna i w końcu jej się to udało we wsi Brzuza w powiecie węgrowskim, 16 stycznia 1947 roku. Z kotła zastawionego przez grupę operacyjną KBW-UB wydostało się tylko trzech ludzi z jego ochrony. Ciężko chorego „Jura" kula trafiła w nogę, co pozbawiło go szans na ucieczkę. Strzelając, niszczył jednocześnie dokumenty. Zabił się ostatnim nabojem. Jego ciało ubowcy zabrali do Węgrowa. Nie wiadomo, gdzie je zakopali. Jego imię nosi społeczna szkoła w Brzuzie, stoi koło niej poświęcony mu pomnik-krzyż.

Ppłk Aleksander Rybnik „Jerzy" został aresztowany przez UB w kwietniu 1946 roku i skazany w Białymstoku na karę śmierci, którą wykonano 11 września 1946 roku. W lecie 1946 roku bezpieka zatrzymała także dowódców pododdziałów Zgrupowania „Piotrków", ppor. Władysława Supronia „Muchę" i ppor. Jakuba Górskiego „Juranda". Ich wyroki kary śmierci zostały zamienione na dożywocie. Na miejscu bitwy pod Ogółami postawiono krzyż-pomnik poświęcony żołnierzom Armii Krajowej, poległym w tej walce.

Z PIAT-a W BRAMĘ

ROZBICIE WIĘZIENIA W KIELCACH, 4/5 SIERPNIA 1945

„Nagle… mocny wybuch, jeden… drugi. Stało się! Dźwięk tłuczonych szyb, suchy i zajadły trzask broni maszynowej oraz ta najmilsza dla ucha partyzanta muzyka: bitewna wrzawa, zgiełk walki i krzyki nacierających. Już na dobre grają karabiny i pistolety maszynowe, odzywają się także strzały pojedynczych kb, a mocne wybuchy to PIATY – nie mam co do tego żadnych wątpliwości. Wszystko to dzieje się tuż pod więzieniem, za jego murami! – wspominał rozbicie więzienia w Kielcach przetrzymywany w nim od stycznia 1945 roku, bez wyroku, cichociemny por. Ludwik Wiechuła „Jeleń", żołnierz z oddziału „Szarego".

Żaden z oddziałów leśnych nie mógł się równać z oddziałem kpt. Antoniego Hedy „Szarego" i z nim samym. „Szaracy", w jednakowych czarnych beretach z orzełkiem w koronie, słynęli z brawurowych akcji, niezwykłej odwagi i wyjątkowego dowódcy. Wszystkie jego akcje były udane, a straty przy nich poniesione bardzo niewielkie lub żadne.

Można powiedzieć, że rozbijanie więzień było jego specjalnością. W lecie 1943 roku, po aresztowaniu przez Niemców iłżeckich przewodników pomagających cichociemnemu mjr. Janowi Piwnikowi „Ponuremu", dowódcy największego wówczas zgrupowania partyzanckiego, „Szary" późnym wieczorem 6 sierpnia 1943 roku rozbił bez jednego wystrzału więzienie w Starachowicach, gdzie byli przetrzymywani jego ludzie i uwolnił około 60 innych więźniów. Podobnie było z atakiem na areszt w Końskich, gdzie odbił 70 zatrzymanych.

Pod komendą „Szarego"

Dla partyzantów Anteczek, jak go nazywali, był nie tylko bohaterem, ale przede wszystkim ojcem. Zawsze najwięcej znaczyło dla niego życie i bezpieczeństwo podwładnych, nie przelewał ich krwi na darmo, a jeżeli ktoś zginął, był żegnany i chowany z wojskowymi honorami. Takie zachowanie Hedy wynikało przede wszystkim z jego głębokiej wiary. Codziennie na porannym apelu partyzanci śpiewali *Kiedy ranne wstają zorze*, a na wieczornym *Wszystkie nasze dzienne sprawy*. Prawie co niedzielę do obozu przyjeżdżał w przebraniu ksiądz, aby odprawić mszę św. i wyspowiadać żołnierzy. Podobnie jak partyzanci, „Szarego" uwielbiali mieszkańcy wiosek, z którymi się stykał i za których czuł się odpowiedzialny. Nigdy nie odmawiał im pomocy, a często obdarowywał zdobytymi dla oddziału ubraniami, sprzętami, żywnością.

Po wejściu Sowietów w styczniu 1945 roku, gdy Radom znalazł się w strefie przyfrontowej, „Szary" częściowo zdemobilizował oddział, a sam ukrywał się w Wolborzu, gdzie co pewien czas odwiedzał go adiutant, por. Antoni Świtalski. Na początku czerwca 1945 roku komendant pojechał do Skarżyska-Kamiennej, na odprawę z mjr. Stefanem Gądzio „Kosem", inspektorem starachowickim AK, który przedstawił mu ciężką sytuację organizacji na Kielecczyźnie. Na skutek zdrady oficera AK kpt. Bolesława Czerwińskiego „Wira" z Końskich, UB aresztowało m.in. trzech braci i dwóch szwagrów „Szarego" oraz przejęło bunkry z bronią, powielacz, maszyny do pisania, radiostację w Skarżysku-Kamiennej i archiwum w Wąchocku.

Oddział kpt. Antoniego Hedy „Szarego" (drugi z lewej) w drodze na koncentrację przed akcją rozbicia więzienia w Kielcach. Sierpień 1945

Mjr „Kos" wyznaczył kpt. Hedę do wykonania wyroku śmierci na zdrajcy. Niedługo potem, jeszcze w czerwcu, w Wolborzu zameldował się por. Świtalski z wiadomością o aresztowaniu dowódcy 2 Dywizji Piechoty Legionów AK płk. Antoniego Żółkiewskiego „Lina" i jego szefa sztabu, mjr. Michała Mandziary „Siwego" oraz innych oficerów. Pod wpływem tych informacji „Szary" postanowił działać: „Cały sztab 2 Dywizji Legionowej AK Okręgu Radomsko-Kieleckiego został wtedy aresztowany. (...) W więzieniu znajdowali się: por. Ludwik Wichuła 'Jeleń', skoczek, dowódca kompanii mojego pułku, skoczek Kazimierz Śliwa, radiotelegrafista, łączniczki 'Zofia' i 'Kudłata', a także kpt. Józef Wyrwa z NSZ i wielu innych. Polują na mnie – UB aresztowało 8 maja [1945] moich trzech braci, Stanisława, Jana i Stefana oraz dwóch szwagrów, Jana Góralskiego i Stanisława Kiełbasę, z zawodu rolników. Przeszli okropne tortury, niejako za mnie. Braci Stanisława i Jana oraz szwagra Stanisława – zamordowali w ciągu kilku tygodni. Tylko Stanisława pochowano na cmentarzu, gdyż znalazł się w szpitalu z rozbitą głową i stąd ta 'łaska'. Mojego kolegę szkolnego, kaprala Stanisława Leśniewskiego, gajowego – dla wzbudzenia strachu – wydano rodzinie zakatowanego, z połamanymi nogami. (...) Na taką serię okrucieństw trzeba było zareagować, tak jak to czyniłem w czasie okupacji niemieckiej: rozbijaniem więzień i uwalnianiem aresztowanych i skazanych. Do tego trzeba się było jednak przygotować".

Decyzja o ataku na więzienie w Kielcach została podjęta na przełomie czerwca i lipca 1945 roku. „Szary" wezwał wtedy na odprawę do gajówki Pogorzałe por. Włodzimierza Dalewskiego „Szparaga", dowódcę plutonu saperów, służącego w „ludowym" Wojsku Polskim w Kielcach, z którym omówił możliwość rozbicia więzienia. „Szparag" przeprowadził wywiad i rozpoznanie. Po mieście jeździł także „Szary" oraz Edward Nadarkiewicz „Narew", kwatermistrz drugiego batalionu 3 Pułku Piechoty Legionów AK. O terminie akcji wiedziała bardzo wąska grupa osób. Do jej wykonania potrzebnych było, jak ustalił „Szary", około 300 ludzi pod bronią, ale ostatecznie udało się zebrać ponad dwustu. Oprócz podległych Hedzie oddziałów: ppor. Wacława Borowca „Niegolewskiego", por. Zygmunta Bartkowskiego „Zygmunta" i por. Tadeusza Łęckiego „Krogulca", na akcję poszli dowódcy z inspektoratu radomskiego, por. Henryk Podkowiński „Ostrolot" z trzydziestoma partyzantami i por. Stefan Bembiński „Harnaś" z pięćdziesięcioma.

Szczegółowy plan akcji przewidywał koncentrację poszczególnych oddziałów w wyznaczonym miejscu i czasie, sprawdzenie uzbrojenia, zorganizowanie aprowizacji, zapoznanie pododdziałów z zadaniami, następnie przerzut oddziałów zarekwirowanymi samochodami do Kielc i wykonanie akcji przez dwie grupy: szturmową – rozbijającą więzienie i osłonową – ubezpieczającą wykonanie akcji. Grupę szturmową, przy której znajdował się dowódca, kpt. „Szary", prowadził por. „Szparag". Grupę osłonową tworzyło pięć pododdziałów: por. „Ostrolota", por. „Harnasia", por. „Sęka", por. „Zygmunta" i ppor. „Niegolewskiego". Sygnałem do rozpoczęcia akcji miał być huk wysadzanej bramy.

Koncentracja została wyznaczona na 3 sierpnia w lasach dalejowskich, pięć kilometrów na zachód od leśniczówki Kruk. „Szary" wspominał: „Zarządziłem koncentrację żołnierzy na placówkach w powiatach. Powiadomieni zostali dowódcy kompanii, plutonów i grup. Najwięcej żołnierzy było z okolic Skarżyska, sporo ze Starachowickiego i Radomskiego. Miały być jeszcze grupy z Końskich i z Kieleckiego, ale nie doszły na czas.

Z partyzantami od „Harnasia"

Kiedy Tadeusz Ciuk „Trzask" dowiedział się o zbiórce na akcję od Franciszka Macherzyńskiego „Achillesa", wykopał swojego stena z ogródka i razem z Józefem Zbroją „Lewym" zgłosił się na miejsce koncentracji. Do sobie wiadomych „magazynów" broni sięgnęli także Czesław Dzioba „Piżmowicz" i Józef Borowiec „Hak", których o akcji zawiadomił „Lewy". Wszyscy byli od „Niegolewskiego". Kilku chłopców właśnie zdawało pierwszą powojenną maturę w Skarżysku. Henryk Czech „Śmigły", Janusz Piekarski „Ryś" i Jerzy Woźniakiewicz „Jastrzębiec" poszli na akcję prosto po pisemnym egzaminie z matematyki. Pod dowództwem por. „Zygmunta" razem z innymi ruszyli na punkt koncentracji. „Jastrzębiec" wspominał, że przed zmrokiem dotarli na miejsce. „Panował tam gwar, toczyły się rozmowy między kolegami, którzy nie widzieli się od kilku miesięcy. Był już komendant 'Szary', który wyraźnie cieszył się, że jest nas tylu. Ja z kolei przekonałem się, że 'wiara' ma dalej bezgraniczne zaufanie do swojego dowódcy i jego strategicznych talentów. Przeszedł koło niego plut. 'Balon', człowiek o ogromnej sile, z kruczoczarną, falującą czupryną, na którą miał zawadiacko nasunięty czarny beret z dużym, metalowym orłem w koronie. 'Szary' uśmiechnął się do niego i powiedział: 'Balonik', zamień się ze mną na berety. 'Balon' zdjął beret i wręczając go komendantowi, powiedział ze śmiechem: 'Mój będzie na pewno za duży dla komendanta, bo człek musi mieć głowę do niego'. Okazało się, że komendant 'miał głowę'".

Oddział por. „Harnasia" koncentrował się koło Wieniawy, na południowy zachód od Radomia. Na szosie czekały już na niego zarekwirowane ciężarówki. Jak wspominał Jan

Oddział por. Henryka Wojciechowskiego „Sęka" w marszu na koncentrację przed akcją rozbicia więzienia w Kielcach. Sierpień 1945

Pająk „Sęp", „zamówiono" je w Przedsiębiorstwie Transportowym, niby na przewóz mebli. Dopiero na miejscu kierowcy dowiedzieli się, że zamiast mebli będą przewozić partyzantów. „Harnasiowcy" prezentowali się dobrze, mieli peleryny zrzutowe, które dowódca odkopał niedługo przedtem. Do miejsca uzgodnionego z „Szarym" dotarli bez jednego strzału. Kiedy przejeżdżali przez Skarżysko Kościelne, spotkali zbrojny oddział sił bezpieczeństwa. „Harnaś" kazał zwolnić i nakierować na nich broń. Nie próbowali jednak zatrzymać partyzantów, pokładli się w rowach i odprowadzali ich ponurymi spojrzeniami. Bembiński wspominał, że kiedy przedstawił swój oddział „Szaremu", oczy mu się zaśmiały do jego chłopaków. „Wszyscy byli doskonale uzbrojeni, jednolicie umundurowani, wielu z nich kwalifikacjami prawie dorównywało skoczkom. Kilkunastu z nich wziął potem 'Szary' do grupy szturmowej, reszta pozostała przy mnie".

Dzień przed zamierzoną akcją partyzanci upozorowali uderzenie na miasteczko Szydłowiec koło Radomia, odległe od Kielc o 50 km. „Do rana trwała pozorowana próba opanowania miasteczka. W pobliskich lasach rozkładaliśmy miny, które kolejno wybuchały przez cały dzień. Do tego zadania wyznaczyłem 'Niegolewskiego'. Tym sposobem zmusiliśmy wojskowy garnizon stacjonujący w Kielcach do opuszczenia miasta. Pociągnęli na obławę. Od samego rana wywożono ich na miejsce wybuchów i tam czesali lasy, nikogo nie znajdując" – wspominał „Szary", który wyznaczył też jeden patrol w mundurach wojskowych, z opaskami biało-czerwonymi, aby stanął na drodze i rekwirował wracające wozy, kierując je, przy odpowiedniej obstawie, w lasy bliżyńskie, skąd zaplanowano wyjazd na Kielce w porze nocnej. Patrolem dowodził por. „Szparag". Na „polowanie" na samochody potrzebne do akcji poszło około dwunastu partyzantów od „Niegolewskiego" i jeszcze dwie osoby od por. „Sęka". „Przejeżdżające wozy ciężarowe zatrzymywaliśmy i rekwirowaliśmy. Potem do każdego z nich wsiadało po dwóch naszych, jeden przy szoferze, a drugi na masce, i doprowadziliśmy samochody w wyznaczone miejsce, w rejon Czerwonej Góry w lasach dalejowskich. Nie wszystkich kierowców było łatwo przekonać do zmiany kursu. Ostatnim wozem – pamiętam – jechał 'Niegolewski', ja byłem w przedostatnim. Obsada jednej ciężarówki, jak się okazało potem – ubeckiej, opierała się, podejrzewając coś złego. Wtedy przyszli nam w sukurs sowieciarze. Zatrzymali się, przejeżdżając obok nas na szosie i ich dowódca krzyknął do nich: 'Towariszczi! Wy nie słyszeli prikaza towariszcza Stalina? On wied' prikazał podcziniatsia wojennym! Ujezżajcie s nimi, taka wasza mać!' Najwyraźniej wziął nas za ludowe wojsko polskie" – zapamiętał Czesław Dzioba „Piżmowicz". Zatrzymanych między innymi czterech funkcjonariuszy WUBP w Kielcach „Szary" przesłuchał i chciał wypuścić tak jak pozostałych, w chwili wyjazdu na akcję, ale wobec protestu żołnierzy, by nie uwalniać morderców, komendant nakazał sąd polowy, a ten skazał ubowców na rozstrzelanie. Wyrok wykonano około godziny dziewiętnastej. Pozostałych zatrzymanych wypuszczono.

„Nie ulękli się potęgi bolszewickiej"

Około godziny 22, po odprawie i przestrzeleniu broni, ponad 200 partyzantów uzbrojonych w 20 karabinów maszynowych, 130 pistoletów maszynowych, 50 karabinów oraz trzy ręczne granatniki PIAT, granaty i materiały wybuchowe, załadowało się na zdobyte samochody i ruszyło w zwartej kolumnie do Kielc. „Zanim 'Szary' dał sygnał do odjazdu, powiedział do nas jeszcze krótko kilka słów, między innymi o tym, że oto znaleźli się żołnierze, którzy nie ulękli się potęgi bolszewickiej. Potem wszyscy, nie tylko żołnierze, odśpiewaliśmy *Jeszcze Polska nie zginęła.* Pamiętam, jak niektórzy ludzie zebrani wokół nas, niedobrowolnie przecież, płakali ze wzruszenia i jak nam życzyli powodzenia w walce. I wtedy komendant dał sygnał do odjazdu – zapamiętał Jan Pająk „Sęp". Samochody wyjechały na szosę Skarżysko-Kielce. Oficer patrolowy, ppor. Edward Nadarkiewicz kontrolował na motocyklu co parę godzin trasę, którą mieli przejeżdżać, a także same Kielce. Grupa szturmowa jechała w dwóch pierwszych wozach, w dalszej kolejności – grupy dowodzone przez por. „Sęka", por. „Harnasia", por. „Ostrolota", por. „Zygmunta" i innych. „Szary" wspominał, że ich „pierwsza kolumna samochodowa, wprowadzająca, oświetlała drogę. Właśnie zaczęło lekko padać i krople deszczu załamywały się na smugach światła, tworząc malowniczą mgiełkę". Józefa Brogowska „Barbara" wyjechała z miejsca koncentracji trzecim albo czwartym wozem. Siedziała w szoferce. Kierowca „zarekwirowanego" wozu, człowiek z zewnątrz, bardzo był zdenerwowany, po prostu dygotał ze strachu. Musiała, go uspokajać, bała się, żeby w tym stanie nie spowodował katastrofy. Mówiła do niego: „W razie czego, jeżeli będą się pana czepiać, niech pan nas nie oszczędza, tylko mówi, co panu ślina na język przyniesie. Powie pan, że prowadził pan wóz z pistoletem przyłożonym do głowy, nie miał pan żadnego wyboru. Jakoś się pozbierał i dojechaliśmy szczęśliwie do Kielc".

Na rogatkach miasta partyzanci rozjechali się na wyznaczone stanowiska. W pobliżu katedry, dowodzony przez por. Henryka Podkowińskiego „Ostrolota", 30-osobowy pododdział grupy osłonowej ubezpieczał akcję przed atakiem jednostek „ludowego" Wojska Polskiego od strony ul. Sienkiewicza. W parku rozłożył swoich 50 ludzi por. Stefan Bembiński „Harnaś", który, osłaniał akcję od strony

Odwrót po rozbiciu więzienia w Kielcach. Ppor. Wacław Borowiec „Niegolewski" (na pierwszym planie, w berecie). Sierpień 1945

Komendy Wojewódzkiej MO oraz miał blokować ewentualne natarcie 8 Pułku KBW i 4 Pułku Piechoty. Po drugiej stronie parku, od strony ul. Focha ubezpieczało akcję przed atakiem funkcjonariuszy WUBP i żołnierzy Armii Czerwonej 40 żołnierzy por. Henryka Wojciechowskiego „Sęka". W Zagórzu pod Kielcami 40 partyzantów por. Zygmunta Bartkowskiego „Zygmunta" miało osłaniać odwrót wszystkich oddziałów oraz zorganizować podwody konne dla ewentualnych rannych. Dziesięciu żołnierzy ppor. Wacława Borowca „Niegolewskiego", zajęło pocztę główną przy ul. Sienkiewicza i zniszczyło centralę miejską, przerywając połączenia telefoniczne w całych Kielcach.

Rygle nie chciały puścić

„Grupa szturmowa (około trzydziestu ludzi), którą dowodziłem bezpośrednio, wjechała do miasta jak cały oddział, działając przez zaskoczenie. Weszliśmy przez bramę cmentarza Przykościelnego, która już wcześniej była przez naszych ludzi otwarta, zrobiliśmy przeskok przez mur na ulicę Zamkową i podeszliśmy do pierwszej bramy więziennej. Była zamknięta" – wspominał „Szary", a Jan Pająk „Sęp" zapamiętał, że komendant krzyczał do strażników na zwyżce: „Poddać się, jesteśmy żołnierzami Armii Krajowej, przyszliśmy uwolnić naszych uwięzionych ludzi". Gdy strażnicy nie chcieli słuchać, „Szary" krzyknął: „Strzelać!" – „Odpalaliśmy z PIAT-a – jeden, drugi strzał, ale brama dalej pozostawała zamknięta, główne rygle nie chciały puścić. Trzeba więc było przygotować nowe ładunki i założyć je wprost pod rygle. Puściło wreszcie! Ale po pierwszej – trzeba było zdobywać następną bramę. Odbyło się to w podobny sposób. Znaleźliśmy się na głównym podwórcu więziennym" – wspominał komendant.

W tym czasie, odgłosy wybuchów dotarły do więźniów. „Kiedy usłyszeliśmy pierwszy głośny huk przy bramie – poczuliśmy wszystko naraz: przerażenie, bo niektórych huk wyrwał ze snu, i szaleńczą radość, a także niepewność, czy to jest to, na co czekaliśmy. I wreszcie szaloną nadzieję, która przyprawiała o gwałtowne bicie serca. Emocja była niesamowita. Kiedy huki się powtórzyły i usłyszeliśmy strzelaninę, wiedzieliśmy, że to już nie może być omyłka. Czekaliśmy teraz niecierpliwie na rozwój wypadków, nadsłuchując odgłosów ze wszystkich stron" – wspominał Mirosław Żubrowski „Żak". Grupa szturmowa, z powodu ostrzelania przez straż więzienną z okien pierwszego piętra, podzieliła się na dwie części. Podczas gdy „Szary" ze swoimi ludźmi przez godzinę walczył ze strażnikami, grupa por. „Szparaga" rozbijała drzwi cel i wypuszczała więźniów. Ponieważ nie udało się zdobyć kluczy, minerzy przywiązywali kostki trotylu i wysadzali zamki cel. „Szary", który został lekko ranny w nogę i pierś, wspominał potem: „Najłatwiej było rozbić cele na dole, w kobiecym – jak się okazało – pawilonie. Za chwilę na podwórcu zapanował niesłychany harmider i bieganina. Cały tłumek rozgorączkowanych, nieprzytomnych niewiast, w najróżniejszych, nierzadko nocnych strojach – skupił się dokoła mnie, radując się i płacząc na przemian. Niewiele pomagały nasze perswazje, prośby i wreszcie rozkazy, żeby natychmiast się rozpraszały, uciekały w miasto, gdzie która może. Powoli opanowaliśmy sytuację i zabraliśmy się do cel męskich, idąc od dołu w górę. Robota z wysadzaniem cel odbywała się powoli, gdyż trzeba było zachować dużą ostrożność, żeby nie ucierpieli uwalniani. Musieli się oni zabezpieczać od wybuchów przez osłonięcie głowy kocami czy siennikami. Zdarzało się, że znajdującym się w celach naszym kolegom wrzucaliśmy przez okno ładunek, żeby sami od wewnątrz wysadzali zamki w drzwiach". Uwolniony wtedy cichociemny por. „Jeleń" oświadczył „Szaremu" ze śmiechem, że „sam się odbił", bo własnoręcznie przyłożył i podpalił podany mu ładunek.

„Chłopcy krzyczą: Rosjanie!"

Do około drugiej trzydzieści 5 sierpnia rozbite zostały 52 spośród 56 cel. Akcja trwała o wiele dłużej niż zakładano. „Nam więc – osłaniającym z różnych stron grupę szturmową i trzymającym w szachu nieprzyjaciela – dłużył się czas – wspominał por. „Harnaś" – Byliśmy szczerze zadowoleni, kiedy grupa szturmowa z 'Szarym' i uwolnionymi więźniami zjawiła się wreszcie przed nami i pomaszerowała w ustalonym wcześniej kierunku. To był cały pochód. Wraz z moimi żołnierzami ubezpieczałem go od tyłu. Kiedy się zbliżali, zobaczyłem żołnierzy nieporadnie niosących na rękach płk. „Lina". Zasłabł już wtedy poważnie. Moi żołnierze przejęli go i ponieśli. Szli przede mną i nie widziałem, jaki jest jego stan. W pewnej chwili usłyszałem od przodu zdenerwowane głosy. Zameldowano mi, że 'ten pan' (nie wiedzieli, kogo niosą) nie żyje. Posłałem gońca do przodu, do 'Szarego', z zapytaniem, co robić, gdzie go umieścić. Wydał polecenie i pułkownika gdzieś odstawiono. To było jeszcze przed dojściem w pobliże koszar wojskowych. Kiedy tam podeszliśmy, obrzuciliśmy koszary granatami, żeby nie zezwolić na jakiś manewr przeciwko nam".

Pododdziały biorące udział w rozbiciu więzienia wycofały się w trzech grupach, aby utrudnić pościg. Grupa szturmowa dowodzona przez kpt. „Szarego" razem z oddziałem por. „Harnasia" odeszła do lasów zagnańskich. Pododdział por. „Sęka" ruszył w stronę lasów daleszyckich, a potem

Dawne więzienie w Kielcach

w kierunku Bodzentyna. Oddział por. „Zygmunta" wycofał się na Zagnańsk w lasy dalejowskie.

Rannego komendanta niosło czterech żołnierzy. „Pod wieczór, w porze zachodzącego słońca zatrzymaliśmy się na pożegnalny postój. 'Harnaś' pożegnał się z oddziałem i pomaszerował na północ leśnym duktem. 'Ostrolot' odszedł już dużo wcześniej. Robiło się coraz smutniej, coraz samotniej. Ściągnięto furmankę, do której zaprzęgnięte były dość liche konie. Dookolne wsie nie należały do zamożnych. Stąd właśnie pochodził Wacław Borowiec 'Niegolewski' i to jego ludzie zorganizowali transport". Gdy zaczęło szarzeć, a partyzanci szykowali się do dalszej drogi, nagle, zupełnie nieoczekiwanie, z kierunku, w którym odszedł „Harnaś", wyskoczyli sowieccy żołnierze i biegli prosto na przygotowany do drogi wóz „Szarego".

Drużyna „Niegolewskiego" była kompletnie zaskoczona niespodziewanym atakiem. „Chłopcy krzyczą: 'Rosjanie! Rosjanie!'. Widzę ich, jak biegną w moją stronę, najwyraźniej z zamiarem pochwycenia koni, i ogromnym wysiłkiem woli zmuszam się do wyskoczenia z pozycji leżącej, znajdowałem się bowiem na sianie obok wozu. Cudem dostałem się na wóz, obalając przy tym boczną deskę. Liczyłem wcześniej, że któryś z chłopców będzie powoził. Teraz byłem zdany na siebie. Leżąc, zwróciłem pistolet w stronę biegnących ku mnie Rosjan i w momencie, kiedy sięgali już wozu i lejc – oddałem tyle strzałów, ile było nabojów w magazynku. Spłoszone konie poniosły jak szalone. Wóz obijał się kołami o drzewa przy leśnej dróżce. W żaden sposób nie mogłem dostrzec, co dzieje się z tyłu, bo nakryty byłem deską i tylko kurczowo trzymałem się od spodu rozwory. Spojrzałem natomiast do przodu i zobaczyłem, że jeden koń już prawie urwał się z zaprzęgu – trzymał się jedynie wydłużonego lejca. Gnaliśmy tak chyba z pięćset metrów, aż wóz wpadł do strumyka, nad którym mostek był zerwany. Sytuacja była rozpaczliwa. Zrobiłem ogromny wysiłek, żeby zejść z wozu. Skończyło się to upadkiem i potwornym bólem w nodze. Na chwilę straciłem przytomność. Kiedy się ocknąłem było ciemno. Po chwili mogłem jednak dojrzeć poruszające się w mroku konie. Jeden, bliżej mnie, stał cały drżący u końca dyszla, trzymając się jedynie na naszelniku; drugi oddalony był na tyle, na ile pozwalała długość lejca" – wspominał „Szary", który kilkakrotnie próbował, bez rezultatu, dosiadać konia na oklep i modlił się o ratunek. W końcu usłyszał trzykrotny gwizd, znany w oddziale znak. Komendanta odnalazł i odprowadził na melinę „Niegolewski". Rany goiły się do końca sierpnia.

Dymisje w bezpiece

Według źródeł archiwalnych z więzienia w Kielcach „Szary" uwolnił od 334 do 375 osób. W czasie akcji zginęło dwóch żołnierzy AK oraz uwolniony płk Antoni Żółkiewski „Lin", który zmarł w czasie odwrotu, najprawdopodobniej z powodu wycieńczenia organizmu lub choroby serca. Kilku żołnierzy zostało rannych, w tym kpt. „Szary". Szef WUBP w Kielcach mjr Adam Kornecki w raporcie specjalnym, sporządzonym dla ministra bezpieczeństwa publicznego płk. Stanisława Radkiewicza, pisał: „W rezultacie napadu zwolniono z więzienia 375 więźniów. (...) Nasze straty: zabity jeden oficer Armii Czerwonej, raniono 4 żołnierzy rosyjskich i 8 polskich. Bandyci zabrali ze sobą 3 żołnierzy polskich. (...) Należy zaznaczyć, że żołnierze z 8. Pułku [KBW] i strażnicy będący na warcie w więzieniu nie stawiali silnego oporu, a cały 8 Pułk [KBW] na alarmie nie powstał i do miasta nie przybył. (...) Drugich oddziałów Armii Czerwonej i Wojska Polskiego w mieście nie było i dlatego bandzie oporu nie stawiano. (...) Więzienie zostało całkowicie zniszczone i w obecnym stanie nie nadaje się na dalsze trzymanie więźniów". Radkiewicz „z dniem 1 października 1945 roku, za niewywiązywanie się z kierownictwa powierzonego Urzędu i złą organizację pracy agenturalno-operacyjnej, w wyniku czego miały miejsce napady bandyckie na więzienia w Kielcach i Radomiu", odwołał ze stanowiska kierownika WUBP w Kielcach mjr. Adama Korneckiego i powołał na jego miejsce kpt. Kazimierza Szczepanika, dotychczasowego zastępcę kierownika WUBP w Kielcach.

„Szary", po udanej akcji, na polecenie przełożonych miał myśleć o rozbiciu najsłynniejszej ubowskiej katowni – na warszawskim Mokotowie przy ul. Rakowieckiej, ale na pewien czas wrócił do niedawno poślubionej żony i wycofał się z konspiracji. Udało mu się tak przeżyć prawie trzy lata. Schwytali go 27 lipca 1948 roku po południu na stacji kolejowej w Chylonii, dzielnicy Gdyni. W sierpniu przewieziono go do MBP na Koszykową w Warszawie, gdzie sam płk Józef Różański zaproponował mu współpracę. Heda odpowiedział krótko: „Nie". Potem został przeniesiony na Mokotów i w końcu, wiosną 1949 roku, do Kielc. „Szary" przeszedł intensywne śledztwo, najczęściej przesłuchiwano go długimi godzinami w nocy, przy lampie świecącej mu prosto w oczy. Nie wiadomo czy był maltretowany, bo w swoich wspomnieniach nic o tym nie pisze. Rozprawa w Wojskowym Sądzie Rejonowym w Kielcach rozpoczęła się 19 grudnia 1949 roku o godzinie 9 rano, a wyrok ogłoszono 4 stycznia 1950 r. Antoni Heda dostał cztery kary śmierci: „Byłem na to przygotowany. Wyrok przyjąłem spokojnie. Wiedziałem, że wszystko spoczywa w rękach Opatrzności" – stwierdził potem. Tym razem jednak Bierut zamienił mu karę śmierci na dożywocie, wpływ na jego decyzję miały zapewne starania naprawdę wielkiej rzeszy ludzi – rodziny, przyjaciół, partyzantów i innych.

Matko Boska Akowska, zaprowadź…

Po amnestii z kwietnia 1956 roku, dzięki nieustannym zabiegom żony i podkomendnych, których delegacje nachodziły m.in. komunistycznego wiceministra sprawiedliwości, niedawno też więźnia, Zenona Kliszkę, Heda został warunkowo zwolniony do domu w listopadzie 1956 roku. Na pierwszą rozprawę rehabilitacyjną, w kwietniu 1958 roku, miało się stawić 40 świadków jego obrony, a w roli obserwatorów wybierało się kilkudziesięciu „szaraków".

To wszystko tak przestraszyło prokuratora i sędziego, że przeniesiono sprawę do Warszawy i rozpatrzono dopiero w marcu 1959 roku. „Szary" został zrehabilitowany za działalność w czasie okupacji niemieckiej, a za rozbicie więzienia w Kielcach dostał 8 lat.

Tablica upamiętniająca rozbicie więzienia kieleckiego przez oddziały dowodzone przez kapitana Antoniego Hedę „Szarego"

Prawie od chwili opuszczenia więzienia Heda był rozpracowywany przez bezpiekę, otaczało go wielu agentów, w tym jego krewny, dobrzy znajomi, przyjaciele i podkomendni. Funkcjonariusze śledzili go nieustannie i na dodatek w sposób widoczny, co go szczególnie denerwowało. Przez cały czas „Szary" utrzymywał kontakty ze swoimi partyzantami i starał się na wszelkie możliwe sposoby upamiętniać żołnierzy AK. Był stałym gościem na spotkaniach byłych partyzantów „Ponurego" na Wykusie. W stanie wojennym został internowany i był najstarszym spośród zatrzymanych. Bezpieka przestała go nachodzić dopiero po 1989 roku.

W 1990 roku, 45 lat po pamiętnej akcji, 5 sierpnia „Szary" i jego żołnierze uczestniczyli we mszy św. w katedrze kieleckiej, po której poświęcono tablicę na bramie dawnego więzienia: „W 45. rocznicę rozbicia wiezienia w Kielcach 5 VIII 1945, uwolnienia dowódcy 2 DP AK płk. Antoniego Żółkiewskiego „Lina" i kilkuset żołnierzy-więźniów przez Samodzielną Brygadę Kielecką pod dowództwem kapitana Antoniego Hedy „Szarego". Matko Boska Akowska, zaprowadź do Twego Syna poległego podchorążego T. Łęckiego „Krogulca" i okrutnie zamęczonych przez UB w tych murach więźniów. Żołnierze AK i Społeczeństwo". Na tablicy wyryto także motto: „Większej miłości nie ma nad tę, gdy kto życie kładzie za przyjaciół swoich".

W 2003 roku Prezydent RP Lech Kaczyński awansował Antoniego Hedę „Szarego" do stopnia generała brygady. Legendarny dowódca odszedł na wieczną wartę pięć lat później. Na jego pogrzebie biskup polowy WP ks. gen. Tadeusz Płoski mówił: „W panteonie chwały jest miejsce dla wszystkich, którzy dla imienia Polski krew przelewali, życie oddawali. Złotymi zgłoskami zostajesz wpisany w grono bohaterów narodowych. Dziś żegnają cię najbliżsi i mówią – do zobaczenia, bo żołnierz nie umiera. Żołnierz oddaje życie i odchodzi na wieczną służbę. Ty byłeś żołnierzem przez całe swe życie".

„IDĄ PO NAS! BĘDZIEMY WOLNI!"

ROZBICIE WIĘZIENIA W RADOMIU, 9 WRZEŚNIA 1945

„To jest akcja żołnierzy Armii Krajowej na więzienie, uwalniamy naszych kolegów. Cały Radom jest w naszych rękach. Idźcie do domu, bo kule nie wybierają" – mówili partyzanci „Harnasia" do ludzi, którzy wyszli z przedstawienia w cyrku na placu Jagiellońskim, w czasie trwania akcji w więzieniu. „Zaciekawieni i jednocześnie zatrwożeni strzelaniną – tłoczyli się i pchali w niepożądanym przez nas kierunku. Trzeba było nimi pokierować, żeby nie dostali się w pole ostrzału. Niektórzy niechętnie, inni skwapliwie, wyraźnie przestraszeni, odchodzili w kierunku ulic Kelles-Krauza i Focha, które im wskazywaliśmy. Wielu z nich głośno wyrażało radość i uznanie: 'Brawo Armia Krajowa! Niech żyje wolna Polska!'" – wspominał Zbigniew Cichoń „Skromny".

Położone w środku miasta w starych poklasztornych budynkach radomskie więzienie, w czasie okupacji siedziba gestapo, zostało pod koniec wojny przejęte przez NKWD i UB. Por. Stefan Bembiński „Harnaś", dowódca partyzanckiego oddziału, z którym na początku sierpnia 1945 roku wziął udział w rozbiciu więzienia w Kielcach, wspominał, że latem 1945 roku w radomskim więzieniu „wczesnym rankiem wykonywano codziennie wyroki śmierci. (...) Kat, Wacław Ziółek, występujący przy wykonywaniu tej czynności w polskim mundurze porucznika, zjawiał się w więzieniu po południu. (...) Kazał oddziałowemu otwierać cele ze skazańcami i z korytarza przyglądał się im. Taksował każdego. Był dobrym rzemieślnikiem. Za każdy wyczyn otrzymywał 600 do 700 ówczesnych zł. Potem wychodził na zewnętrzne podwórko, sprawdzał, czy na drodze przemarszu ze skazanym nie ma zanieczyszczeń, kamieni, kawałków żelaza czy drewna. Z kolei kierował się do garażu. Sprawdzał, czy pętla dobrze się zaciska, czy urządzenie uruchamiające zapadnię działa cicho i sprawnie. Potem wychodził z więzienia i zjawiał się rano".

„Tam siedzieli Polacy..."

Decyzja o rozbiciu radomskiej katowni zapadła w porozumieniu z byłym komendantem Inspektoratu Radomskiego AK, inspektorem Delegatury Sił Zbrojnych na Kraj, ppłk. Zygmuntem Żywockim „Wujkiem". „Akcja była czysto wojskowa, spełnialiśmy nasz żołnierski obowiązek. Wszystko było przygotowane wcześniej, plan akcji opracowany. Wywiad działał sprawnie. Każdy wiedział, co ma robić, co do niego należy. O przyczynach ataku na więzienie

nie muszę chyba mówić. Była to samoobrona. Tam siedzieli Polacy, nasi koledzy, żołnierze Armii Krajowej. Trzeba ich było uwolnić, a w wielu przypadkach – uchronić od śmierci” – wspominał por. „Harnaś”, wyznaczony na dowódcę akcji, w której oprócz jego ludzi wzięły udział oddziały por. Henryka Podkowińskiego „Ostrolota” i Adama Gomuły „Beja” z NOW, a także kilkunastu ochotników z radomskiej konspiracji – razem około stu pięćdziesięciu żołnierzy. Koncentracja oddziałów odbyła się w lasach koło Wierzbicy.

Zygmunt Cielniak „Cegliński”, zastępca por. „Ostrolota”, zebrał oddział we wsi Stanisławów, skąd wyruszyli pieszo do Dąbrówki Warszawskiej. Tam też cały dzień dochodzili lub dojeżdżali na rowerach pozostali partyzanci.

Koncentracja w lasach skaryszewskich przed akcją rozbicia więzienia w Radomiu. Por. Stefan Bembiński „Harnaś” (drugi z prawej) i por. Adam Gomuła „Bej” (pierwszy z prawej). Wrzesień 1945

„Pamiętam, że na obiad kupione zostały dwie gęsi i „Nagan" przyrządził z nich czerninę, sprawiając chłopakom dużą frajdę". Władysław Radulski „Renoma" z grupy wierzbickiej, kiedy dostał polecenie, żeby przygotować kilku odważnych żołnierzy do poważnej akcji, zajął się też gromadzeniem broni. W radomskim więzieniu siedział jego kolega ze szkoły i z konspiracji, Krzysztof Kiecka „Głaz". Na akcję do „Renomy" zgłosił się m.in. ochotnik, „który rwał się wprost do akcji, ale że miał dopiero piętnaście lat, nie mogłem się zgodzić. Był to Edward Ogorzałek 'Marek', harcerz z zastępu założonego przez Mariana Tarasia z Polan, który to zastęp znajdował się do wiosny 1944 roku pod moją opieką. Przeszkoliłem chłopców na wywiadowców-łącznościowców. Nie mogąc wyperswadować 'Markowi' udziału w akcji, posłałem go do 'Ostrolota' z meldunkiem. Wrócił niepocieszony, bo nie dostał pozwolenia".

Z miejsca koncentracji partyzanci, świetnie umundurowani i uzbrojeni, wyruszyli zaraz po zmierzchu. Załadowali się na cztery zarekwirowane wojskowe studebackery, w tym jeden wyjątkowo duży, właściwie autobus, jak zauważył „Harnaś". Jedna drużyna z Radomia nie jechała z pozostałymi i zajęła swoje stanowiska niezależnie od oddziału głównego. „Robert", jeden z żołnierzy „Beja" zapamiętał, że gdy wsiedli do samochodów, które czekały na szosie wierzbickiej, „Harnaś" wydał polecenie, aby ci, którzy mieli na głowie berety, zakładali rogatywki. „My, 'bejowcy', wsiedliśmy na ostatni, bardzo duży wóz, którym dowodził por. 'Ostrolot'. Było nas trzydziestu ośmiu, jako uzbrojenie mieliśmy bergmana, dreizera, ponad dziesięć czeskich karabinów maszynowych, lekkich. W Radomiu zauważyłem po drodze, że od magazynów tytoniowych trasa obstawiona była przez członków miejscowej konspiracji. Nasz samochód zatrzymał się przy ulicy Młodzianowskiej". Przejeżdżając obok Radomskich Zakładów Tytoniowych, „harnasiowcy" rozrzucili biuletyny i ulotki. „Kiedy ludzie zorientowali się, kim jesteśmy, zaczęli krzyczeć: 'Niech żyje Armia Krajowa! Niech żyje Polska!'. Niektórzy rzucali nam kwiaty na paki ciężarówek" – wspominał Zygmunt Cielniak „Cegliński". Razem z „Ceglińskim" i „Ostrolotem" siedział w szoferce Bronisław Wancerz „Nagan", a na skrzyni wozu, przy karabinie maszynowym ustawionym na szoferce stał por. „Boruta". Ulicą Wałową podjechali pod komisariat przy Reja, naprzeciwko więzienia. Mieli go zająć i ubezpieczać grupę szturmową od południa.

„Harnaś" stanął w miejscu, z którego dowodził: „Punkt był doskonały – naprzeciwko więzienia, przy Malczewskiego 6, w bramie przechodniej. Przez rozległe i zabudowane podwórko wychodziło się stąd na tyły całego kompleksu kamienic, na ulicę Żeromskiego przed dom pod numerem 9. W razie ataku od strony ulicy Kościuszki (UB) lub od koszar – bardzo łatwo było skontaktować się z tymi, którzy chronili od tyłu grupę uderzeniową. Był to doskonały punkt obserwacyjny zarówno na bramę więzienia, jak i na cały budynek. Obok mnie stał adiutant i grupa osłonowa, a także gońcy zapewniający łączność. Dodatkowo ubezpieczał to miejsce oddział, który przybył wraz ze mną i zaraz zamknął ulice Żeromskiego i Traugutta. Pocztę przy Malczewskiego blokowała – przerwawszy wcześniej łączność – jedna z grup 'Beja', w liczbie chyba kilkunastu osób. Następne grupy zabezpieczały inne wloty do miasta i blokowały wszystkie miejsca, z których mógł wyjść kontratak. Obliczaliśmy wtedy, że w Radomiu stacjonowało w tym dniu około trzech tysięcy żołnierzy (rosyjskich, „ludowego" WP i KBW), nie licząc sił bezpieczeństwa i milicji. Mimo że wszystko zapięte było na ostatni guzik, ogarniało nas zrozumiałe podniecenie. Ja – jak to miałem w zwyczaju w takich momentach – nuciłem którąś ze swoich ulubionych melodii i trwałem na miejscu, czuwając nad biegiem wydarzeń".

Por. Adam Gomuła „Bej" (w środku) w lasach skaryszewskich w czasie koncentracji oddziałów partyzanckich przed akcją rozbicia więzienia w Radomiu. Wrzesień 1945

„Robert" z kolegami obstawiali Urząd Bezpieczeństwa: „Mieliśmy zająć stanowiska ogniowe z lewej strony budynku. Kiedy tam dobiegliśmy, posypały się w naszym kierunku strzały. 'Kapelan' rzucił wtedy granatem i z obu stron rozpoczęła się energiczna strzelanina. W budynku leciały szyby i dachówki". W walkach pod komisariatem na Reja śmiertelnie rannych zostało dwóch żołnierzy: sierż. Feliks Kaczmarczyk „Słowik" (ojciec czwórki dzieci) i niespełna dwudziestoletni kpr. Aleksander Kędzierski „Józio". Bohatersko zachował się Zygmunt Cielniak, który pod ogniem nie tylko ściągnął rannych z pola ostrzału i złożył w bezpiecznym miejscu, ale wrzucił także do bunkra granat. „Kiedy ich wynosiłem, nie zastanawiałem się nad tym, że mogę dostać, był to naturalny odruch. Miałem zresztą swoje przysłowiowe żołnierskie szczęście. Tamci, niestety, nie. 'Józio' dostał sześć kul w pierś, 'Słowik' – całą serię w brzuch" – wspominał Zygmunt Cielniak „Cegliński".

„Radość, radość nie do opisania!"

Wóz grupy szturmowej przejechał powoli obok więzienia i minął bramę oraz skwerek, na którym stała grupa umundurowanych ludzi. Po przejechaniu jeszcze około dwudziestu metrów wóz się zatrzymał. „Wyskoczyliśmy wszyscy przez otworzoną wcześniej tylną klapę i pobiegliśmy z powrotem. Ostrzelani przez nas mundurowi rozbiegli się w popłochu, a my znaleźliśmy się pod bramą. Wezwaliśmy do otwarcia, ale ponieważ w tym momencie rozpoczęła się gwałtowna strzelanina na tyłach więzienia – nie mieliśmy żadnej możliwości porozumienia się" – wspominał Jan Pająk „Sęp". Wtedy, jak opisywał „Harnaś", „Andrzej Szymański podał gammona kapr. ‘Żandarmowi’, ten uzbroił gammona, przylepił do stalowych drzwi. Odskoczyli. Nastąpił wybuch. Wtargnęli do środka. Obsługa więzienna oddała klucze". Więźniowie zrozumieli, że rozpoczęło się ich uwalnianie. „Już po zapadnięciu zmroku usłyszeliśmy strzały w pobliżu więzienia. Było nas w celi siedmiu. Porwaliśmy się wszyscy na równe nogi. Nie wiem jak inni, ale ja od razu wiedziałem, co to oznacza. Usłyszeliśmy okrzyki: ‘Hurra, hurra!’ i – potężny wybuch, który wstrząsnął budynkiem. Właśnie wysadzano bramę. Idą po nas! Będziemy wolni! Radość, radość nie do opisania!" – zapamiętał Henryk Skurkiewicz „Olszak", żołnierz „Harnasia", aresztowany przez UB w lutym 1945 roku, sądzony razem z 44 innymi AK-owcami i skazany na dwa lata więzienia.

Po wywaleniu bramy partyzanci wpadli hurmem do środka i przez podwórze przedostali się na więzienne korytarze. „Strażników znaleźliśmy w dyżurnym pokoju. Nie stawiali oporu, zachowywali się spokojnie. Klucze oddali od razu. Jeden z nich otwierał nam cele, w których siedzieli akowcy. Cel z kryminalistami nie otwieraliśmy, ale oni – widząc, co się dzieje – sami wyważali drzwi ławami i uciekali. Strażnik pokazał nam wtedy jednego volksdeutscha, skazanego na śmierć, radząc zabrać go ze sobą, gdyż w przeciwnym wypadku może uniknąć zasłużonej kary. Zrobiliśmy według jego rady i później, za miastem, wykonaliśmy na zdrajcy wyrok" – opowiadał Jan Pająk „Sęp", a „Harnaś" dodawał, że „strażnik więzienny Franciszek Małecki z własnej woli pomagał otwierać cele. Potem dostał za to wyrok: kilka lat więzienia. Obsada niektórych cel uwolniła się sama, wyważając drzwi za pomocą desek z rozbitych prycz". Tak właśnie zrobił Henryk Skurkiewicz „Olszak" i współwięźniowie, którzy nie czekając na pomoc z zewnątrz, wywalili drzwi ciężką, olbrzymią ławą i wybiegli na korytarz. „Usłyszałem wtedy wołanie 'Olchy', kolegi z oddziału: – 'Gdzie «Olszak»? Odezwij się!'. Słyszałem, jak wypytywał o mnie, zawiedziony, że nie znalazł mnie w celi nr 1, z której przed kilkoma dniami przeniesiony zostałem do celi numer 23 na drugim piętrze. Kiedy mnie szukał – już zbiegłem po schodach. Przywitanie nasze było radosne i serdeczne. Nie było jednak czasu na rozmowy! Dostałem bergmana i włączyłem się do akcji. Byłem znowu żołnierzem, nie więźniem" – pisał „Olszak".

W tym czasie na mieście, poza więzieniem, partyzanci, którzy mieli blokować ulice: Bernardyńską, Lekarską i Bóżniczną, na Rwańskiej natknęli się na tłum ludzi. „Nie wiem, czy dlatego, że był to niedzielny wieczór, czy też z powodu gęstej strzelaniny, ale na uliczkach Starego Mia sta zgromadziło się bardzo dużo ludzi. Walili Rwańską jak wezbrana rzeka. Żeby szybko przejść – musieliśmy wołać do nich: 'Padnij, padnij!' – i strzelaliśmy w powietrze. Padali rzeczywiście, a my, prawie po ich plecach, przebiegaliśmy dalej" – opowiadał Stefan Jabłoński „Żubr". Posterunek NKWD przy ulicy Mlecznej obstawiał m.in. Jan Borkowski

„Gordon", który wspominał, że do środka budynku wiodły kilkustopniowe schodki. „Dobiegliśmy do płotu po przeciwnej stronie ulicy i skierowaliśmy karabiny w stronę budynku, wsuwając je przez sztachety. Na schodkach stał wartownik. Na nasz widok zaczął krzyczeć i dobijać się do drzwi wejściowych, które przed nim od środka zamknięto. Od strony więzienia dochodziła już w tym czasie gęsta strzelanina. W środku – jak zdążyliśmy zauważyć – rozpoczęła się bieganina, bojcy wpadli w panikę. Licząc się z tym, że będą chcieli wyskoczyć – puściliśmy im kilka serii strzałów po dachu. Wystraszony wartownik przykucnął na schodkach, ale kiedy się zorientował, że nie do niego strzelamy – wstał. Leżeliśmy tam przez cały czas akcji, pilnując jednocześnie, żeby przechodzący ludzie nie znaleźli się na linii ewentualnego ostrzału. Strzelanina dochodziła teraz z różnych stron miasta. A tu, jak na złość, ludzi na ulicach było sporo! Zatrzymywaliśmy ich więc gromkim: 'Stój, nie wolno przechodzić!'. To samo robił sowiecki wartownik po drugiej stronie ulicy… Kiedy w naszym polu widzenia pojawiał się jakiś milicyjny patrol – zabieraliśmy milicjantom broń i kazaliśmy znikać jak najszybciej. Enkawudzista przypadkowo zabity na ulicy Chłodnej (koło posterunku) zginął, ponieważ znalazł się na linii naszego ostrzału. Rozkaz mieliśmy wyraźny: 'Nie zabijać, chyba że w obronie własnej'. Poza posterunkiem NKWD z czterdziestoosobową załogą były jeszcze dwa bataliony NKWD (około sześciuset osób), zakwaterowane w szkole około trzystu metrów od naszych stanowisk".

„Brawo Armia Krajowa!”

Zbigniew Cichoń „Skromny” obserwował z kolegami reakcję przypadkowych przechodniów, a potem publiczności wychodzącej po przedstawieniu z cyrku. „Na placu Jagiellońskim była ustawiona buda i w tym właśnie dniu, z jakiegoś powodu – może awarii światła – przedstawienie rozpoczęło się z opóźnieniem i ludzie wyszli na zewnątrz w czasie trwania akcji w więzieniu. Zaciekawieni i jednocześnie zatrwożeni strzelaniną – tłoczyli się i pchali w niepożądanym przez nas kierunku. Trzeba było nimi pokierować, żeby nie dostali się w pole ostrzału. Z kilkoma kolegami otrzymaliśmy polecenie zejścia z posterunku i zawracania ludzi w kierunku przeciwnym. Mówiliśmy im: ‘To jest akcja żołnierzy Armii Krajowej na więzienie, uwalniamy naszych kolegów. Cały Radom jest w naszych rękach. Idźcie do domu, bo kule nie wybierają’. Niektórzy niechętnie, inni skwapliwie, wyraźnie przestraszeni, odchodzili w kierunku ulic Kelles-Krauza i Focha, które im wskazywaliśmy. Wielu z nich głośno wyrażało radość i uznanie: ‘Brawo Armia Krajowa! Niech żyje wolna Polska!’. Kiedy uporaliśmy się z maruderami, wróciliśmy na swoje stanowiska”.

Gdy partyzanci skończyli otwieranie cel i uwalnianie więźniów, Wacław Biernacki „Zabój” pobiegł do „Harnasia”, żeby zameldować o zakończeniu akcji w więzieniu. Oswobodzono około 300 osadzonych. „Sama akcja nie trwała dłużej niż dwadzieścia, najwyżej trzydzieści minut, natomiast wyprowadzanie i ustawianie więźniów, podnieconych i rozentuzjazmowanych – trochę dłużej. Najpierw wyprowadzono naszych oficerów i żołnierzy. Był wśród nich kpt. Władysław Gaworek „Lucjan" (komendant obwodu AK w Kozienicach) z żoną. Kiedy zobaczyłem wyprowadzanych więźniów, poczułem ulgę. Zająłem się dopatrzeniem przygotowania ich do wymarszu. Ustawienie w czwórki oswobodzonych, zaprowadzenie jakiegokolwiek porządku trwało długo. Z okien nad nami oklaskami i okrzykami dziękowali nam radomianie" – wspominał

Tablica pamiątkowa na murze dawnego więzienia w Radomiu

„Harnaś”, który polecił trębaczowi odtrąbić zakończenie akcji i ruszył, prowadząc kolumnę przez plac Jagielloński na ukos, do ul. Struga. Na umówiony sygnał żołnierze z miasta zaczęli kierować się w stronę czekających na nich samochodów. „Wtedy jeden z naszych, ‘Gil’ – dla zmylenia przeciwnika i zabezpieczenia naszego odwrotu – zawołał głośno: ‘Hurra, do ataku!’. Spodziewaliśmy się, że ubecy będą teraz siedzieć cicho. Zaczęliśmy się wycofywać. Kiedy brnąc w piachu, szliśmy do samochodu – zobaczyliśmy biegnących w stronę Urzędu Bezpieczeństwa sowieckich żołnierzy. Byliśmy już blisko stadionu, kiedy usłyszeliśmy seryjne strzały od strony ulicy Narutowicza, z pobliża miejskiej komendy MO” – zapamiętał „Robert”. Samochody z kierowcami stały przy ulicy Kozienickiej i Sportowej. Tam „Harnaś” pozwolił rozejść się uwolnionym kolegom „do swoich znajomych, do wsi, byle nie do swoich domów”. Przypomniał, że UB zrobi wszystko, aby ich odnaleźć.

Nad ranem Jan Borkowski „Gordon” dowiedział się o śmierci w akcji Jana Chrząstowskiego z konspiracji radomskiej. „Stał on w czasie akcji wraz ze swoją grupą na rogu ulic Malczewskiego i Wernera, blokując koszary wojskowe. Kiedy pod więzieniem zapanowała dłuższa cisza, dowódca grupy wysłał go, żeby sprawdził, co się dzieje. Do więzienia było najwyżej sześćset metrów. Idąc tam, przechodził koło swojego domu na Malczewskiego 9. Minął budynek poczty i w tym miejscu, gdzie na niewielkiej przestrzeni nie ma żadnych zabudowań – dostał zza płotu serią. Ludzie z położonych w pobliżu domów dobiegli do niego, ale już nie żył. Twarz miał zupełnie roztrzaskaną. Rozpoznał go jednak doktor Wiłkomirski, mieszkający w tym samym co Jasio domu".

„Aby Polska była wolna"

Stefan Bembiński „Harnaś" został aresztowany pod koniec września 1945 roku razem z żoną. UB schwytało także ppłk. Zygmunta Żywockiego „Wujka". Stanęli przed Wojskowym Sądem Okręgowym w Warszawie i osławionym sędzią płk. Mieczysławem Widajem, zastępcą przewodniczącego Najwyższego Sądu Wojskowego, który skazał na karę śmierci 106 żołnierzy polskiego podziemia niepodległościowego, w tym mjr. Zygmunta Szendzielarza „Łupaszkę". „Wujek" otrzymał łącznie 10 lat więzienia, a „Harnaś" karę śmierci i pozbawienie wszelkich praw na zawsze. W akcie oskarżenia nie zabrakło „gwałtownego zamachu na więzienie w Radomiu". Ostatecznie por. Bembiński został ułaskawiony, kolejno – na dożywocie i na dziesięć lat. Był więźniem Mokotowa, Rawicza i Wronek. Wyszedł na mocy amnestii po siedmiu latach. W 1989 roku wybrano go przewodniczącym Stowarzyszenia Żołnierzy AK w Radomiu, a 4 czerwca tegoż roku – senatorem ziemi radomskiej. Na jego wniosek Senat RP przyjął oświadczenie: „Senat Polski w pięćdziesięciolecie drugiej wojny światowej pragnie oddać hołd żołnierzom i pracownikom Polskiego Państwa Podziemnego, którzy oddali wszystkie swe siły, cierpieli i przelali krew, aby Polska była wolna. W okresie powojennym wielu z nich poddanych było prześladowaniom ze strony narzuconego krajowi systemu, wielu z nich straciło życie. Prawda o tych czasach nie w pełni jest jeszcze odsłonięta i czeka na ujawnienie. Domagamy się zadośćuczynienia, zwłaszcza moralnego i materialnego wobec tych, którym Polska tak wiele zawdzięcza".

W 45. rocznicę rozbicia więzienia w Radomiu, na ścianie kościoła oo. Jezuitów, przylegającego do murów więzienia, odsłonięto tablicę:

„9 września 1945 r. oddziały Armii Krajowej dokonały rozbicia radomskiego więzienia, oswobadzając i ratując od śmierci kilkudziesięciu żołnierzy AK, więzionych przez komunistyczny Urząd Bezpieczeństwa.

W czasie walk z bezpieką śmierć ponieśli: pchor. Jan Chrząstowski NN, sierż. Feliks Kaczmarczyk 'Słowik', kpr. Aleksander Kędzierski 'Bończa'. W 45. rocznicę tego wydarzenia tablicę tę poświęcają uczestnicy Akcji".

„Harnaś" zmarł 1 stycznia 1998 roku.

„NIE DAJCIE SIĘ, CHŁOPCY"

BITWA W MIODUSACH POKRZYWNYCH, 18 SIERPNIA 1945

„Ze stodoły, o kilkadziesiąt kroków od nas, wyskoczyło kilku żołnierzy – zginęli natychmiast. Zza rogu wychylił się bokiem jeden, rzucając granat, który wybuchł, nie czyniąc nam szkody. Gdy chciał rzucić drugi, posłałem seryjkę z PPS. Granat wybuchł na miejscu przy rzucającym. Ryknąłem – '«Konar», rakietę w stodołę!'. Natychmiast stanęła w płomieniach. W środku ginęli ludzie. Przez wrota wypadł ppor. Piwowarski (słynny z 'badań' w więzieniu). Mundur palił się na nim i dymił. Nie bardzo przytomny, gasił rękoma. Posłałem serię, upadł bez ruchu. Stanęliśmy za chlewami. Stodoła nie była już groźna" – opisywał bitwę Zygmunt Błażejewicz „Zygmunt".

Odtworzona wiosną 1945 roku przez majora Zygmunta Szendzielarza „Łupaszkę" 5 Brygada Wileńska AK już na początku lata liczyła prawie 300 żołnierzy i była najbardziej bitnym oddziałem partyzanckim w Białostockiem i na Podlasiu. Składała się z dawnych żołnierzy „Łupaszki", przyprowadzonych przez niego aż spod Wilna, oraz miejscowych ochotników i dezerterów z „ludowego" Wojska Polskiego, którzy nie zamierzali poddawać się komunistycznej władzy. Brygada została podzielona na cztery szwadrony, którymi dowodzili: por. Zygmunt Błażejewicz „Zygmunt" (1 szwadron), ppor. Romuald Rajs „Bury", który jesienią 1945 roku przeszedł do NZW (2 szwadron), ppor. Jan Mazur „Piast" (1 kompania szturmowa) i por. Marian Pluciński „Mścisław" (4 szwadron).

Początkowo władze komunistyczne na tym terenie nie były w stanie zwalczyć niepodległościowego podziemia i same musiały korzystać z ochrony sowieckiej. W Bielsku Podlaskim, Wysokim Mazowieckiem i Zambrowie stacjonowało prawie półtora tysiąca żołnierzy 32 Zmotoryzowanego Pułku Strzeleckiego 7 Zmotoryzowanej Dywizji Strzeleckiej Wojsk Wewnętrznych NKWD. Ale wiosną 1945 roku skierowano w Białostockie dodatkowo trzy tysiące żołnierzy z 62 Dywizji Strzeleckiej NKWD oraz trzy tysiące wojsk Korpusu Bezpieczeństwa Wewnętrznego z 9 Pułku KBW i 1 Praskiego Pułku Piechoty 1 Dywizji Piechoty im. Tadeusza Kościuszki, wspartych częścią 1 Pułku Artylerii Lekkiej, które dołączyły do działających już tam 11 Pułku KBW i 18 Samodzielnego Batalionu Strzeleckiego. Poza tym w walce z partyzantami wzięły udział wycofywane z Niemiec oddziały Armii Czerwonej 3 Frontu Białoruskiego. To one, wspólnie z innymi sowieckimi i polskimi siłami bezpieczeństwa przeprowadziły w lipcu 1945 roku słynną „obławę augustowską", w której bez śladu zginęło 600 Polaków.

„Toż was tam mogli wysiec co do jednego"

Tymczasem szwadrony 5 Brygady Wileńskiej spotkały się 1 sierpnia 1945 roku na koncentracji w lasach rudzkich koło wsi Czaje Wólka, skąd „Łupaszko" postanowił wysłać 1 szwadron „Zygmunta" na rajd na lewy brzeg Bugu, aby wobec nasilonych akcji sił bezpieczeństwa w powiecie Bielsk Podlaski sprawdził warunki partyzantki w powiecie siedleckim sokołowskim i w stronę Warszawy, aż do Wisły.

Pochodzący z Wilna Zygmunt Błażejewicz był wybitnie zdolnym oficerem liniowym, trzymającym swój oddział w ryzach i wielkiej dyscyplinie. Działał w podziemiu najpierw w grupie SZP-ZWZ-AK „Niemenczyn", a potem od 1943 roku walczył u cichociemnych „Tońka" i „Szczepcia", czyli w oddziale partyzanckim por. Adama Boryczki, w patrolu por. Piotra Motylewicza. W 6 Brygadzie Wileńskiej AK, która powstała z tego oddziału w 1944 roku „Zygmunt" dowodził plutonem szturmowym. Po rozbrojeniu pod Wilnem w lipcu 1944 roku, z grupą 15-tu żołnierzy próbował przejść linię frontu i walczyć dalej. Chciał nawet dołączyć do powstańców warszawskich, ale ostatecznie dotarł przez Puszczę Knyszyńską w rejon Bielska Podlaskiego i zaczął się ukrywać. Pod nosem Sowietów, w gospodarstwie niejakiego Żurawskiego w Wólce Byszewskiej w dzień pasł krowy i owce, a w nocy spał z granatem w kieszeni i parabellum pod ubraniem. Nie udało mu się już wrócić na Wileńszczyznę, pozostał w rejonie Bielska Podlaskiego, gdzie objął dowództwo sekcji egzekucyjnej Obwodu AK, która do marca

1945 roku wykonała 10 wyroków śmierci i kilka zbrojnych akcji, jak rozbicie posterunku MO w Boćkach czy sowieckiego magazynu w Czajach-Wólce. Największe znaczenie miało zabicie st. lejt. Aleksandra Dokszyna, szefa kontrwywiadu „Smiersz" na powiat Bielsk Podlaski. W kwietniu 1945 roku por. Błażejewicz został dowódcą 1 szwadronu u „Łupaszki". Ten, jak się okazało, najbitniejszy oddział Brygady liczył wkrótce około 80 żołnierzy. Po akcji na konwój sowieckich ciężarówek na drodze Hajnówka-Białowieża pod koniec maja 1945 roku szwadron „Zygmunta" został zaatakowany przez dużą grupę operacyjną NKWD i KBW w Majdanie-Topiłach. W walce bolszewicy stracili około 40 zabitych i rannych. Poległ też ich dowódca. „Łupaszko" był zdenerwowany: „Toż was tam mogli wysiec co do

Żołnierze 1 szwadronu 5 Brygady Wileńskiej AK por. Zygmunta Błażejewicza „Zygmunta" (stoi pierwszy z prawej). Puszcza Białowieska, lato 1945

jednego”. Na co „Zygmunt”: „Mogli, panie majorze”. I na tym się skończyło.

Na rajd ze szwadronem „Zygmunta” poszedł ppor. Władysław Łukasiuk „Młot” ze swoim 20-osobowym oddziałem, który wszedł w skład 5 Brygady Wileńskiej na zasadach autonomicznych. „Młot” znał miejscowe stosunki i miał kontakty za Bugiem, bo podobnie jak wielu jego żołnierzy pochodził z tych stron. Przed wojną był zastępcą wójta gminy Sarnaki i prowadził wiejski sklepik, a poza tym dzierżawił od siedleckiego starostwa dwa odcinki rzeki Bug i to on wydawał zgodę na korzystanie z niej czy to przez wędkarzy, czy turystów. Choć nie ma na to dokumentów, najprawdopodobniej pracował dla kontrwywiadu wojskowego lub jako wywiadowca policyjny; zarówno sklep jak i rzeka dawały mu możliwość kontaktów z osobami, które rozpracowywał. Możliwe, że było to środowisko komunistów. To podobno Łukasiuk przeprawiał Wandę Wasilewską przez Bug w październiku 1939 roku, na stronę zajętą przez Sowietów. Z powodu niesprawnej nogi (po upadku z konia na placu maneżowym), nie został zmobilizowany na wojnę, ale od początku okupacji działał w podziemiu. Choć był tylko dowódcą drużyny w 8 kompanii utworzonej na terenie IX Ośrodka Sarnaki-Górki Obwodu AK Siedlce, jemu oraz jego ludziom przyszło wziąć udział w jednej z najważniejszych akcji AK w czasie drugiej wojny światowej. Wiosną 1944 roku drużyna „Młota” zabezpieczyła i ukryła niemiecką rakietę V-2, po tym jak ta nie wybuchła w powietrzu i wpadła do Bugu. Od października

1944 roku, kiedy uniknął aresztowania przez NKWD, zaczął się ukrywać w lesie Kisielewszczyzna razem z sześcioma innymi spalonymi konspiratorami. Wiosną 1945 roku nawiązał kontakt z oddziałem Tadeusza Chomko „Gerwazego" i razem z nim rozbił grupę operacyjną NKWD na drodze Mężenin-Figały. Wkrótce potem został dowódcą pierwszego plutonu i prawdopodobnie zastępcą komendanta, ppor. Teodora Śmiałowskiego „Szumnego", w jego oddziale partyzanckim AK-AKO Bielsk Podlaski. To „Młot" zapewnił oddziałowi bardzo dobre uzbrojenie, udostępniając „Szumnemu" magazyny broni zrzutowej Obwodu Siedlce, znajdujące się na lewym brzegu Bugu. Najsłynniejszą akcją, w jakiej wziął udział, było uderzenie na 130-osobową kompanię 11 Pułku KBW w Siemiatyczach. Pluton „Młota" szturmował murowany budynek, w którym bronili się żołnierze KBW, początkowo zresztą z dużym uporem, ale sprawę rozwiązało kilka strzałów ze zrzutowego PIATA. Partyzanci zdobyli 150 sztuk broni, mundury i inne zapasy. Po śmierci ppor. „Szumnego" w walce z grupą operacyjną 1 Brygady Pancernej im. Bohaterów Westerplatte i rozformowaniu jego oddziału 26 lipca 1945 roku, „Młot" ze swoim plutonem dołączył do 5 Brygady Wileńskiej AK. „Młot" miał bardzo twardy charakter, był prawy i odpowiedzialny, ale też niezależny. Nawet por. Błażejewicz, którego słuchali wszyscy, nie zagroził jego samodzielności.

Do idącego za Bug oddziału „Zygmunta" dołączył także, jako gość, zastępca dowódcy Brygady, kpt. Lech Leon Beynar „Nowina" – znany później historyk Paweł Jasienica.

Wyruszający na rajd, liczący 80 doświadczonych żołnierzy 1 szwadron uzbrojony był m.in. w 8 erkaemów Diegtariewa i ponad 50 pistoletów maszynowych, 20-osobowy oddział „Młota" miał m.in. 3 lekkie karabiny maszynowe (LMG), 2 erkaemy Bren i ręczny granatnik przeciwpancerny PIAT. Partyzanci ruszyli 3 sierpnia na południe, przechodząc przez Bug w rejonie wsi Wojtkowice-Glinna i omijając Sokołów Podlaski, pomaszerowali w stronę Siedlec, starając się nie wchodzić w kontakt z siłami bezpieczeństwa, które, jak się okazało, a czego dowództwo 5 Brygady Wileńskiej nie wiedziało, były tu co najmniej tak liczne, jak po drugiej stronie Bugu. Operował tu 2 i 3 Pułk 1 Dywizji Piechoty, 1 Brygada Pancerna im. Bohaterów Westerplatte, bataliony KBW oraz pułki Wojsk Wewnętrznych NKWD. Grupy operacyjne złożone z kilkuset funkcjonariuszy i żołnierzy, tropiące niepodległościowe podziemie, postępowały także wyjątkowo brutalnie z miejscową ludnością, podejrzaną o kontakty i wspieranie partyzantów.

„Każdy z żołnierzy walił z tego, co miał"

Około godziny 9 rano 8 sierpnia 1945 roku oddziały „Zygmunta" i „Młota" po całonocnym marszu stanęły na kwaterach w leżącej na pograniczu powiatu sokołowskiego i siedleckiego wsi Węże. Już godzinę później wszedł na nich sowiecki konwój pędzący stado skradzionego w Niemczech bydła. Partyzanci rozbroili czerwonoarmistów i przejęli 120 sztuk bydła oraz 12 koni, o czym miejscowi konfidenci natychmiast donieśli władzom, a te od razu wysłały z Siedlec grupę operacyjną z 2 Pułku Piechoty 1 Dywizji Piechoty „ludowego" WP. O 13 nad Węże nadleciał kukuruźnik, który ostrzelał żołnierzy „Zygmunta" i „Młota", wycofujących się do lasu w kierunku wsi Sikory. Zanim tam dobrnęli, samolot ostrzelał ich jeszcze kilkakrotnie. Około godziny 16 grupa operacyjna, podzielona na dwa ponad stuosobowe pododdziały, ruszyła z Rozbitego Kamienia do Węży i do wsi Paczuski. Na leśnej drodze między wsiami Sikory i Paczuski „Zygmunt" usłyszał warkot motoru: „Powoli, sunąc w sypkim piachu, nadjeżdżały cztery auta dosłownie wypchane żołnierzami (wisieli i na błotnikach). Na pierwszym ckm maxim gotowy do strzału". Podczas gdy tabor partyzancki wycofywał się po otwartym polu, część oddziału zajęła stanowiska bojowe po obu stronach traktu, w dołach i wykrotach oraz za rosnącymi tam z rzadka sosnami. „Gdy pierwsze auto znalazło się około 20 metrów przede mną, znajdującym się na czele tyraliery – wspominał „Zygmunt" – rąbnąłem serię z pepeszy. Na to sypnęły nasze rkm – 15 sztuk i każdy z żołnierzy walił z tego, co miał w ręku. Sukces był nadzwyczajny. Z pierwszego auta pozostało tylko 4 nietkniętych na 52 ludzi załogi. Z drugiego i trzeciego odpowiedział słaby ogień z automatów. To jedynie kilku oficerów i podoficerów pod dowództwem kapitana i politruka Kamieńskiego broniło się ostrzej. Z czwartego auta żołnierze wyskakiwali, podnosząc ręce albo wiali – między innymi bolszewik w mundurze Armii Czerwonej i dwóch cywilów z Węży. To oni donieśli o naszej obecności.

Krzyczałem: 'W pogoń, w pogoń!'. 'Wiktor' i część ludzi od 'Młota' starała się ich zatrzymać strzałami. Niestety, bezskutecznie. Przy uspokojonym już rowie młody chorąży strzelił do kaprala 'Harłapana' czterokrotnie z pistoletu. Jedna z moich kul drasnęła go w głowę i cały zalany krwią podniósł ręce. Z jednego auta wyskoczył żołnierz z automatem w ręku i dopiero na spokojną uwagę 'Harłapana': 'Te, rzuć tę zabawkę', odrzucił z uśmiechem. Kto mógł stać, stał z rękami jak struna".

Pod Sikorami poległo 16 szeregowych i oficerów, w tym kpt. Franciszek Jachimowicz ze sztabu 1 DP oraz politruk por. Franciszek Kamieński, ponad 20 zostało rannych, do niewoli wzięto przeszło 70 jeńców; poza tym zdobyto działo 45 mm, 2 ckm-y Maxim, kilka rkm-ów i ponad 100 karabinów i pepeszy. Kpt. Tadeuszowi Cynkowi, dowódcy batalionu 2 Pułku Piechoty 1 Dywizji Piechoty „ludowego" WP, „Zygmunt" zaproponował zaprzestanie walki w zamian za zwolnienie jeńców i zwrot części broni. Jeszcze w nocy z 8 na 9 sierpnia pod wsią Zalesie część oddziału prowadzona przez kpt. „Nowinę" starła się z 1 kompanią fizylierów 1 Brygady Pancernej. Ciężko rannego w nogę „Nowinę" musiano zostawić po drodze w Hilarowie, gdzie go ukryto, zaś po tygodniu przewieziono do Zagórza, a następnie do Jasienicy. Aby przeczekać obławy organizowane przez siły bezpieczeństwa w powiatach sokołowskim i węgrowskim, partyzanci zapadli w lasach nad Bugiem.

„Na ohydnego bolszewika, polakożercę, ostatniego skurwysyna..."

W święto Wniebowzięcia NMP i rocznicę cudu nad Wisłą, 15 sierpnia 1945 roku trzy szwadrony 5 Brygady Wileńskiej z oddziałem „Młota", pod nieobecność „Łupaszki", dowodzone przez „Zygmunta", wmaszerowały na odpust do kościoła w Jabłonnie Lackiej. Po mszy św. por. Błażejewicz przemawiał ze schodów świątyni do zgromadzonych mieszkańców, którzy witali partyzantów z wielką radością i życzliwością. Dokładnie 53 lata później, 15 sierpnia 1998 roku „Zygmunt" znów stanął na tych samych schodach i znów przemawiał, ale jak sam zauważył, „spośród kilkudziesięciu otaczających go niegdyś partyzantów nikt nie dożył tej chwili w wolnej Polsce". Wtedy, w roku 1945, w czasie, gdy żołnierze tańczyli i śpiewali na urządzonej dla nich zabawie, oficerowie Brygady zostali ugoszczeni obiadem na plebanii, u księdza prałata Fijałkowskiego. „Zygmunt" nie dokończył jeszcze posiłku, gdy został poproszony na spotkanie z czterema gospodarzami z konspiracji AK-AKO zza Bugu, z okolic Ostrożan w gminie Drohiczyn. Poprosili oni, a właściwie „błagali o ratunek" jego oddział, aby zajął się siejącą postrach na Podlasiu sowiecką ekspedycją karną, dowodzoną przez mjr. NKWD Wasilija Gribkę, o którym działający w okolicy NSZ-owcy mówili wprost: „ohydny bolszewik, polakożerca, ostatni skurwysyn". W skład jego grupy wchodziła 4 kompania strzelecka 267 Pułku Strzelców Wojsk Wewnętrznych NKWD, pluton 1 Pułku Piechoty 1 Dywizji

Piechoty „ludowego" WP i funkcjonariusze UBP w Bielsku Podlaskim. W oddziale było dwóch sowieckich cywilów – prokurator i sędzia, którzy mieli „uprawomocniać" represyjne działania grupy, a wieszano każdego choćby tylko podejrzanego o przynależność do AK. Oprawców z NKWD i UB oprowadzali: dezerter z „ludowego" WP, służący krótko u „Łupaszki" oraz jeden z członków konspiracji, złamany w śledztwie torturami. Jednak poza 60-osobową ekspedycją mjr. Gribki, „bandy Łupaszki" poszukiwała także szkoła oficerska 62 Dywizji Strzeleckiej Wojsk Wewnętrznych NKWD oraz ciągle przeczesujące teren grupy operacyjne 267 Pułku Strzelców NKWD, 9 Pułku KBW i 1 Pułku Piechoty 1 DP, ale tego „Zygmunt" nie był do końca świadomy, gdy obiecał gospodarzom, że wraz z „Młotem" zajmie się sprawą mjr. Gribki.

Żołnierze 6 Brygady Wileńskiej AK, stoją od prawej: kpt. Władysław Łukasiuk „Młot", Wanda Minkiewicz „Danka", ppor. Lucjan Minkiewicz „Wiktor". Białostockie, 24 kwietnia 1946

Partyzanci przeprawili się przez Bug na wysokości Drohiczyna w nocy z 15 na 16 sierpnia 1945 roku, o czym agenci natychmiast donieśli do dowództwa NKWD w Bielsku Podlaskim, skąd od razu wyruszyła grupa operacyjna. Oddziały „Zygmunta" i „Młota" przenocowały najpierw we wsi Arbasy, a z 17 na 18 sierpnia weszły do Miodusów Pokrzywnych. „Młot" zakwaterował swoich ludzi na skraju wioski, około 3 kilometry od majątku Ostrożany, a 1 szwadron zajął resztę zabudowań we wsi. Na kwaterze „Zygmunta" i jego sztabu gospodyni zapowiedziała na obiad pstrągi „prosto z Bugu". Gdy około godziny 14 obiecane ryby wylądowały na patelni, nagle przybiegł zastępca „Młota" z meldunkiem o zbliżaniu się nieprzyjaciela od strony Ostrożan. „Zygmunt" zarządził alarm i ruszył z ludźmi na stanowiska. W tym momencie lunął deszcz, a od kwater „Młota" gruchnęły serie. Okazało się, że część grupy operacyjnej z majorem Gribką schroniła się przed ulewą w ogromnej stodole, stojącej tuż przy kwaterach 1 szwadronu, a około 25 ubowców zajęło pozycje w przydrożnym rowie.

„Sędzia do owsa nie dobiegł"

„Zygmunt" wspominał: „Wybiegliśmy w ośmiu z naszej kwatery, dążąc do tej stodoły. Nie mieliśmy pojęcia, że jest napchana wojskiem. W prawo od stodoły stały chlewy, za którymi odbywała się niewidoczna dla nas walka, którą dowodził 'Wiktor' spoza drogi. Z rowu i poprzez dziury w stodole walił do nich nieprzyjaciel. Koło nas znalazł się ppor. 'Młot', nie bardzo świadom, gdzie walczą jego żołnierze. Ze stodoły, o kilkadziesiąt kroków od nas, wyskoczyło kilku żołnierzy. Zginęli natychmiast. Zza rogu wychylił się bokiem jeden, rzucając granat, który wybuchł, nie czyniąc nam szkody. Gdy chciał rzucić drugi, posłałem seryjkę z pepeszy. Granat, nie rzucony, wybuchł na miejscu, przy trzymającym go żołnierzu. Ryknąłem – 'Konar, rakietę w stodołę!'. Natychmiast stanęła w płomieniach. W środku ginęli ludzie. Przez wrota wypadł ppor. Piwowarski, słynny z 'badań' w więzieniu. Mundur palił się na nim i dymił. Nie bardzo przytomny, gasił rękoma. Posłałem serię. Upadł bez ruchu. Stanęliśmy za chlewami. Stodoła nie była już groźna. Po chwili z rowu zaczęły do nas bić dwa dziekciary (erkaemy Diegtariewa). 'Konar', 'Krystyna' i ja przywarliśmy do ziemi. 'Młot', 'Żwirko', dowódca 1 plutonu 'Kruk', 'Wacek' i pięciu naszych zalegli w płytkich dołkach. Nagle przed nami na równy teren wybiegło dwóch od 'Młota' z erkaemem, zamiast schronić się w suchych glinankach, dających doskonałą ochronę, zajęli obok nich odkryte stanowiska. Nie zdążyli wystrzelić, jeden z dziekciarów wykończył obydwóch. Z chlewa na nasze trzy głowy sypały się drzazgi. Seria szła coraz niżej. Ale kąt pochylenia przeszkodził w 'dokończeniu zadania'. Ryknąłem do tych z dołków – 'Na obejście!'. Zupełnie się nie kryjąc (były możliwości dojścia do glinianek) sierż. 'Kruk' i 'Wacek' wybiegli na odkryty teren i padli o 10-15 metrów od erkaemistów 'Młota'. 'Kruk' drgnął jeszcze, celna seria z rowu dobiła go. Skoczył 'Żwirko' i 'Puchacz', kilkoma seriami z glinianek uspokoili najbliższy, zabójczy erkaem. Drugi umilkł wraz z załogą. Dostali od strony 'Wiktora'. Z rowu wyskoczyli dwaj cywile w kapeluszach – prokurator i sędzia, i gnali co tchu do pola z owsem. Jeden padł natychmiast, drugi rwał dalej z czarną teczką w ręku. Chwyciłem od 'Stasia' austriacki karabin, bo. mój PPS nie donosił. Wystrzeliłem raz. Sędzia do owsa nie dobiegł. Od 'Wiktora' zaczęto wołać – 'Nie strzelajcie! Walicie do nas' – to strzelała reszta z rowu. Odpowiedzieliśmy, że to nie my. Walka trwała dalej. Stanąłem tuż przy zaczynającym się palić drzewie, okryty gałązkami gęstego drzewa. W tym momencie huknął strzał. Gałązka nad skronią spadła ścięta kulą, zrobiło mi się zimno. Później gorąco. To była kula dla mnie. Wola Boska. Ten sam snajper z lornetką położył w czasie walki trzech moich żołnierzy strzałami w czoło! 'Dziadźkę' – 'Orkana', który klęcząc ładował garłacz, erkaemistę 'Gołębia' i 'Pikusia' na kartoflisku. Chlewy płonęły wraz ze stodołą jak stos. Kryjąc się za zabudowaniami, ruszyłem wraz z 'Konarem' i 'Krysią' na kartoflisko – pole walki 'Wiktora'. Za nami posuwał się 'Młot'. Stanęliśmy za chatą, oglądając pole walki. W tym momencie czapka leżącego w kartoflach 'Pikusia' podskoczyła w górę. 'To w łeb' – powiedział spokojnie 'Młot'. (...) Wróg dalej ostrzeliwał przez drogę, 'pilnowany' z glinianek przez 'Żwirkę' i 'Puchacza'. Koło palącej się chaty, po tej stronie drogi, ciężko ranny 'Harłapan' z okrzykiem – 'Nie dajcie się chłopcy' – dostrzelił się z pistoletu. Zaciągnąłem drużynę i omijając palące się zabudowania zająłem stanowisko w rowach koło 'Żwirki' i 'Puchacza'. Gospodarze dzielnie walczyli z ogniem, lokalizując pożar – około jedna trzecia wsi spłonęła. Nieprzyjaciel – piętnastu, po wystrzelaniu amunicji, podnosił ręce do góry. Rzucali broń i wyszli z rowu na naszą stronę drogi. 'Żwirko' z 'Puchaczem' podeszli do plutonowego o bolszewickiej mordzie. Ktoś krzyknął – 'uwaga na granat!'. Plutonowy rzucił ogromny granat pomiędzy nich. Przywarliśmy wszyscy do ziemi. Granat wybuchł nie czyniąc nikomu szkody. Bolszewik zmarł natychmiast. Podbiegł do nas młody kapral 'Ja wasz, ja z wami!'. Przejęty śmiercią najlepszych żołnierzy, którzy jeszcze leżeli koło nas, nie domyśliłem się, że to zdrajca Fijałkowski. I tak wszyscy zginęli – piętnastu. Razem 61 nieprzyjaciół. Uratował się tylko konny goniec majora Gribko".

„Najlżejszy wymiar kary"

Po dwóch godzinach zaciętej walki grupa operacyjna majora Gribki została zniszczona. On sam bronił się do końca. Znaleziono go z Walterem z wystrzelanym magazynkiem w zaciśniętej martwej dłoni. Jego śmierć skomentowali NSZ-owcy: „Kula partyzanta, która rozwaliła mu [mjr. Gribko] łeb, z punktu widzenia Polaka, jest to najlżejszy wymiar kary". Wszyscy Sowieci i ubecy, którzy przeżyli bitwę, zostali rozstrzelani, bo jeńców nie brano. O godzinie 16 partyzanci zauważyli nadjeżdżającą od strony Ostrożan „pancerkę", którą ostrzelali z dwóch erkaemów, po czym zabrali 10 rannych oraz 8 zabitych i ze zdobytą bronią wycofali się do Perlejewa, gdzie zostawili poległych, pochowanych potem na cmentarzach w Perlejewie (sierż. Zygmunt Kuczyński „Kruk" z Wołynia, kpr. Ryszard Łubrzyc „Harłapan" przedwojenny stangret rektora KUL, kpr. Mikołaj Torniewicz „Wacek" z Białego Stoku, kpr. Witold Kozłowski „Pikuś" z Wilna) i Śledzianowie (kpr. NN „Dziadźka" – „Orkan" – dezerter z „ludowego" WP, Stanisław Sawicz (Sawik?) „Gołąb" z Wilna i dwaj żołnierze z oddziału „Młota": NN „Olek" i NN „Wróbel"). Rannymi zaopiekowali się gospodarze w lasach rudzkich.

Dowódca 62 Dywizji Strzeleckiej NKWD w swoim raporcie o walce w Miodusach Pokrzywnych podał, że „ze składu osobowego 4 kompanii [267 pułku] zabito 16 ludzi i raniono 3 ludzi, w tej liczbie zabity został dowódca 4 kompanii st. lejtnant Amielin, pomocnik instruktora MBP mjr Gribkow, lejtnant Gawriuszyn. Straty w broni: ręcznych karabinów maszynowych – 3, karabinów – 7, pistolet – 7. Pluton pułku piechoty Wojska Polskiego stracił 11 ludzi [zabitych], rannych 5 ludzi. W czasie walki od ognia karabinów maszynowych amunicją zapalającą spłonęły 22 budynki, 8 koni, 7 krów, 20 owiec". Według ustaleń historyków grupa operacyjna straciła co najmniej 36 zabitych: 18 enkawudzistów, w tym czterech oficerów (mjr Wasilij Gribko, kpt. Nikołaj Krasnow, st. lejt. Aleksiej Amielin, lejt. Grigorij Gawriuszyn), 11 żołnierzy „ludowego" WP i 3 pracowników PUBP z Bielska Podlaskiego oraz sędziego i prokuratora, a także dwóch agentów. Oficerowie sowieccy, którzy zginęli pod Miodusami po zakończeniu wojny, zwalczając polskie podziemie niepodległościowe, zostali pochowani na Cmentarzu Żołnierzy Armii Radzieckiej poległych w walkach o wyzwolenie Ziemi Bielskiej w okresie drugiej wojny światowej w Bielsku Podlaskim.

Obok bitwy „Orlika" w Lesie Stockim i „Ojca Jana" pod Kuryłówką, zlikwidowanie grupy operacyjnej w Miodusach Pokrzywnych było największą klęską wojsk NKWD w Polsce w 1945 roku. Wściekłość Sowietów znalazła wyraz w rozkazie gen. lejt. Nikołaja N. Seliwanowskiego, sowieckiego doradcy przy MBP, dla zastępcy dowódcy 62 Dywizji Strzeleckiej NKWD, płk. Riezinkina, w którym rozkazał całkowicie zniszczyć „bandę 'Zygmunta'", jako szczególnie groźną. Ale w wyniku obław przeprowadzonych jeszcze w sierpniu przez grupy operacyjne NKWD, KBW i „ludowe" WP zdołano zatrzymać „ogólną siłą około 300 ludzi [przeważnie przypadkowych], z nich 61 dezerterów WP i MO. Zatrzymano również 4 rannych bandytów, którzy zeznali, że są członkami bandy 'Zygmunta' i że w tym rejonie działa ta banda, i lekarza, który leczył tych rannych bandytów schowanych w stogu siana".

„...niech się Polska przyśni tobie..."

Szwadron „Zygmunta" przeczekał obławy w gminie Boćki, a na początku września 1945 roku przybył na rozkaz mjr. „Łupaszki" na koncentrację 5 Brygady w gajówce Stoczek koło Poświętnego. Mimo zwycięskich bojów Brygady na Podlasiu, dowódca otrzymał rozkaz rozformowania swoich szwadronów. „Zygmunt" do 4 października

1945 roku dowodził oddziałem kadrowym 1 szwadronu, po czym razem z żoną, Alicją Trojanowską – siostrą „Krystyną", sanitariuszką oddziału – wyjechał najpierw do Warszawy, a wkrótce potem do Częstochowy, skąd z fałszywymi belgijskimi paszportami, jako Jean Morelais i Alice Dubois dostali się do Niemiec. W listopadzie 1945 roku zabrali ich żołnierze Dywizji Pancernej gen. Maczka. Później najlepszy oficer mjr. „Łupaszki" zamieszkał w Stanach Zjednoczonych. Siostra „Krystyna" zmarła tam w 1994 roku, cztery lata później „Zygmunt" odwiedził Polskę, pierwszy raz od wojny.

Władysław Łukasiuk nie wyszedł z lasu po demobilizacji 5 Brygady Wileńskiej i razem z ppor. Lucjanem Minkiewiczem „Wiktorem" dowodził oddziałem kadrowym, pozostawionym przez „Łupaszkę" na Białostocczyźnie. W lutym 1946 roku znowu znaleźli się pod rozkazami mjr. Szendzielarza, który przemianował ich oddział na 6 Brygadę Wileńską AK, podporządkowaną eksterytorialnemu Okręgowi Wileńskiemu. Do października 1946 roku „Młot" był zastępcą dowódcy Brygady, a potem przejął po „Wiktorze" jej dowodzenie i prowadził przez trzy lata w najtrudniejszych okresach. Zdobył dla oddziału autentyczne poparcie ludności, broniąc jej przed komunistycznymi represjami oraz zwykłymi bandytami czy złodziejami. Po ogłoszeniu „amnestii" w 1947 roku „Młot" dał swoim żołnierzom możliwość odejścia z oddziału, ale większość pozostała. Rozbudował wtedy organizację terenową, włączając do niej pozostałości po strukturach AK-WiN oraz

NSZ-NZW. Podporządkował mu się słynny dowódca oddziałów AK-WiN, kpt. Kazimierz Kamieński „Huzar” z wysokomazowieckiego, por. Józef Ludwik Małczuk „Brzask” z oddziałem Kazimierza Wyrozębskiego „Sokolika” z sokołowskiego i Władysław Korzeniewski „Ryg” z bielskopodlaskiego.

Mimo zaangażowania setek agentów i informatorów, wyznaczenia nagrody 100 tysięcy złotych za jego głowę, nawet mimo rozbicia głównych sił Brygady, kpt. „Młot” pozostawał nieuchwytny dla UB, a nawet wiosną i latem

Krzyż upamiętniający m.in. żołnierzy 6 Brygady Wileńskiej AK w Sokołowie Podlaskim

1948 roku połączył niedobitki 2 szwadronu „Bartosza” z oddziałem kpt. Kazimierza Kamieńskiego „Huzara” (około 30 żołnierzy) i na ich czele stoczył kilka dalszych walk z obławami w powiecie Bielsk Podlaski. Jesienią oddział został jednak podzielony na mniejsze patrole, aby łatwiej przezimować. „Młot” ukrył się w lasach rudzkich, aby znowu zreorganizować siły. Ale do tego już nie doszło, bowiem 27 czerwca 1949 roku, w dniu swoich imienin, na oczach kpt. „Huzara”, w wyniku tragicznego nieporozumienia, legendarny dowódca został zastrzelony przez swojego podkomendnego na kolonii wsi Czaje Wólka, na skraju lasu rudzkiego.

Kpt. Łukasiuk został pochowany w starej żwirowni w lesie Czartajówka. Czterech żałobników zaśpiewało mu nad prostą trumną „Śpij kolego w ciemnym grobie, niech się Polska przyśni tobie...”. W sierpniu 1949 roku, po usilnych poszukiwaniach UB udało się odnaleźć mogiłę „Młota”. Wykopali ciało i zabrali do Bielska Podlaskiego. Na skraju lasu pozostał tylko symboliczny grób najsławniejszego partyzanta Podlasia.

Lucjan Minkiewicz „Wiktor” został skazany na karę śmierci i zamordowany wraz z majorem „Łupaszką” 8 lutego 1951 roku w więzieniu przy ul. Rakowieckiej na Mokotowie w Warszawie. Po 62 latach, wiosną 2013 roku szczątki majora Szendzielarza zostały odnalezione w kwaterze na Łączce na Cmentarzu Wojskowym na Powązkach w Warszawie.

LEPIEJ SIĘ PODDAJCIE...

ZDOBYCIE RADOMSKA, 19/20 KWIETNIA 1946

„Na ulicach miasta szaleją oddziały egzekucyjne 'Warszyca', starając się schwytać i zamordować członków partii. Lecz ci, którzy mieli być zabici, jak w 'nocy św. Bartłomieja' – albo byli w terenie na akcji przeciw bandom, albo zdołali uciec, uchronić się przed śmiercią" – tak o zdobyciu Radomska przez oddziały Konspiracyjnego Wojska Polskiego pisał kłamliwie w „Głosie Robotniczym" popularny w PRL autor serii książek o Panu Samochodziku, Zbigniew Nienacki. Jego zdaniem „bandom" udało się zdobyć areszt, bo pilnowało go kilku strażników, a w ogóle był to raczej „kurnik niż pomieszczenie dla więźniów". A poza tym „przetrzymywano w nim tylko kilkunastu spekulantów i volksdeutschów".

Stanisław Sojczyński „Warszyc", przedwojenny oficer rezerwy, nauczyciel, ojciec pięciorga dzieci, w czasie okupacji był niezastąpiony w robocie konspiracyjnej. Jako zastępca komendanta Obwodu Radomsko AK oraz szef

Kierownictwa Dywersji w Obwodzie, w nocy z 7 na 8 sierpnia 1943 roku na czele 85-osobowego oddziału zaatakował więzienie w Radomsku i w ciągu 20 minut, bez strat własnych, uwolnił około 50 osób. Jak pisano w raporcie: „Żandarmeria zmobilizowana w Radomsku potraciła głowy, myśląc, że na Radomsko napadło z górą tysiąca 'Jędrusiów', wobec tego rozpaczliwie alarmowali okoliczne miasta o pomoc rakietami białymi i czerwonymi".

„Nie jest przestępstwem likwidować zdrajców"

Po zajęciu Radomska przez Armię Czerwoną, Sojczyński, poszukiwany przez NKWD, ukrywał się u siostry w Pile, ale utrzymywał konspiracyjne kontakty przez swojego adiutanta, por. Jana Rogólkę „Grota". W lutym 1945 roku pisał do niego, że rozwiązanie AK było „pewnego rodzaju manewrem taktycznym", który miał „umożliwić rozpoczęcie konspiracji na nowo". „Faktycznie doznaliśmy nowych rozczarowań, tak strasznych, że osiwieć można ze zmartwień. Ale widocznie droga do prawdziwej wolności i szczęścia musi być aż tak ciężka. Im więcej najokropniejszych tragedii przeżyjemy (...), tym prawdopodobnie mniej przykrych niespodzianek doznamy w Niepodległej Polsce". Wkrótce wrócił do Radomska i zaczął organizować drugą konspirację, na razie bez czynnych wystąpień, ale był zdecydowany walczyć z dyktaturą, z bezprawiem „czerwonego hitleryzmu".

Na ogłoszenie przez komunistów „amnestii" w sierpniu 1945 roku i związaną z nią deklaracją płk. Jana Mazurkiewicza „Radosława", wzywającego do ujawnienia się i uznania TRJN, „Warszyc" zareagował ostro, nazywając ją wprost zdradą. W otwartym liście *Do Pana Pułkownika Radosława* pytał: „Za co i w jakiej sytuacji usiłuje nas Pan, Panie Pułkowniku, sprzedawać? Nawet nie poczuwa się Pan do najelementarniejszej wdzięczności w stosunku do podwładnych (...)". List podpisany „w imieniu Oficerów, Podoficerów i Szeregowców, wiernych ideologii AK", Sojczyński kończył stwierdzeniem: „A poza tym, Panie Pułkowniku, niech Pan wybije sobie z głowy i niech Pan wytłumaczy czerwonym uzurpatorom, że będziecie nas kiedykolwiek wprowadzali w prawa obywatelskie przez amnestie i łaskawe przebaczanie nam".

W tym czasie „Warszycowi" podporządkowało się kilkanaście kilkudziesięcioosobowych grup zbrojnych. Na początku stycznia 1946 roku organizacja licząca 2550 członków (według obliczeń Tomasza Toborka) i działająca w województwach: łódzkim, częściowo kieleckim, śląskim oraz poznańskim oficjalnie przyjęła nazwę Konspiracyjne Wojsko Polskie (KWP). W rozkazie nr 1 do żołnierzy Konspiracyjnego Wojska Polskiego „Warszyc" pisał: „Jeśli Polska za okupacji niemieckiej dla odzyskania wolności poświęciła ponad 6 milionów obywateli, w tym przynajmniej 2 miliony najlepszych swych synów, to obecnie dla tego samego celu nie może zawahać się pozbyć kilkunastu czy kilkudziesięciu tysięcy odszczepieńców i najgorszych szumowin. Nie jest przestępstwem likwidować zdrajców, zwyrodnialców pastwiących się nad swymi braćmi, wszelkiego rodzaju wykolejeńców, nieuznających żadnych świętości: – zbrodnią niewybaczalną jest dopuścić, aby ofiary milionów zostały zdystansowane przez miernoctwo i podłość. (...) Walka z szumowinami i unicestwienie ich to wielka sprawa, to zagadnienie zapewnienia Polsce równowagi moralnej i ocalenia jej przed zgubą".

Kpt. Sojczyński przywiązywał dużą wagę do działalności propagandowej. Redagował gazetkę „W świetle prawdy", do której pisał też artykuły; wydawano też odezwy i kolportowano ulotki. Do końca 1945 roku KWP wykonało

Kpt. Stanisław Sojczyński „Warszyc"

wyroki na 74 osobach. W lutym 1946 roku „Warszyc" wydał wyroki śmierci na szefa WUBP w Łodzi Mieczysława Moczara i wojewodę łódzkiego Jana Dąb-Kocioła. Jednak do tak wysoko postawionych funkcjonariuszy organizacja nie była w stanie dotrzeć.

Bramę wysadzono „filipinką"

Największą akcję oddziały KWP przeprowadziły w kwietniu 1946 roku, kiedy zajęły powiatowe Radomsko i uwolniły żołnierzy AK, przetrzymywanych w miejskim areszcie. Plan opracował kpt. „Warszyc", który na początku chciał rozbić także siedzibę UB i komendę MO, ale wobec kłopotów z koncentracją odpowiedniej liczby partyzantów, zdecydował się na ograniczone działania. Budynki te miały być ostrzeliwane, jednak tylko dla związania sił przeciwnika. Atakiem na miasto dowodził por. Jan Rogólka „Grot", komendant KWP powiatu Piotrków Trybunalski. W akcji wzięło udział około 170 żołnierzy z komend powiatowych „Motor" (Radomsko), „Żniwiarka" (Piotrków) i „Turbina" (Wieluń). Zadania poszczególnych grup były następujące: budynek PUBP miało ostrzeliwać 20 żołnierzy pod dowództwem sierżanta z oddziału Henryka Glapińskiego „Klingi". Ulicę Kościuszki ubezpieczał sam „Klinga" z 20 ludźmi. Więzienie miało rozbić 20 partyzantów dowodzonych przez st. sierż. Władysława Kuśmierczyka „Longinusa". Ulicę Reymonta ubezpieczał 22-osobowy oddział Wiesława Janusiaka „Prawdzica". Ulicę Piotrkowską blokowało 15 ludzi, wjazd do Radomska od strony Przedborza – 11, tylu stanęło też na stanowiskach przy folwarku. Zabezpieczony został także wjazd od strony Strzałkowa. Wyznaczono również czterech partyzantów, którzy mieli zabrać pieniądze z banku. „Grot" trzymał przy sobie trzech gońców. Nie wszystkie grupy przystąpiły do akcji w zaplanowanym składzie. „Klinga" np. miał 46 osób. W rozkazie tuż przed akcją „Warszyc" podawał liczbę 200 żołnierzy, ale nie wszyscy wzięli w niej bezpośredni udział.

W nocy z 18 na 19 kwietnia 1946 roku oddziały KWP zebrały się we wsi Grzebień koło Radomska, skąd 19 kwietnia około godziny 19 pomaszerowały do Radomska na cmentarz. Uderzenie na wyznaczone punkty rozpoczęło się 15 minut po północy, 20 kwietnia. „Grot" stanął w punkcie dowodzenia w centrum, przy kościele św. Lamberta. Oddział „Longinusa" podszedł pod budynek ratusza, gdzie przetrzymywano więźniów. Jak zeznał jeden z pirotechników, Wacław Mergler, pod bramą kapral „Kozak" rzucił jeden granat, ale ten się ześlizgnął i wtedy Mergler podał mu drugi, tzw. „filipinkę", którą wysadzono bramę. Zamki od cel rozbijano strzałami z pistoletów. Partyzanci uwolnili 57 więźniów, wśród nich kilku, z powodu obrażeń odniesionych w czasie przesłuchań, nie mogło poruszać się o własnych siłach. Zabrano ich na wóz przygotowany do transportu ewentualnych rannych. Akcja trwała ponad godzinę, po czym „Longinus" dał rozkaz wycofania się do lasu w kierunku wsi Okrajszów i Błota.

W czasie rozbijania więzienia pozostałe grupy ostrzeliwały budynek UB i koszary oraz próbowały dostać się do bankowego skarbca, a także szukały sześciu funkcjonariuszy UB, skazanych na karę śmierci. Tych ostatnich zadań nie udało się wykonać. Poza tym po zakończeniu akcji doszło do nieporozumienia i dezorientacji części żołnierzy, bo zamiast umówionego sygnału, jakim było wystrzelenie trzech czerwonych rakiet – wystrzelono tylko jedną. Na skutek braku łączności oddziały nie wycofywały się w ustalonym porządku. Cała akcja zakończyła się jednak powodzeniem, gdyż jej głównym celem było uwolnienie więźniów z miejskiego aresztu.

Atak na Radomsko został opisany w sensacyjnym reportażu Ewy Połanieckiej w „Głosie Robotniczym". Pod tym żeńskim pseudonimem ukrywał się znany pisarz, autor serii książek o Panu Samochodziku, Zbigniew Nienacki. „Napad nastąpił nagle i w niezwykle korzystnej dla 'Warszyca' sytuacji. Tego dnia wraz ze szkołą podchorążych wyjechało w teren na akcję przeciw bandom wielu pracowników bezpieczeństwa i członków partii oraz stacjonujące w mieście wojsko. W Komitecie Powiatowym PPR do bandy próbującej się wedrzeć do budynku partii począł strzelać i bronić się sekretarz Smolarek. W Urzędzie Bezpieczeństwa, na który napad nastąpił równocześnie z atakiem na komitet PPR, było wówczas zaledwie 5 ludzi: tow. Kędra, Węglewski oraz trzech wojskowych. (...) Banda 'Warszyca' wpadła do przylegających do Urzędu Bezpieczeństwa Zakładów im. Komuny Paryskiej, rozbroiła straż fabryczną i tam, gdzie dziś jest garaż, z okna budynku poczęli prażyć do UB z karabinu maszynowego. Raz po raz rozrywały się granaty, noc cięły długie serie z karabinów maszynowych i 'empi'. Naprawdę podziwiać trzeba odwagę i bohaterstwo tych zaledwie kilku naszych ludzi, którzy przeciwstawili się prawie 150-osobowej grupie napastnika i to napastnika, który dokonał akcji nagle, w niekorzystnej dla nas sytuacji. (...) Bandom udaje się zdobyć areszt, którego pilnowało kilku strażników. Areszt ten – dziś magazyn – był bardzo słabo ubezpieczony, ot raczej kurnik niż pomieszczenie dla więźniów. Zresztą przetrzymywano tam tylko kilkunastu spekulantów i volksdeutschów (...). Na ulicach miasta szaleją oddziały egzekucyjne 'Warszyca', starając się schwytać i zamordować członków partii. Lecz ci, którzy mieli być zabici, jak w 'nocy św. Bartłomieja' – albo byli w terenie na akcji przeciw bandom, albo zdołali uciec, uchronić się przed śmiercią" – pisał Nienacki, który jest też autorem wydanej w 1961 roku szkalującej „Warszyca" powieści *Worek Judaszów*. Na jej podstawie w 1970 roku Jerzy Passendorfer nakręcił film *Akcja Brutus*, z Witoldem Pyrkoszem w roli mjr. „Boruty", odpowiednika kpt. Sojczyńskiego. Pozytywnym bohaterem filmu jest oficer UB, udający zrzutka z „Londynu" (w rzeczywistości agent Informacji Wojskowej Z-24) i rozpracowujący „bandę". W jego roli wystąpił Zygmunt Hübner, jeden z najlepszych ówczesnych aktorów.

Odwrót „Klingi"

W czasie odwrotu po akcji, nad ranem 20 kwietnia oddział Henryka Glapińskiego „Klingi" zatrzymał i zarekwirował przejeżdżający przez Radomsko samochód ciężarowy z przyczepą, wiozący 358 kompletów mundurów i części ekwipunku dla KBW w Katowicach. Chwilę później partyzanci natknęli się na kolejny samochód wojskowy z ośmioma sowieckimi żołnierzami Wydzielonej Kompanii Służby Łączności NKWD. W meldunku z 13 maja „Klinga" opisywał „Warszycowi" to wydarzenie: „Na ul. POW (naprzeciw warsztatów mechanicznych Zyberyng) został przez nas zatrzymany terenowy samochód żołnierski, w samochodzie tym znajdowało się 7 żołnierzy sowieckich plus oficer st. lejtnant. Żołnierze ci, myśląc, że mają do czynienia z milicją lub Wojskiem Żymierskiego, zaczęli się do nas ostro odnosić, w szczególności wspomniany oficer, kiedy żołnierze moi zaczęli okrążać ich samochód wraz z nim, oficer ten, widząc białe opaski na rękawach u mnie i mojego szefa, pyta się, kim my jesteśmy. Kiedy mu odpowiedziałem, że jesteśmy polskim wojskiem partyzanckim, na słowa te całkowicie zbladli, kiedy po raz drugi krzyknąłem ruki wierch, żołnierze ci złożyli broń i podnieśli ręce do góry, natomiast oficer, który nie chciał podnieść ręki do góry, trzymając w ręku granat, został zastrzelony przez jednego z naszych żołnierzy, po upływie około 20 min. oddział nasz ruszył w dalszą drogę, zabierając z sobą pozostałych siedmiu żołnierzy (w tym 3 podoficerów), wraz z samochodami sowieckimi i ich żołnierzami pojechaliśmy do gajówki Borowe. Żołnierzom sowieckim poleciłem położenie telefonu polowego z kwatery mojego oddziału do posterunku, który był wysunięty około 60 metrów na głównym okręgu wjazdu do naszego miejsca postoju od strony wsi Graby, a która to wieś znajdowała się około 1300 metrów od nas. Po wypełnieniu czynności (tzn. założeniu telefonu polowego) poleciłem swojemu patrolowi wyprowadzić do lasu wspomnianych 7 żołnierzy sowieckich, których następnie zastrzelili, grób ich został zrównany z ziemią (...)".

Około godziny 18 tego dnia na odpoczywających 46 partyzantów „Klingi" uderzyła 180-osobowa grupa operacyjna, uzbrojona m.in. w działko oraz ciężkie karabiny maszynowe. Partyzanci, uprzedzeni o ataku dzięki polowej linii telefonicznej, wytrzymali natarcie i udało im się wyrzucić napastników z lasu na otwartą przestrzeń, co przyniosło im zwycięstwo. Poza tym dowództwo grupy pościgowej popełniło wiele błędów i okazało się nie mieć przygotowanego planu walki. W skład grupy wchodziło 56 żołnierzy 6 Pułku Piechoty z Częstochowy pod dowództwem kpt. Włodzimierza Mrozowskiego, którzy przyjechali z odsieczą po akcji na Radomsko. Gdy żołnierze z 6 Pułku znaleźli się na polanie obok lasu, zostali kompletnie zaskoczeni ostrzałem i jak pisano w wojskowym raporcie, „zapanowała panika i zupełna dezorientacja (...). Wszyscy pochowali głowy między bruzdy i czekali zbawienia". Partyzanci zaczęli wtedy wołać: „Żołnierze nie strzelajcie, chodźcie do nas". Kiedy część żołnierzy podniosła się, dowództwo myślało, że idą do ataku, jednak okazało się, że się poddają. Śmiertelnie ranny w tym czasie dowódca akcji, kpt. Mrozowski miał jeszcze powiedzieć: „Ja umieram – was wybiją do nogi. Lepiej się poddajcie". Żołnierze spanikowali i zaczęli oddawać broń. Partyzanci opatrzyli rannych i oddali im samochód, żeby żołnierze mogli ich odwieźć do Częstochowy, oficerom pozostawiono broń. W raporcie zapisano, że „w stosunku do żołnierzy 6 pp bandyci odnosili się z wyszukaną i wyrafinowaną grzecznością. Pytali się naszych żołnierzy, czy są głodni i czy chcieliby zapalić".

„Ku wielkiej radości żołnierzy..."

W walce z partyzantami uczestniczyła także grupa Wojsk Bezpieczeństwa Wewnętrznego (WBW), która po rozpoczęciu starcia zajęła stanowiska obronne. Według raportu z akcji pod Grabami, zachowanego w aktach Urzędu Bezpieczeństwa, kiedy żołnierze 6 Pułku zaczęli podnosić ręce i przechodzić na stronę partyzantów, „do przechodzących na stronę bandytów żołnierze WBW zaczęli strzelać", ale to „nie pomogło, dlatego że nawet oficerowie 6 pp zaczęli czołgać się w stronę bandytów (...). Wreszcie w 6 pp został zabity ich dowódca i wtedy cała grupa przeszła na stronę bandy. Nasi zostali okrążeni i musieli złożyć broń". W starciu zginął dowodzący grupą operacyjną sowiecki kpt. Kuzarow, a także kilku innych oficerów. Po stronie komunistycznej było 11 zabitych i 16 rannych; kilkunastu innych poddało się partyzantom, reszta uciekła z pola walki. Partyzanci zdobyli czternaście ciężkich karabinów maszynowych, broń automatyczną oraz jedno działko i kilka samochodów. Stracili jednego poległego – Jerzego Karnickiego „Bursztyna". Wszystkich rannych i wziętych do niewoli członków grupy operacyjnej „Klinga" puścił wolno. „1 sowiet w mundurze oficera polskiego w stopniu ppor. został zwolniony przez nas wraz z wszystkimi żołnierzami polskimi (na prośby żołnierzy i oficerów polskich, że jego w ogóle nic nie interesuje i był bardzo dobry, a został zabrany przez majora, który zginął w walce z nami). (...) Po zabraniu swych zabitych żołnierzy z sobą podwodami (za wyjątkiem sowietów), wojsko polskie (...) żegnając nas po przyjacielsku z wielkim zadowoleniem, że się dla nich szczęśliwie skończyło, jak sami oświadczyli, odmaszerowali pieszo w kierunku na Częstochowę".

Komuniści starali się wykorzystać propagandowo śmierć żołnierzy „ludowego" Wojska Polskiego przeciwko KWP. W Częstochowie urządzono demonstracyjny pogrzeb poległych, w czasie którego na trzy godziny zostały zatrzymane fabryki, zamknięte sklepy i urzędy, a w uroczystościach, jak podała prasa, wzięło udział 40 tysięcy osób.

Tymczasem „Klinga" ze swym oddziałem natknął się 21 kwietnia w okolicach Żytna na kolejną grupę KBW. Żołnierze zostali zaskoczeni przez partyzantów, gdyż część z nich właśnie czyściła broń, a pozostali byli na mszy św. w kościele. Doszło do negocjacji „Klingi" z dowódcą grupy, por. Nogalewskim, który, choć zupełnie nieprzygotowany do walki, nie chciał się poddać. Kiedy został zastrzelony

Por. Henryk Glapiński „Klinga"

– jak pisał „Klinga" w meldunku do „Warszyca" – „ku wielkiej radości jego żołnierzy, że zginął ich znienawidzony dowódca Żyd", zastępcy Nogalewskiego zaprosili Glapińskiego do budynku, gdzie mieścił się magazyn żywnościowy. Niedługo potem partyzanci spotkali kolejny oddział KBW, biorący udział w obławie na nich. Dowódca grupy zaproponował jednak rozmowę, o której potem „Klinga" zeznał w procesie, w tej części utajnionym: „Poszliśmy we dwójkę z 'Montwiłem' na spotkanie tego majora, który, zdaje się, był sowietem w polskim mundurze i przedstawiliśmy się. Ja powiedziałem, że jesteśmy KWP, a on powiedział, że to KBW. Następnie zagadnął mnie, co będziemy robić. Odpowiedziałem, że wolałbym, abyśmy się rozeszli każdy w swoją stronę. Nie chcąc znowu dopuszczać do rozlewu krwi, użyłem triku i powiedziałem, że na wzgórzach zajęły stanowiska bataliony. Zgodziliśmy się nie wszczynać walki i rozjechaliśmy się w swoje strony". Następnego dnia partyzantów znowu zaatakował oddział KBW, ale „Klinga" nie podjął walki i wycofał się do lasu. Kilka dni później, 25 kwietnia zdemobilizował część żołnierzy, zostawiając przy sobie 15 ludzi.

„Ja się śmierci nie boję"

Dotąd, jak wynika z dokumentów Głównego Zarządu Polityczno-Wychowawczego WP, KWP czuło się na swoim terenie prawie swobodnie, doszło nawet do tego, że w Wielkanoc w czasie mszy rezurekcyjnej w Ciężkowicach „straż honorową przy grobie Chrystusa pełnili bandyci" – o czym pisano w sprawozdaniu z inspekcji w 6 Pułku Piechoty WP. Ale bezpieka podjęła zdecydowane działania, o czym 27 kwietnia informował Sojczyński: „Według meldunków, jakie napływają, nieprzyjaciel skoncentrował poważne siły na terenie pow. radomszczańskiego i piotrkowskiego, aby przeprowadzić pacyfikację na szeroką skalę". Jeszcze w kwietniu 1946 roku piotrkowskie UB ujęło por. Jana Rogólkę i jego 16 podwładnych.

Po brutalnym śledztwie, 7 maja 1946 roku odbył się ich pokazowy proces w sali kina „Kinema" w Radomsku. Sąsiadujące z kinem ulice wyłączono z ruchu, a na dachu budynku umieszczono stanowisko ckm. Do „sali sądowej" spędzono m.in. rodziny oskarżonych i młodzież szkolną.

Nie przesłuchano żadnych świadków, a oskarżonych bronił jeden adwokat z urzędu, który w ogóle nie zabrał głosu na rozprawie. Oskarżający podprokurator Wojskowej Prokuratury KBW, kapitan Tadeusz Garlicki, przyjął w akcie oskarżenia zasadę odpowiedzialności zbiorowej oskarżonych. Sądowi wystarczyło kilka minut, żeby skazać 12 oskarżonych na karę śmierci, a 5 pozostałych na karę 15 lat pozbawienia wolności.

„Warszyc" próbował nie dopuścić do wykonania wyroku, grożąc, że w odwecie KWP zabije 120 komunistów z pow. Radomsko. Mimo to w nocy z 9 na 10 maja wyroki wykonano. W piwnicach siedziby PUBP w Radomsku przy ul. Kościuszki ksiądz Stanisław Piwowarski, kapelan oddziałów AK, udzielił skazanym ostatnich sakramentów przed śmiercią: „Był tam taki połamany stół. Położyłem na nim bursę i wtedy oni pojedynczo przychodzili – cała dwunastka. Po spowiedzi każdy chwytał mnie za szyję, żegnał się, całował, bo ja ich wszystkich znałem z lasu. Był wśród nich 18 letni chłopiec – Leopold Słomczyński. Łzy mu płynęły, gdy mówił: „Ja się śmierci nie boję, ale bardzo cierpię. Tatuś mój przyszedł z czteroletnim bratem. Kiedy widzenie się kończyło, żołnierz mówi – koniec! – a wtedy brat mnie chwycił za głowę i nie chciał puścić. Dopiero żołnierz oderwał te rączki od mojej głowy. Ten widok – płaczącego brata i moich rodziców – jest moim cierpieniem przed śmiercią" – wspominał ks. Piwowarski w 2001 roku.

Sąd Wojewódzki w Piotrkowie Trybunalskim, który w 1991 roku unieważnił wyrok na dwunastu żołnierzy

KWP, w uzasadnieniu orzeczenia podał, że „egzekucja skazanych na karę śmierci miała cechy mordu połączonego z okrutnym okaleczaniem ciał". Dokonali jej pijani funkcjonariusze PUBP z Częstochowy.

Zmasakrowane zwłoki ze śladami tortur odnaleziono w poniemieckim bunkrze w lesie koło Bąkowej Góry. Sojczyński wydał wówczas rozkaz rozstrzelania w odwecie 12 członków PPR – konfidentów UB – według imiennej listy, ale i tej groźby, tak jak poprzedniej nie udało się już KWP spełnić.

„W walce tej trwać jest naszym obowiązkiem"

Na rozkaz szefa WUBP w Łodzi, płk. Mieczysława Moczara, utworzono specjalną tysiącosobową grupę operacyjną, która miała ująć komendanta „Warszyca" i rozbić KWP. Wśród kolejnych aresztowanych członków organizacji znalazł się też Henryk Brzózka ze sztabu KWP, który jako agent „Żbik" podjął współpracę z bezpieką. On wskazał adres meliny „Warszyca" w Częstochowie przy ul. Wręczyckiej 17 (11). Tam 28 czerwca 1946 roku aresztowano komendanta Stanisława Sojczyńskiego oraz jego sekretarkę Halinę Pikulską „Ewunię". Henryka Glapińskiego „Klingę" ujęto 31 sierpnia 1946 roku w wyniku prowokacji agenta Informacji Wojskowej Zygmunta Lercela „Z-24", który przywiózł Glapińskiego oraz dwóch innych żołnierzy KWP do Warszawy, na rzekomą odprawę dowódców oddziałów leśnych. Po drodze na rzekome spotkanie

Por. Jan Rogólka „Grot"

z oficerem angielskim w hotelu „Polonia", „Klinga" został aresztowany w restauracji przez dwóch pracowników Informacji Wojskowej.

Przed Wojskowym Sądem Rejonowym w Łodzi „Warszyc" i jego 11 podkomendnych, w tym Henryk Glapiński „Klinga" stanęli 9 grudnia 1946 roku. Kapitan wziął odpowiedzialność za wszystkie działania KWP: „Do zarzucanych mi aktem oskarżenia czynów przyznaję się częściowo, do winy jednak nie poczuwam się. Uważam raczej, że mam zasługi wobec Narodu, dla dobra którego walczyłem. W świetle obowiązujących przepisów prawnych nie uważam swoich czynów za przestępstwo. Wszystkie czyny, jeśli nie wyszły poza ramy moich rozkazów, są zgodne z moimi zasadami i sumieniem. (...) Przyznaję się tylko do założenia i należenia do nielegalnej organizacji, celem której było przeciwdziałanie terrorowi władz, walka z bezprawiem i prześladowaniem, czyli samoobrona, co zresztą ilustrują moje rozkazy" – powiedział na procesie.

Poza prokuratorem Czesławem Łapińskim (znanym z procesu Witolda Pileckiego) „Warszyca" oskarżał także mjr Kazimierz Graff, przedwojenny absolwent elitarnego gimnazjum im. Mikołaja Reja i wydziału prawa na Uniwersytecie Warszawskim, syn bogatego kupca żydowskiego, uczestnik bitwy pod Lenino. Domagał się dla kpt. Sojczyńskiego czterech kar śmierci, za co został nagrodzony stanowiskiem zastępcy naczelnego prokuratora wojskowego Stanisława Zarako-Zarakowskiego. Po latach, na stwierdzenie, że mordował polskich patriotów, odpowiedział: „To tylko sugestia. Kiedyś były inne oceny, teraz są inne". Za mord sądowy na „Warszycu" nigdy nie odpowiedział, zmarł w Warszawie w kwietniu 2012 roku.

17 grudnia 1946 roku Komendant KWP kpt. Stanisław Sojczyński „Warszyc", kpt. Henryk Glapiński „Klinga", Marian Knop „Własow", Stanisław Żelanowski „Nałęcz", Ksawery Błasiak „Albert", Albin Ciesielski „Montwiłł", zostali skazani na karę śmierci. Zamordowano ich w Łodzi 19 lutego 1947 roku, trzy dni przed ogłoszeniem kolejnej „amnestii". W 2009 roku Prezydent RP Lech Kaczyński awansował pośmiertnie kpt. Stanisława Sojczyńskiego na stopień generała brygady. „Dopóki istnieje choćby najmniejsza nadzieja i możliwość wykazania Rosji, że jej polityka jest podła, świńska i zaborcza, oraz walki z jej imperializmem i odebrania zagrabionych przez nią wschodnich połaci Polski, dopóty w walce tej trwać jest naszym obowiązkiem – nawet za cenę wielkich ofiar" – pisał kpt. „Warszyc".

SZLI I SZLI...

DEFILADA ODDZIAŁÓW „BARTKA" W WIŚLE, 3 MAJA 1946

„Po wkroczeniu wszystkich oddziałów do Wisły (...) w zwartych szeregach kilkuset partyzantów przemaszerowało przed oczami zebranych licznie mieszkańców. To była nasza pierwsza defilada! (...) Nie zapomnę nigdy tego uczucia podniecenia i radości, jaka ogarnęła nasze szeregi, tego uczucia dumy, że możemy ogłosić wszem i wobec: oto jesteśmy, nie poddaliśmy się, pozostaliśmy wierni!" – wspominała Irena Stawowczyk „Sarna". Komuniści nie ośmielili się interweniować. Milicjanci w Żywcu zabarykadowali się na posterunku, a ci z Milówki po prostu uciekli.

Po zajęciu 12 lutego 1945 roku przez Armię Czerwoną Czechowic i Dziedzic Henryk Flame, zawodowy pilot, w czasie okupacji dowódca partyzanckiego oddziału NSZ w podbeskidzkich lasach, zgodnie z zaleceniami dowództwa NSZ, zgłosił się ze swoją grupą do dyspozycji „władzy ludowej" i mimo protestów czechowickich komunistów został komendantem posterunku MO w rodzinnym mieście.

Obsadził swoimi ludźmi komisariat i zaczął gromadzić broń do nieuchronnej walki z komunistami. Jednak już w kwietniu 1945 roku, zagrożony dekonspiracją i aresztowaniem, zebrał swoich ludzi i znów poszedł do lasu. „Stało się to w Czarnolesiu – wspominała siostra Flamego, Elżbieta Piwowar. – Tam wyskoczyli z pociągu, już uzbrojeni, i pochowali się w lasach. Nie mieli innego wyjścia. (...) Zorganizowali się w Ligocie i innych okolicznych wioskach. Później wyjechali w góry, na Baranią. Tam mieli kryjówki, jaskinie, szałasy".

Z ryngrafem z Matką Boską

Flame zaczął odtwarzać oddziały partyzanckie nowo powołanego VII Śląsko-Cieszyńskiego Okręgu NSZ i jako „Bartek" już wkrótce został dowódcą jednego z najliczniejszych i najgroźniejszych zgrupowań leśnych walczących z komunistami o niepodległość Polski, najsławniejszym śląskim partyzantem i królem Podbeskidzia.

Najbliżej związanych z dowódcą było kilkunastu żołnierzy z okolic Dziedzic, Czechowic oraz Zabrzega w tym zastępca „Bartka", Jan Przewoźnik „Ryś" oraz Rudolf Niesytko „Ignac". W czerwcu 1945 roku „Ryś" zorganizował 20-osobową grupę, wzmocnioną później ludźmi spoza okolic Czechowic, w której znalazł się drugi zastępca „Bartka" Józef Kołodziej „Wichura". Jesienią 1945 roku oddziały te kwaterowały na Baraniej Górze i wciąż werbowały nowych ludzi, którzy po 3-4 tygodniach składali przysięgę przed

„Bartkiem" na wierność Narodowym Siłom Zbrojnym: „Wstępując w szeregi Narodowych Sił Zbrojnych zobowiązuję się do walki z okupantem rosyjskim, poświęcając dla Ojczyzny majątek i wszystko – nawet życie. W razie konfliktu z władzami NSZ poddam się wyrokowi sądu organizacyjnego. Tak mi dopomóż Bóg i Święta jego Trójca". Po złożeniu przysięgi nowy partyzant otrzymywał od dowódcy ryngraf z Matką Boską.

W październiku 1945 roku Flamemu formalnie podporządkował się działający od połowy 1945 roku na Żywiecczyźnie (Milówka, Kamesznica i Węgierska Górka) oddział zbrojny dowodzony przez Antoniego Bieguna „Sztubaka" z Milówki, byłego partyzanta z oddziałów NOW „Ojca Jana" i mjr. Zub-Zdanowicza „Zęba". „Wkrótce zaczęli do nas dołączać akowcy, którym groziło więzienie (już w pierwszym tygodniu przyszło ich piętnastu), a także różni uciekinierzy z wojska i milicji (a więc z bronią) oraz zbuntowana młodzież, która zakładała w szkołach tajne organizacje i po pierwszej wsypie uciekała do lasu. Oddział nazwałem Samodzielnym Oddziałem 'Szarego'" – wspominał „Sztubak". Poza nim „Bartkowi" podlegał także oddział „Śmiertelnych" – Zdzisława Krausa „Andrusa", słynącego z wyjątkowej bezwzględności wobec członków PPR i funkcjonariuszy UB.

Bazą zgrupowania Flamego były lasy i góry Beskidu Śląskiego, z kwaterą główną dowódcy i jego sztabu na Baraniej Górze, najwyższym szczycie Beskidu Śląskiego. „Warunki obozowania były różne. W lecie spaliśmy w namiotach i szałasach, ale także i pod gołym niebem" – wspominał „Sztubak". Na zimę mieli bunkry, które budowali „bardzo solidnie z drewnianych beli i dobrze maskowali, umieszczając je zwykle w górskich zboczach". Wielu żołnierzy „Bartka" posiadało też „prywatne" bunkry, ukryte w rodzinnych gospodarstwach. Na przykład Wiktor Gruszczyk „Groźny" miał 12-osobowy bunkier w stodole swojego ojca.

„Każdy dzień w obozie zaczynaliśmy od modlitwy. – wspominał Biegun – 'Panie Boże Wszechmogący, daj nam siły i moc wytrwania w walce o Polskę, której poświęcamy życie nasze. Niech z krwi niewinnie przelanej braci naszych, pomordowanych w lochach gestapo i czeki; niech z łez

Zgrupowanie „Bartka", najprawdopodobniej w Wiśle-Malince, 3 maja 1946

naszych matek i sióstr wyrzuconych z odwiecznych swych siedzib; niech z mogił żołnierzy polskich poległych na polach naszych i na obczyźnie – powstanie Wielka Polska! O Mario, Królowo Korony Polskiej, błogosław pracy naszej i naszemu orężowi! O spraw, Miłościwa Pani, Patronko naszych rycerzy, aby wkrótce u stóp Jasnej Góry i Ostrej Bramy zatrzepotały polskie sztandary z Orłem Białym i Twoim wizerunkiem, amen'. Po apelu każda drużyna otrzymywała zadanie do wykonania, odbywało się szkolenie nowoprzybyłych, wartownicy udawali się na wyznaczone posterunki. Obóz żył swoim zwykłym życiem". Żołnierze „Bartka" prezentowali się wyjątkowo dobrze w kompletnym umundurowaniu i ze świetnym uzbrojeniem. Dowódca zwracał na to szczególną uwagę, bo był przekonany, że w ten sposób zdobędą zaufanie i poparcie ludności. Zależało mu na tym, aby pokazać, iż mundury i broń pochodziły od rządu RP na uchodźstwie. W najlepszym okresie działalności, w lipcu 1946 roku, na wyposażeniu zgrupowania znajdowało się: działo 45 mm, 2 ckm, 10 rkm, 1 karabin przeciwlotniczy, 76 pistoletów maszynowych, 77 karabinów, 55 pistoletów, 88 granatów ręcznych oraz samochód ciężarowy i motocykl, a także radiostacja, 2 odbiorniki radiowe, 7 maszyn do pisania, powielacz, aparat fotograficzny i 47 kompletów mundurów wojskowych.

Oddziały Zgrupowania NSZ kpt. Flamego przeprowadziły dziesiątki akcji bojowych. Już w maju 1945 roku rozbiły placówkę UB i posterunek MO w Zabrzegu. „Bartek" zdobył jesienią 1945 roku posterunek MO w Górkach

Małych, a „Sztubak" – posterunek MO w Milówce. Likwidowano funkcjonariuszy UB i karano członków PPR. Do połowy 1946 roku partyzanci Flamego rozbili m.in. posterunki MO w Górkach Małych, Zabrzegu (powtórnie), Komorowicach Krakowskich, Rudzicy, Strumieniu, Międzyrzeczu, Jeleśni, Chybiu, Pruchnej, Kończycach Wielkich. Zgrupowanie „Bartka" właściwie nie poniosło większych strat, było świetnie dowodzone i cieszyło się poparciem miejscowej ludności. Jak pisano w kwietniu 1946 roku, „można śmiało zaryzykować twierdzenie, że na terenie niektórych gmin podgórskich władze legalne kończą się wraz z nadejściem nocy".

„Czy idziecie prać komunistów?"

Wszystkie akcje Flamego i jego ludzi przyćmiła jednak spektakularna antykomunistyczna manifestacja oddziałów leśnych, czyli zajęcie przez zgrupowanie „Bartka" Wisły. Na 3 maja 1946 roku komendant zarządził wielką koncentrację wszystkich podległych mu oddziałów, wchodzących w skład VII Okręgu NSZ, w „kwaterze głównej" na Baraniej Górze. Na wyznaczone miejsce przybyło i stanęło w równych szeregach ponad 200 partyzantów. „Bartek" wygłosił do oddziałów przemówienie, w którym stwierdził, że Narodowe Siły Zbrojne walczą o wielką, narodową Polskę, o obronę wiary katolickiej i że na pewno zwyciężą. Antoni Biegun „Sztubak", który ze swoimi ludźmi biwakował od kilku dni w Masywie Baraniej, zapamiętał, że poranek owego dnia był przepiękny, słoneczny. Z początku nie wiedzieli, jaki był cel zlotu. Dopiero po porannym apelu 3 maja „Bartek" zarządził natychmiastowy wymarsz, wszystkich oddziałów w kierunku Wisły. „Zamanifestujemy naszą wolę służenia Ojczyźnie w dniu Święta Królowej Polski!" – powiedział, i partyzanci zaczęli schodzić z gór. „Ruszyły oddziały za oddziałami, partyzanci 'odstawieni' jak na paradę: w mundurach, z przypiętymi orzełkami na mieczu, z ryngrafami z Matką Boską. Wszyscy podnieceni, lecz zdyscyplinowani" – wspominał „Sztubak", którego oddział, liczący około siedemdziesięciu żołnierzy, jako najlepiej uzbrojony, m.in. w 14 karabinów maszynowych, otrzymał polecenie ubezpieczenia pochodu częścią żołnierzy pod jego bezpośrednim dowództwem. „Szliśmy radośni i podnieceni, a na drodze, którą maszerowaliśmy, zaczęły rozgrywać się niezwykłe, wzruszające sceny. Spotykanych po drodze ludzi, kiedy po chwilowym osłupieniu zorientowali się, kogo mają przed sobą, ogarniał szał radości. Kobiety i dziewczęta wybiegały z domów ze smakołykami i kwiatami, często porywając całe doniczki i usiłując je nam wręczyć. Niektóre starsze płakały, gładziły żołnierzy po twarzach i błogosławiły na drogę. Wielu ludzi pytało, podobnie jak niedawno niektórzy spośród nas: 'Czy już się zaczęło? Czy idziecie prać komunistów?'. Młodzi chłopcy domagali się, żeby ich zabrać. Twierdzili, że mają broń i zaraz ją przyniosą. Trzeba było ich uspokajać i tłumaczyć, że nie jest to możliwe, przynajmniej w tej chwili (…) Z naprzeciwka, od strony Bielska i Katowic, jechały odkryte ciężarówki z wycieczkowiczami.

Na widok maszerujących oddziałów zwalniały i przystawały. Rzucano nam czekoladę i papierosy, machano radośnie rękami lub zeskakiwano z wozów i ściskano nam ręce. Ci ludzie także pytali: 'Czy to już powstanie?' Wyjaśnialiśmy, kim jesteśmy i dokąd idziemy, jasne było, że cel naszej manifestacji był już częściowo osiągnięty: podnosiliśmy na duchu i umacnialiśmy spotykanych po drodze".

Wejście i przemarsz partyzantów „Bartka" przez Wisłę wywarł wrażenie i wzbudził podziw nawet u komunistów. Związany z nimi pisarz Jan Brzoza zapamiętał: „Była może godzina 10 przed południem, gdy syrena fabryczna zagwizdała na alarm. Maszyny stanęły i robotnicy wybiegli przed tartak (...) Wszyscy śpieszyli w stronę bramy, skąd rozległy się okrzyki: 'Wojsko idzie!' (...) Obok poczty ustawiliśmy się w tłumie tworzącym szpaler. Potem szmer przycichł, gdyż zza rogu pojawił się jeździec na białym koniu [zastępca komendanta Jan Przewoźnik „Ryś", który konno prowadził defiladę]. Był w mundurze wojskowym typu angielskiego, na plecach wisiał mu maszynowy pistolet, głowę przykrywał szeroki beret aliancki. (...) Za nim nadeszły kolumny żołnierzy. Szli dwójkami po obu stronach ulicy w szyku bojowym. (...) Żołnierze trzymali broń maszynową w gotowości bojowej. (...) Szli i szli. (...) Każda grupa stawała przed 'Bartkiem' na baczność, meldując mu stan liczebny i gotowość bojową. Po przyjęciu raportu 'Bartek' krótko przemówił, podkreślając, że NSZ walczy o wielką narodową Polskę i w obronie wiary katolickiej. Zwycięstwo jest niedalekie i pewne". W rzeczywistości „Bartek" nie

Partyzanci „Bartka" schodzą z Baraniej Góry na defiladę w Wiśle, 3 maja 1946

brał udziału w defiladzie, ponieważ był ranny. Na Baraniej Górze pozostali z nim Józef Machej „Sęp", szef Pogotowia Akcji Specjalnej i Anna Szweda „Anuszka". Defiladę prowadził i odbierał Jan Przewoźnik „Ryś", co potwierdzał m.in. jego brat, Tadeusz Przewoźnik „Kuba", szef plutonu ochrony sztabu.

O uczuciach towarzyszących defilującym partyzantom wspominała Irena Stawowczyk „Sarna": „Po wkroczeniu wszystkich oddziałów do Wisły (...) W zwartych szeregach kilkuset partyzantów przemaszerowało przed oczami zebranych licznie mieszkańców. To była nasza pierwsza defilada! Rok wcześniej nasi sojusznicy z zachodu świętowali koniec wojny, odbyły się parady zwycięstwa, na których zabrakło Polaków (...). Dla nas wojna jeszcze się nie skończyła! Maszerując teraz, mieliśmy jakby namiastkę nieodbytej parady. Nie zapomnę nigdy tego uczucia podniecenia i radości, jaka ogarnęła nasze szeregi, tego uczucia dumy, że możemy ogłosić wszem i wobec: oto jesteśmy, nie poddaliśmy się, pozostaliśmy wierni!".

Kwiaty i łzy szczęścia

Przeprowadzenie akcji zajęcia miasta z tak dużym rozmachem, w biały dzień, pod okiem komunistycznej władzy wymagało pewnego i mocnego zabezpieczenia z każdej strony, z której był możliwy atak. Jak zauważyli w swoim raporcie funkcjonariusze MO, „banda przyszła w szyku zwartym z kierunku Czarnego do nowej Osady. Mieli boczne ubezpieczenia, na skosie było około 120 ludzi. Po zabezpieczeniu się ze wszystkich stron do 500 m od miejsca rabunku, dokonali otwarcia Sklepu Sp. Samopomocy Chłopskiej. (...) Zabezpieczenie było RKM-ami, które były ustawione co kawałek na drodze i po rowach i po wzgórzach okolicznych. (...) Ubrani wszyscy byli w mundury wojskowe polskie, dużo miało mundury kroju angielskiego. Wśród członków było bardzo dużo kobiet. Czujki rozstawione po skosie zatrzymywały samochody z turystami oraz także pieszych turystów. Po prostu każdy przechodzień był zatrzymywany i nie wpuszczany, aż do ich odejścia".

Osiemnastu ludzi z oddziału „Sztubaka" pod dowództwem Władysława Foksy „Rodzynki" zostało rozmieszczonych w miastach: Cieszynie, Bielsku, Białej i Żywcu, przy koszarach wojskowych, Urzędach Bezpieczeństwa, Komendach MO i ORMO, gdzie w razie jakichkolwiek większych zgrupowań mieli natychmiast o tym meldować. Teren Wisły osłaniał „Sztubak": „Ja z częścią swojego oddziału nie brałem udziału w defiladzie, gdyż ubezpieczałem ją od strony szosy, którą mogły nadciągnąć w każdej chwili większe siły nieprzyjaciela. W Wiśle stacjonował w tym czasie oddział wojska polskiego i sowieckiego, niedaleko znajdowały się posterunki WOP. Wszyscy oni siedzieli cicho, jak przysłowiowa mysz pod miotłą, nie dając znaku życia. Jak się później dowiedzieliśmy, funkcjonariusze MO i UB w Żywcu zaczęli się barykadować, a z Milówki po prostu uciekli. Podczas kontrolowania okolicznych willi i domów, miałem przyjemność zetknąć się z dziećmi Aleksandra Zawadzkiego, i dać im lekcję historii, (...) a także odbyć wyjątkowo miłe spotkanie z żołnierzami i ich oficerem. Bardzo mnie to pokrzepiło. W kolejnej willi spotkaliśmy zapłakaną kobietę wołającą do nas: 'Podobno w Krakowie masakra! Ruskie czołgi rozjeżdżają nasze dzieci'. Musiałem ją uspokoić i poprosić jednocześnie, żeby nie rozpowszechniała tych panicznych wiadomości. Musiałem też powstrzymywać moich partyzantów, którzy oburzeni, chcieli już biec organizować samochody i wyruszać na odsiecz (...). Wkrótce otrzymałem zawiadomienie, że nasze oddziały wymaszerowały już z Wisły, udałem się więc ze swoimi w tym samym co oni kierunku".

Komuniści wpadli w popłoch, gdyż tego samego dnia, z okazji święta Konstytucji 3 maja w Krakowie doszło do antysowieckiej i antykomunistycznej manifestacji zorganizowanej przez młodzież, głównie studentów. Została ona brutalnie spacyfikowana przez siły bezpieczeństwa.

Defilada w Wiśle trwała około dwóch godzin. Późnym popołudniem oddziały wróciły na Baranią Górę. „Bartek" powiedział wtedy podwładnym, że „parada ta miała olbrzymie znaczenie propagandowe, albowiem tak mieszkańcy Wisły, jak i przygodni turyści zobaczyli na własne oczy, jaką siłę, tak pod względem ilości żołnierza, jak i uzbrojenia przedstawiają sobą tylko Oddziały Leśne. Widok tego wojska wzbudził podziw, a zarazem przyczynił się do podniesienia otuchy w rychłe wyzwolenie z okowów komunizmu. Wyraziło to się głównie w obrzuceniu kwiatami maszerujących, jak i łzami szczęścia w oczach głośno wiwatujących.

Manifestacja ta przebiegła spokojnie bez jakichkolwiek interwencji ze strony organów Urzędu Bezpieczeństwa, Milicji czy kogokolwiek" – wspominał „Rodzynka".

Król Podbeskidzia

Bezradność, jaką wykazały lokalne siły bezpieczeństwa wobec akcji „Bartka", wywołała wściekłość komunistycznej władzy, dlatego likwidacja oddziałów VII Okręgu NSZ stała się dla niej sprawą najważniejszą. Mimo to początkowo organizowane i wysyłane na obławy grupy operacyjne złożone z funkcjonariuszy MO, ORMO, UB i KBW nie potrafiły nawiązać równorzędnej walki z partyzantami. Dziesięć dni po wydarzeniach w Wiśle, 13 maja 1946 roku dwunastu żołnierzy „Wilejki" ze zgrupowania „Bartka" rozprawiło się w zaciętym boju, w pobliżu schroniska na Błatnej, z obławą funkcjonariuszy MO. Zginęło aż 8 milicjantów, wielu zostało rannych. Na dodatek tego samego dnia oddział „Sztubaka" zatrzymał pod Milówką komunistycznego ministra transportu Jana Baranowskiego i zmusił go do wypłacenia zaległych poborów żywieckim kolejarzom. Według raportu UBP za okres od 1 kwietnia do 15 maja 1946 roku, zgrupowanie „Bartka" dokonało 54 napadów, z czego 20 miało charakter terrorystyczny, a 34 rabunkowy. W wyniku tych akcji śmierć poniosły 23 osoby, w tym jedenastu funkcjonariuszy MO, dwóch żołnierzy Armii Czerwonej, dwóch członków PPR i osiem osób cywilnych. Przeciwko zgrupowaniu „Bartka" przeprowadzono w tym czasie 20 większych operacji, w wyniku których 13 partyzantów zostało zabitych, a 113 ujętych. „Bartek" nasilił akcje przed referendum 30 czerwca 1946 roku, atakując szereg posterunków MO i kilkanaście punktów do głosowania na swoim terenie. Na Podbeskidziu był wtedy królem, prawdziwym gospodarzem tej ziemi. Z Baraniej Góry wydawał rozkazy i przyjmował raporty od swoich żołnierzy z prawie całego Śląska Cieszyńskiego. Miał poparcie miejscowej ludności i to do niego, a nie do komunistycznej władzy zwracała się ona o pomoc w rozwiązaniu wielu spraw.

Ostatni wielki zlot podległych „Bartkowi" oddziałów partyzanckich VII Okręgu NSZ odbył się na Baraniej Górze 15 sierpnia 1946 roku, w święto kościelne Wniebowzięcia NMP i w święto Żołnierza Polskiego, w rocznicę „Cudu nad Wisłą". „Od wczesnego ranka do samego południa ciągnęły ze wszystkich stron grupy zbrojne. Poznałem wtedy dowódców innych oddziałów. Była też uroczysta msza święta, odprawiona przez kilku kapłanów" – wspominał jeden z podkomendnych „Bartka", Andrzej Wanicki „Zbyszko", a Antoni Biegun „Sztubak" dodawał, że „na tej uroczystości obecny był major 'Stefan' z zagranicznego ośrodka. Chciał poznać warunki w terenie, więc 'Bartek' ubrał go w mundur i dał konia. Kiedy przejeżdżali koło jednego posterunku MO, z którego wyszli funkcjonariusze i zasalutowali jeźdźcom, wysłannik dowództwa był nie tylko zdziwiony, ale i pełen uznania. Tym niemniej rozmawiało się już na owym zlocie o tym, że ze względu na bezpieczeństwo wszystkich, oddziały trzeba będzie wkrótce rozwiązać".

Antoni Biegun „Sztubak" (z lewej) i Jan Przewoźnik „Ryś"

Polana śmierci

W tym czasie dowództwo obszaru NSZ znalazło się już jednak pod pełną kontrolą Urzędu Bezpieczeństwa, a „major Stefan", o którym wspominał „Sztubak" był jego agentem. W dowództwie VII Okręgu udało się bezpiece zwerbować wyjątkowego współpracownika. Szantażowany aresztowaniem córek, we wrześniu 1945 roku organizację zdradził Kazimierz Zaborski – zastępca komendanta i szef sztabu, który po rozbiciu komendy okręgu i Komendy Głównej przystąpił do odtwarzania organizacji na Górnym Śląsku już jako agent UB, występujący pod pseudonimem „mjr Górny-Łamigłowa". Wkrótce do gry operacyjnej został wprowadzony funkcjonariusz MBP Henryk Wendrowski – jako „kpt. Lawina", który w lipcu 1946 roku, podając się za przedstawiciela „Okręgu NSZ", dotarł do jednego z łączników Flamego, a ten zaprowadził go prosto na Baranią Górę do „Bartka". „Rano, po śniadaniu odbyłem rozmowę z 'Bartkiem'. – pisał Wendrowski – Głównym moim celem było przekonanie 'Bartka', że wraz z całą grupą będzie musiał przesiedlić się w rejon Jeleniej Góry, gdzie w myśl instrukcji będzie prowadził robotę dywersyjną na pograniczu Nissy (Łużyc) oraz akcję przeciw 'Wehrwolfowi'. W obszernej dość przemowie wyłuszczyłem wszystkie argumenty, zakańczając sprawę w ten sposób: argumenty podałem po to, aby przekonać, a obecnie daję rozkaz jako władza przełożona, aby go wykonano". Flame, pomimo zastrzeżeń, przyjął rzekomy rozkaz „Okręgu NSZ". W czasie drugiej wizyty „kpt. Lawiny", 20 sierpnia 1946 roku uzgodniono szczegóły przerzutów. Zorganizował je „por. Korzeń", czyli Czesław Krupowies, kolejny funkcjonariusz z MBP.

We wrześniu 1946 roku około 160-200 żołnierzy „Bartka" w trzech transportach, w kilkudniowych odstępach, wyjechało podstawionymi jakoby przez dowództwo NSZ ciężarówkami na zachód, a jak się okazało, na śmierć. Najprawdopodobniej zostali zamordowani w okolicach Barutu i Łambinowic na Opolszczyźnie. Budynek, w którym nocowali, został wysadzony w powietrze. Jedyny uratowany z transportów śmierci Andrzej Bujak „Jędrek", opowiadał, że umieszczono ich w jakiejś poniemieckiej szkole lub zameczku i w nocy zaatakowano granatami, a potem dobijano rannych. Sam „Bartek" miał wyjechać w ostatnim, czwartym transporcie, ale ponieważ podejrzewano zasadzkę, nie doszedł on do skutku. Wkrótce też poznał prawdę o śmierci swoich podkomendnych i nie był w stanie się z nią pogodzić. Po ujawnieniu się w czasie amnestii, w lutym 1947 roku jeździł nawet do Barutu, gdzie mieli zginąć jego żołnierze i próbował dowiedzieć się prawdy o ubeckim mordzie. Jak twierdzi jego rodzina, po tych wyjazdach zupełnie się załamał. W niedzielę 30 listopada 1947 roku odwiedził swoją siostrę Elżbietę. Zapamiętała, że „wyglądał strasznie, (...) jak figurka z porcelany, zupełnie przezroczysty. Bo też trzy noce nie spał. Chodzą za mną i nie wiem, co ze mną będzie – powtarzał". Następnego dnia, 1 grudnia, parę minut przed jedenastą w nocy w restauracji Józefa Czyloka w Zabrzegu milicjant Rudolf Dadak strzelił mu w plecy z karabinu. Trafił prosto w serce. WUPB w Katowicach stwierdził szybko, że Dadak był psychicznie chory, ale ze szpitala psychiatrycznego wyszedł już po roku całkiem zdrowy i wrócił do służby. Później ktoś zepchnął go z peronu pod pociąg.

Matka Henryka Flamego, gdy dowiedziała się o jego śmierci, powiedziała, że przeczuwała, że coś się stanie, „bo Henio zapomniał ryngrafu z Matką Boską, z którym nie rozstawał się przez cały okres walki z komuną". Pogrzeb „Bartka" w Czechowicach był prawdziwą manifestacją patriotyczną; króla Podbeskidzia żegnały setki ludzi, w tym jego podkomendni, którzy nieśli trumnę swojego dowódcy. W odróżnieniu od wielu Żołnierzy Wyklętych, w tym od swoich podwładnych, kpt. Henryk Flame zawsze miał grób na cmentarzu. W Zabrzegu, na ścianie restauracji, w której został zamordowany umieszczono pamiątkową tablicę. Od 2005 roku odbywa się też coroczny Rajd Górski im kpt. Henryka Flamego „Bartka", który upamiętnia żołnierzy NSZ i ich słynną defiladę w Wiśle w dniu 3 maja 1946 roku.

Instytut Pamięci Narodowej prowadzi poszukiwania szczątków zamordowanych żołnierzy „Bartka" na położonej na granicy województw opolskiego i śląskiego, tzw. polanie śmierci pod Barutem, nazywanej też uroczyskiem Hubertus i Śląskim Katyniem. Prof. Krzysztof Szwagrzyk, naczelnik Samodzielnego Wydziału Poszukiwań IPN, stwierdził w kwietniu 2015 roku, że na podstawie zrealizowanych dotychczas pod Barutem prac można w sposób absolutnie pewny potwierdzić, że to jest miejsce

Żołnierze „Bartka" po ujawnieniu. Od lewej: Gustaw Matuszny „Orzeł Biały", Wiktor Gruszczyk „Groźny", Stanisław Włoch „Lis", kpt. Henryk Flame „Bartek". Cieszyn, marzec 1947

wymordowania około 60 ludzi z oddziału „Bartka". „Odnaleźliśmy tu co najmniej kilkanaście fragmentów kości ludzkich, na których były ślady postrzału albo były one rozerwane. Znaleźliśmy fragmenty oprzyrządowania wojskowego, ryngrafy. Nie mamy wątpliwości, że to jest miejsce mordu. Ale do dziś nie udało się niestety odnaleźć (...) ani jednej czaszki; ani jednego fragmentu kręgosłupa, żadnej miednicy, żadnej kości długiej" – co oznacza, iż sprawcy – funkcjonariusze UB – zebrali szczątki i przenieśli je w inne miejsce. Zdaniem badaczy IPN, poza 60 żołnierzami zamordowanymi koło Barutu, pozostali zginęli w pobliżu Starego Grodkowa – także na Opolszczyźnie. Prof. Szwagrzyk powiedział: „Wcześniej czy później musimy odnaleźć partyzantów oddziału 'Bartka', w to wierzę".

RAJD SZWADRONU „ŻELAZNEGO”

ROZBICIE POSTERUNKÓW MO I UB W BORACH TUCHOLSKICH, 19 MAJA 1946

Brawura, z jaką „Żelazny” ze swoim szwadronem przeprowadził rajd w Borach Tucholskich zadziwiła i przeraziła bezpiekę. W ciągu jednego dnia partyzanci przejechali zdobytą ciężarówką ponad sto kilometrów, rozbijając po drodze siedem posterunków MO i nie napotykając najmniejszego oporu ze strony milicjantów. Rozstrzelali też czterech funkcjonariuszy UB i sowieckiego oficera, doradcę PUBP w Kościerzynie. W całej akcji zdobyli 13 automatów, 3 pistolety, 10 granatów, 5320 sztuk amunicji, zniszczyli trzy centrale telefoniczne. Przez zlikwidowanie funkcjonariuszy UB sparaliżowali na dłuższy czas działanie aparatu bezpieczeństwa w dwóch powiatach. A na dodatek wiadomość o akcji „Żelaznego” podało radio BBC. Efekt propagandowy był ogromny.

Major Zygmunt Szendzielarz „Łupaszko” wiosną 1946 roku wyszedł ponownie w pole z odtworzoną, tym razem na Pomorzu, w Borach Tucholskich, 5 Wileńską Brygadą AK.

Na początku maja została ona podzielona na dwa szwadrony: 4., będący także grupą osłonową dowódcy Brygady pod dowództwem wachm. Henryka Wieliczki „Lufy", oraz 5., liczący piętnastu doświadczonych wileńskich partyzantów dowodzonych przez ppor. Zdzisława Badochę „Żelaznego" urodzonego w Sosnowcu, ale wychowanego na Kresach, na Wileńszczyźnie, w rodzinie podoficera Korpusu Ochrony Pogranicza, potem kapitana Polskich Sił Zbrojnych na Zachodzie.

„Przeciwnik nie doceniał naszej bezczelności"

„Żelazny" walczył w 5 Wileńskiej Brygadzie od marca 1944, a po jej rozwiązaniu w lipcu 1944 roku, razem z Lechem Beynarem „Nowiną" (później znanym jako Paweł Jasienica), Henrykiem Wieliczką „Lufą" i Jerzym Lejkowskim „Szpagatem" przedarł się do Białegostoku, gdzie ich oddział został rozbrojony przez „ludowe" Wojsko Polskie. „Żelaznego", „Lufę" i „Nowinę" wcielono do 6 Pułku Zapasowego w Dojlidach koło Białegostoku, ale już w październiku 1944 roku wszyscy trzej zdezerterowali i stawili się u mjr. „Łupaszki". Na wiosnę 1945 roku Badocha został dowódcą plutonu w 4 szwadronie, dowodzonym przez por. Mariana Plucińskiego „Mścisława". Wkrótce awansował na kaprala, a w dniu święta Wojska Polskiego, 15 sierpnia 1945 roku był już podporucznikiem czasu wojny. Na Pomorzu najpierw zdobywał środki i broń na wyposażenie przyszłych odtworzonych oddziałów i jak przystało harcerzowi,

Ppor. Zdzisław Badocha „Żelazny”

który nie pije alkoholu, pieniądze zabierał głównie z kas monopoli spirytusowych. W jego 5 szwadronie służyło najwięcej wileńskich harcerzy ze słynnej „Czarnej Trzynastki” (13. Wileńska Drużyna Harcerzy im Zawiszy Czarnego) – tak jak Olgierd Christa „Leszek”, jego zastępca z „Błękitnej Jedynki Żeglarskiej”. „Żelazny” był dowódcą wyjątkowym. Młody chłopak, ale „stary” partyzant, doskonale wyszkolony, zdecydowany, błyskawiczny w podejmowaniu decyzji, rozważny w rozeznaniu sytuacji, ale nade wszystko szaleńczo odważny. Ta jego brawura i odwaga zadziwiała wszystkich. Pod jej wrażeniem był także mjr „Łupaszko", który „za pełną poświęcenia i samozaparcia pracę w oddziale" wręczył mu sygnet 5 Brygady Wileńskiej i przedstawił do odznaczenia krzyżem Virtuti Militari.

„Żelazny" potrafił wychodzić cało z najtrudniejszych sytuacji. Olgierd Christa opisuje, jak dzięki jego decyzji udało się wyprowadzić oddział z obławy w rejonie leśniczówki Płaskosz w Borach Tucholskich 19 kwietnia 1946 roku: „Zostaliśmy przyciśnięci do wezbranej Brdy, stojąc na wysokim zalesionym stoku. (...) Żelazny zdecydował się na przekroczenie rzeki i wyjście na odsłonięty, bezleśny teren. Nie trzymał się kurczowo zasad taktyki partyzanckiej. (...) Żelazny wybrał na miejsce pobytu, i to na dwa dni świąt, gospodarstwo tuż obok Tucholi, w rozwidleniu szos na Chojnice i Czersk. Był to majstersztyk taktyczny, stosowany również w późniejszym okresie. Przeciwnik nie doceniał naszej bezczelności".

Szwadrony „Łupaszki" prezentowały się imponująco. Były zorganizowane jak regularne wojsko. Żołnierze nosili jednakowe mundury – albo „berlingowskie" i czapki rogatywki, ale z orzełkami i dystynkcjami przedwojennymi, albo „andersowskie" battle dresy i czarne berety. Byli doskonale uzbrojeni i wyposażeni. Przemieszczali się sprawnie i szybko zdobycznymi samochodami. Za rzeczy rekwirowane polskiej ludności płacili gotówką. Oddziały były niezwykle karne i zachowywały dyscyplinę wojskową. Dzień rozpoczynały i kończyły wspólną modlitwą. Większość żołnierzy nosiła ryngrafy z Matką Boską Ostrobramską, jako symbol przywiązania do ojczystych stron. Nie pito alkoholu. Jedyną nagrodą, jaką otrzymywali żołnierze „Łupaszki" za wierną służbę były złote sygnety wykonane na zamówienie Majora. Chłopcy od Badochy robili szczególnie dobre wrażenie. Wyglądali wspaniale w angielskich mundurach, uzbrojeni po zęby. Olgierd Christa tłumaczył: „Bez skrupułów zabieraliśmy w razie potrzeby mundury powracającym z Zachodu żołnierzom, twierdząc żartobliwie, że przesyła nam je generał Anders. W podobny sposób wyposażyłem oddział w czarne berety, które szwadron, jako jedyny z ugrupowania Łupaszki, nosił na zmianę z polowymi rogatywkami, wprowadzając określone służby w błąd. (...) Miejscowa fama głosiła, iż stanowimy jednostki naszego wojska na Zachodzie".

W pierwszej połowie maja 1946 roku szwadron „Żelaznego" opanował bez jednego wystrzału stację kolejową w Tleniu, zdobywając tam broń na funkcjonariuszach SOK, skontrolował też pasażerów pociągu osobowego, zatrzymując pracownika PUBP w Drawsku, Jana Talpę, którego rozstrzelano. Podobnie postąpił na stacji w Zaroślu, po czym szybko opuścił zagrożony przeciwdziałaniem sił bezpieczeństwa teren, aby już następnego dnia, 6 maja, rozbić spółdzielnię Samopomocy Chłopskiej w Piecach. W drodze na spotkanie z dowódcą Brygady nie stronił od manifestowania siły, kontrolując, w celu wykrycia członków PPR lub pracowników UB, dokumenty mieszkańców Rosochatki. W związku z rozkazem mjr. „Łupaszki" o zaostrzeniu działań bojowo-dywersyjnych, dwa szwadrony przystąpiły do akcji rozbijania miejscowych posterunków MO. Wzmożona działalność partyzantów postawiła w stan gotowości siły bezpieczeństwa, które systematycznie przeczesywały lasy w poszukiwaniu 5 Brygady. Mimo że jednej z grup operacyjnych udało się zaskoczyć oba szwadrony w Bartlu Wielkim, nie była ona w stanie pokonać żołnierzy „Lufy" i „Żelaznego", który zresztą bez najmniejszych trudności wycofał się na teren już przeszukany przez oddziały komunistyczne. Obu szwadronom udało się wymknąć z kotła urządzonego przez sprowadzone na odsiecz na miejsce potyczki pododdziały grupy operacyjnej i przeczekać w ukryciu do wygaśnięcia akcji, która miała miejsce 13 maja. Już tego dnia szef PUBP w Kościerzynie meldował, że partyzanci ppor. Badochy dokonali rekwizycji dokumentów we wsi Konarzyny w powiecie chojnickim, przy czym „kazali pozdrowić patrol MO w Starej Kiszewie i powiedzieli, że dzisiaj w nocy odwiedzą ich". Choć tak się nie stało, to szef sztabu WBW Województwa Pomorskiego pisał w meldunku, że dwa dni później, 15 maja 1946 roku do miejscowości Gostycyn w powiecie Tuchola „przyjechało samochodem 30 bandytów mjr. 'Łupaszki' w mundurach WP. Czterech z bandy z porucznikiem wtargnęło do posterunku MO, nic jednak nie uszkadzając. Reszta z bandy weszła do spółdzielni, gdzie komendanta MO częstowali wódką i cukierkami". Możliwe, że był to 5 szwadron, który kilka dni później przebił wszystko, na co funkcjonariusze bezpieki mogli być przygotowani i czego nawet nie mogli sobie zapewne wyobrazić.

Siedem posterunków MO w jeden dzień

Wczesnym rankiem 19 maja 1946 roku na szosie Tuchola – Starogard w rejonie miejscowości Czarna Woda partyzanci „Żelaznego" zorganizowali zasadzkę, w którą około godziny 8 wpadł samochód ciężarowy Głównego Urzędu Morskiego w Gdyni. Jadący nim pracownicy, po wylegitymowaniu, musieli pozostać w pobliskim lesie, a szwadron, załadowawszy się na zarekwirowany wóz wyruszył na najdłuższy, jak się miało okazać, rajd po okolicznych miasteczkach powiatu starogardzkiego i kościerskiego. „Pierwotnie 'Żelazny' – jak twierdził Olgierd Christa – całą operację zamierzał wykonać w ciągu dwóch dni, uległ jednak mojej perswazji, by dokonać tego w jednym dniu. Argumentowałem prosto: po pierwszym dniu nastąpi z pewnością alarmowe nasycenie terenu siłami bezpieczeństwa, co spowoduje znaczne trudności w wykonaniu dalszych zamierzeń. 'Żelazny', utalentowany dowódca, bez specjalnego wahania uznał ten motyw".

Około godziny 10 partyzanci zajechali wprost przed posterunek MO w Kaliskach. „Żelazny", pytany przez wartownika, przedstawił się jako dowódca pododdziału grupy pościgowej UBP z Bydgoszczy i bez najmniejszych przeszkód z kilkoma podwładnymi wszedł do budynku. Rozbrojenie przebywających w nim milicjantów zajęło partyzantom najwyżej kilka minut, podobnie jak załadowanie na samochód zdobycznych 2 pistoletów maszynowych, ponad 1300 sztuk amunicji, 3 ładownic, bagnetu oraz apteczki z

Kadra 4 szwadronu 5 Brygady Wileńskiej AK: (od lewej) plut. Jerzy Lejkowski „Szpagat", plut. Zdzisław Badocha „Żelazny", plut. Henryk Wieliczko „Lufa". Białostockie, lato 1945

medykamentami. Nie zapomniano też o przerwaniu połączeń telefonicznych. W leżących na południe wsiach, Osiecznej i Osieku, rozbrojenie gminnych posterunków milicji przebiegło równie szybko i bez oporu. „Milicjantom zabierano broń, przede wszystkim niemieckie pistolety maszynowe MP 43, stanowiące wówczas najbardziej nowoczesny i najlepszy model automatycznej broni piechoty, na którym wzorowany jest popularny dzisiaj kałasznikow. Nazywaliśmy je ‘derkaczami'. Karabiny zwykłe oraz innego typu pistolety maszynowe pozostawialiśmy, jako nieprzydatne dla nas" – wspominał Olgierd Christa.

Szwadron ruszył następnie na wschodnie obrzeża Borów Tucholskich, najpierw do Skórcza, gdzie również bez żadnych niespodzianek i błyskawicznie rozbroił posterunek milicji. Ale „Żelazny" postanowił poszukać jeszcze szefa miejscowej placówki UBP, sierżanta Kisiela. Spotkał go w jego prywatnym mieszkaniu, gdzie w czasie przesłuchania „zachowywał się on po męsku, oświadczając 'Żelaznemu', iż 'nie będzie na klęczkach prosił o życie', co zostało odebrane jako ewenement. Miejscowi nie mieli o nim negatywnej opinii, toteż został potraktowany w sposób wyjątkowy, z ostrzeżeniem, iż następne spotkanie z nim jako funkcjonariuszem UB będzie miało inny finał" – zapamiętał Christa, który podał również, że partyzanci zdobyli w Skórczu wykaz miejscowych konfidentów UBP, ale ze względu na bezpieczeństwo oddziału zrezygnowano z planowanej ich likwidacji. Sierżantowi Kisielowi odebrano tylko dokumenty i broń, czyli MP 43 oraz dwa pistolety, parabellum i visa. Jednak kilka dni później został on aresztowany przez „swoich" za współpracę z 5 Brygadą Wileńską.

Po opuszczeniu Skórcza „Żelazny" rozbił posterunki i spółdzielnie w Lubichowie oraz Zblewie, po czym wjechał do powiatu kościerskiego. Na koniec około godziny 20 stanął w Starej Kiszewie, tradycyjnie przed posterunkiem milicji. Rozbrojenie znajdujących się tam dwóch milicjantów nie zajęło wiele czasu. Pozostali funkcjonariusze byli właśnie na przedstawieniu w siedzibie urzędu gminy. Poszedł do nich patrol kpr. Henryka Urbanowicza „Zabawy", który tak opisywał te wydarzenia: „Po wejściu razem ze 'Żmiją' do urzędu gminnego stwierdziłem, że jest tam dużo osób i odbywa się jakaś akademia. Przerwałem więc przebieg akademii i po wejściu na scenę, przedstawiając się jako funkcjonariusz UB, zażądałem od wszystkich obecnych na sali milicjantów i funkcjonariuszy UB, aby udali się ze mną na posterunek MO. Jak sobie przypominam zgłosiło się wtenczas około 3-ech razem, milicjantów i członków UB". Podobnie wywołano z sali kierownika urzędu pocztowego oraz referenta świadczeń rzeczowych, którym polecono wydać pieniądze – około 12 tysięcy złotych. „Zabawa" uspokoił przestraszonych mieszkańców, mówiąc kim jest i zapewnił, że oddział ma za zadanie odszukać członków PPR i funkcjonariuszy UBP.

Tymczasem wywabieni z akademii milicjanci poszli do oczekującego na nich „Żelaznego". Jeden z nich, komendant milicji w Starej Kiszewie Leon Kulas zeznawał potem w KP MO w Kościerzynie: „Dochodząc do posterunku podszedł do nas major nam nieznany i zawołał – stać, ręce do góry, Armia Krajowa – i dał rozkaz podwładnym, aby nas rozbroili. Po przeprowadzeniu rewizji osobistej [zapytał] mnie gdzie mam pistolet, bo byłem ubrany po cywilnemu. Powiedziałem, że mam w mieszkaniu. Wtenczas jakiś sierżant, trzymając w ręku pistolet wszedł ze mną do mieszkania. Tam wyjął pistolet mój z kabury i po wyjęciu amunicji powiedział: takie stare gówno możecie sobie zatrzymać, bo pistolet jest w lichym stanie (starego systemu). Wyszliśmy z powrotem z mieszkania, zauważyłem, że na samochodzie był kierownik UB, a posterunek był już rozbrojony. Wówczas major ów zwrócił się do mnie ze słowami – ja wam dam obławę, jeszcze raz zrobicie obławę to posterunek będzie leżał w gruzach".

Pomnik 5 Brygady Wileńskiej w Bartlu

Do „Żelaznego" doprowadzono także Zygmunta Mastalerza i Michała Safiana, pracowników miejscowej placówki UBP oraz członka ORMO Jana Kujacha, który na ochotnika chciał wziąć udział w obławie na oddział mjr. „Łupaszki". Partyzanci załadowali 2 pistolety maszynowe, 2 karabiny dziesięciostrzałowe oraz medykamenty i zabierając zatrzymanych funkcjonariuszy, wyjechali w kierunku Zblewa. Przy skrzyżowaniu dróg ze Zblewa i Pałubina czekał na nich patrol osłaniający akcję od strony Starogardu, czyli: kpr. Marian Jankowski „Marek", szer. Henryk Wojczyński „Mercedes" oraz kpr. Henryk Urbanowicz „Zabawa", z przejętym samochodem osobowym, którym podróżowało dwóch pracowników PUBP w Kościerzynie, w tym mjr. NKWD Piotr Szyniedzin, sowietnik, czyli sowiecki doradca tego urzędu. Ze względu na dużą liczbę schwytanych funkcjonariuszy UBP, „Żelazny" zdecydował się na ich likwidację na miejscu. Zostali rozstrzelani przy podpalonym samochodzie osobowym na szosie do Pałubina. Licząc się już z pościgiem sił bezpieczeństwa, „Żelazny" zarządził wycofanie się z zagrożonego terenu na zachód. Po drodze szwadron rozmundurował dwóch milicjantów, których ze Starej Kiszewy do Kościerzyny wysłał z meldunkiem o napadzie komendant miejscowego posterunku MO: „Wysłałem dwóch gońców do Kościerzyny, ażeby zameldowali o wypadku, po paru minutach wrócili z powrotem, bo tamci ich zatrzymali mówiąc, że mogą dopiero jutro rano jechać. Zabrali także mundur milicjantowi Senkowi i legitymację służbową, dali mu za to 2000 zł".

W trwającej ponad 12 godzin akcji 5 szwadron przejechał ponad 100 kilometrów w dwóch powiatach, rozbijając siedem posterunków milicji i dwie placówki UBP oraz kilka spółdzielni, a także niszcząc centrale telefoniczne. Partyzanci zdobyli co najmniej 13 pistoletów maszynowych, (głównie MP 40 i MP 43), 3 pistolety, 10 granatów, ponad 5,5 tysiąca sztuk amunicji, 2 bagnety, 2 ładownice. Skonfiskowali także około 70 tysięcy złotych.

Przez zlikwidowanie funkcjonariuszy UB sparaliżowali na dłuższy czas działanie aparatu bezpieczeństwa w dwóch powiatach. Rozgłos tej budzącej zdumienie partyzanckiej operacji nadało m.in. radio BBC. Komuniści zostali skompromitowani przez kilkunastu żołnierzy podziemia, toteż oficjalna propaganda starała się ukryć swoją porażkę, wyolbrzymiając siłę Brygady mjr. „Łupaszki" i przyczyniając się do budowy mitu niezwyciężonego partyzanta.

„Za zdradę Narodu Polskiego i wysługiwanie się wrogowi"

Tymczasem „Żelazny" po skończonym rajdzie zamierzał wycofać się do Bobolic, do siedziby tzw. grupy wołkowyskiej. Ale jak się okazało, 18 maja 1946 roku, w dotychczas bezpiecznej melinie UBP z Koszalina przeprowadził obławę, w wyniku której aresztowano 11 osób i tylko dzięki ostrzeżeniu współpracującego z oddziałem szefa miejscowej placówki UBP, ppor. Tadeusza Pycia, reszcie partyzantów udało się wydostać z kotła i dotrzeć do punktów kontaktowych 5 Brygady w Prusach Wschodnich. Ppor. Badocha ze swoim szwadronem, z charakterystyczną dla siebie brawurą przeprowadził wobec tego akcję odwetową. Przed południem 21 maja 1946 roku, „głośno śpiewając – jak wspominał Olgierd Christa – wjechali samochodem do miasta, w którym stacjonował liczny garnizon sowiecki. Okazało się, że w zakonspirowanym mieszkaniu był już kocioł – zasadzka zorganizowana przez UB. Wchodząc z 'Żelaznym' do lokalu, natknąłem się w drzwiach na wartownika, który był nie mniej od nas zdziwiony rozwojem sytuacji i bezradny wobec lufy przed nosem. W mieszkaniu, na stole stał sowiecki karabin maszynowy wycelowany w drzwi. Obsługujący jednak nie zdążył doń dobiec". Schwytanych ubowców – Edmunda Stankiewicza i Kazimierza Porczyka – rozstrzelano w lesie po wyjeździe z miasta, pomiędzy wsiami Olszanowo i Bińcze. Przy ich zwłokach zostawiono kartkę, na której napisano, że zostali rozstrzelani „Wyrokiem sądu polowego za zdradę Narodu Polskiego i wysługiwanie się wrogowi".

W czasie odwrotu 5 szwadron rozbił błyskawicznie posterunek MO w Przechlewie, „zabierając ze sobą CKM systemu 'Berkman' i automat MP 43". Ze Spółdzielni Samopomocy Chłopskiej partyzanci wzięli natomiast żywność i 6 tysięcy złotych. We wsi Koczała zatrzymany przez nich przypadkowo milicjant z miejscowego posterunku, który pozbył się kolejnego już MP 43, meldował potem szefowi PUBP z Człuchowa: „Posterunek w Koczale był powiadomiony i był w pogotowiu, tylko jeden milicjant, obywatel Artejew, wyszedł do poczty, aby się porozumieć z Komendą Powiatową MO. W chwili kiedy dochodził on do poczty nadjechało auto z bandą, których on zatrzymał i ci wyskoczyli z auta obskakując go i zabrali go na auto".

Tymczasem około godziny 17 z Człuchowa wysłano przeciw partyzantom polsko-sowiecką grupę pościgową, uzbrojoną w ciężki karabin przeciwlotniczy, ale nie udało jej się nawiązać kontaktu z 5 szwadronem. Także następnego

Budynek dawnego posterunku MO w Kaliskach

dnia, mimo dołączenia do pościgu grupy z garnizonu sowieckiego w Miastku, „Żelazny" bez przeszkód odskoczył na Bytów i zapadł w lasach na południe od Kościerzyny, choć cały dzień jego oddział stał we wsi Lipnica z powodu śmierci Edwarda Hajduka „Mewy", który nieszczęśliwie wypadł z samochodu podczas jazdy, i tam został pochowany. Jak stwierdzał funkcjonariusz Jerzy Siemiątkowski w sprawozdaniu PUBP w Człuchowie: „Dnia 21.05.46 r. o godz. 23:50 kpt. Błażejak z zastępcą szefa PUBP Człuchów Kilanowskim i Siemiątkowskim wyjechał z Człuchowa do Przechlewa w celu tropienia bandy wraz z jedną z grup operacyjnych Rosyjską [sic] z Miastka. Grupa ta operowała na trasie Żelazkowo-Koczała-Lipnica, jednak nie natrafiła na bandę. Dalsze dwie grupy rosyjskie, jedna z Koczał, a druga z Miastka wszczęły akcję pościgową za bandą i natrafiwszy na ślad, który prowadził w stronę Lipnicy pow. Chojnice, tam się udała. W Lipnicy ślad zgubiono, mimo to grupy te udały się do Bytowa, jednak z bandą się nie spotkano".

Po kilku dniach ppor. Badocha, powiadomiony o zarządzonej przez mjr. „Łupaszkę" na początek czerwca 1946 roku koncentracji Brygady, ruszył pod odległy o 100 kilometrów Malbork. Już 25 maja 1946 roku koło miejscowości Podjazdy wszedł na jedną z dwóch wysłanych przeciwko niemu z Kartuz 15-osobowych grup pościgowych. „Zdążaliśmy w kierunku Sierakowic i dalej na Kartuzy. Koło miejscowości Podjazdy na prostym odcinku szosy w odległości kilkuset metrów od nas wyjechał zza wzgórza samochód pełen, jak się później okazało, milicji dowodzonej przez funkcjonariusza UB z Kartuz. (...) Wypadki potoczyły się szybko, 'Mercedes' prowadzący samochód zwolnił, co pozwoliło na opuszczanie samochodu w czasie jazdy. Ćwiczyliśmy to niejednokrotnie. 'Żelazny' z połową szwadronu posuwał się równolegle z jadącym samochodem po lewej stronie, ja po prawej. Celowniczy karabinu maszynowego usytuowanego na dachu szoferki, Henryk Kazimierczak 'Czajka', ostrzelał przeciwnika, który skupił się przy swym zatrzymanym samochodzie i pierwszy otworzył ogień. Wytworzyła się trudna sytuacja, gdy między biegnącą naszą tyralierą a milicją znalazła się dziewczynka pędząca obok szosy krowy, uniemożliwiając tym samym kontynuowanie ognia. Wystarczyło jednak kilka długich, celnych serii 'Czajki' do stłoczonych niefortunnie przy swym samochodzie członków grupy pościgowej, i było po wszystkim. Siedzieli lub stali z rękami w górze. Było dwóch zabitych, w tym dowódca [funkcjonariusz UBP chor. Jan Szymczak] oraz kilku [czterech] rannych. Znaleźliśmy porozrzucaną amunicję z obciętymi stożkami pocisków [kule dum-dum]. Jechali jak na polowanie, żaden nie przyznał się do kompromitującej własności. 'Żelazny' zdetonował pod maską silnika ich samochodu granat, ja poleciłem 'Ince' zostawić rannym osobiste opatrunki, których nie mieli. Fakt ten jest potwierdzony w przechowywanych zeznaniach dwóch milicjantów z Kartuz. Po naszej stronie nie było strat" – wspominał Olgierd Christa. Natomiast jeden z milicjantów biorących udział w starciu, Mieczysław Mazur, zeznawał potem, że 23 maja 1946 roku udał się wraz z kolegami autem do Sulęczyna: „Mieliśmy tam zrobić zasadzkę na bandę Łupaszki. W drodze do Sulęczyna, za wsią Podjazdy, na zakręcie zauważyliśmy samochód ciężarowy z wojskiem, który stał na zakręcie, a żołnierze kręcili się koło wozu. Nasz samochód stanął około 100 m od zauważonego wozu i padł rozkaz do wyskakiwania. Na samochodzie zostałem ja oraz dwóch kolegów. Bandyci otworzyli ogień z karabinu maszynowego i okrążyli nas, wywiązała się strzelanina, milicjanci, którzy wyskoczyli z auta, poddali się pierwsi".

Po starciu na szosie – jak wspominał „Leszek" – szwadron wjechał do Sierakowic „w momencie, gdy wierni opuszczali kościół po nabożeństwie majowym. Z zainteresowaniem obserwowali nas. Miejscowa milicja ukryła się, i słusznie".

Budynek dawnego posterunku MO w Skórczu

A partyzanci zdążyli rozbroić przechodzącego przez drogę komendanta, po czym zniszczyli sieć telefoniczną i pojechali w stronę Kartuz, ale po kilku kilometrach, aby uniknąć spotkania z grupą operacyjną, skręcili na północ, w lasy, i po zniszczeniu samochodu pieszo dotarli „do samotnego gospodarstwa koło wsi Szopa". W ciągu kolejnych siedmiu dni doszli do Wisły i na wysokości Sztumu przeprawili się przez nią rybackimi łodziami. W końcu 4 czerwca 1946 roku szwadron ppor. „Żelaznego" spotkał się z mjr. „Łupaszką" i szwadronem ppor. „Lufy" w opuszczonej leśniczówce Nowy Młyn (Neumühl), na południe od Dzieżgonia.

Został sygnet od „Łupaszki"

W ciągu ponad sześciu tygodni działań bojowych szwadrony 5 Brygady przeprowadziły na Pomorzu około

Budynek dawnego posterunku MO w Starej Kiszewie

28 akcji, likwidując 18-19 funkcjonariuszy Urzędu Bezpieczeństwa, milicji oraz innych agentów, tracąc tylko jednego swojego żołnierza.

We wszystkich raportach ubeckich oddziały „Łupaszki” określane były jako najgroźniejsze. Do tego stopnia opanowały teren, że komuniści obawiali się powstania zbrojnego. Mimo powołania specjalnego sztabu do likwidacji zgrupowania i zaangażowania całego wojska, milicji, UB oraz NKWD z Pomorza, nie udało się komunistom rozbić partyzanckich szwadronów mjr. Szendzielarza. Na nic też zdały się wszelkie propagandowe ataki rozpowszechniające fałszywe wiadomości o okrucieństwach popełnianych przez bandytów „Łupaszki”, którzy jakoby rabowali, torturowali i mordowali niewinnych ludzi.

Na początku czerwca 1946 roku „Żelazny” rozbrajał posterunki w okolicach Dzieżgonia i Sztumu. Wkrótce potem, w czasie postoju we wsi Tulice, jego szwadron zaatakowała grupa operacyjna UB i MO. Grupa co prawda została rozbita, ale „Żelazny", odniósł ranę. Opatrzyła go sanitariuszka Danka Siedzikówna „Inka", jednak konieczna była także pomoc lekarza. Ppor. Olgierd Christa „Leszek" szybko przewiózł dowódcę do majątku Zielenice, zarządzanego przez Józefa Piątka, a zaraz potem do niedalekiego Czernina koło Sztumu, gdzie „Żelazny" przez dwa tygodnie leczył się w pałacu kaszubskiego działacza, Ottomara Zielke, który, podobnie jak Piątek, współpracował z Okręgiem Wileńskim i szwadronami „Łupaszki".

Obelisk upamiętniający 5 Brygadę Wileńską w Lubichowie

Na skutek zdrady łączniczki 5 Brygady, Reginy Żelińskiej „Reginy", która po aresztowaniu zgodziła się na współpracę, bezpieka dowiedziała się o wspieraniu podziemia przez administratorów sztumskich majątków. 28 czerwca 1946 roku grupa operacyjna z Malborka, poszukując Józefa Piątka, trafiła do Czernina i do (o czym zresztą nie miano pojęcia) zdrowego już „Żelaznego", który następnego dnia miał opuścić pałacyk i właśnie gościł wysłanego przez „Łupaszkę" łącznika Stanisława Szczyknę „Stacha". „Żelazny", próbując wydostać się z domu, został zauważony przez milicjanta Bolesława Łagockiego, który rzucił granat w stronę ostrzeliwującego się partyzanta. Por. Badocha zginął od jego wybuchu. Milicjanci nie zdawali sobie sprawy, kogo zabili. Legendarnego dowódcę 5. szwadronu Wileńskiej Brygady poznali dopiero po sygnecie od „Łupaszki".

ZDOBYĆ KOZIENICE

WALKA POD ZWOLENIEM, 15 CZERWCA 1946

„Pozwalam sobie przesłać informacje zebrane ze źródeł prywatnych, dotyczące ostatnich wypadków w okolicy Zwolenia. Zastrzegam się jednak, że nie biorę odpowiedzialności za ścisłość tych danych, ponieważ nie słyszałem ich z bezpośredniego źródła, a zebrałem je drogą pośrednią. (...) Na zakończenie pozwalam sobie zauważyć, że wiadomość o wypadkach w okolicy Zwolenia na ogół nie dotarła jeszcze do wiadomości szerokich mas. Tam, gdzie rzeczy te są wiadome, budzą one pewnego rodzaju zadowolenie z tego, że pomordowani zostali żołnierze Armii Czerwonej, a oburzenie, jeśli chodzi o ocenę jakichkolwiek akcji dążących do zlikwidowania band" – raportował kierownik Miejskiego Oddziału Informacji i Propagandy kieleckiej bezpieki.

We wrześniu 1945 roku z więzienia we Wronkach uciekł por. Franciszek Jaskulski „Zagończyk", przedwojenny urzędnik, z wykształcenia nauczyciel, pod okupacją niemiecką dowódca oddziału lotnego w puławskim Kedywie AK, specjalista od dywersji kolejowej, aresztowany przez UB jesienią 1944 roku i skazany w styczniu 1945 przez Wojskowy Sąd Lubelskiego Garnizonu, „bez udziału prokuratora i obrońcy na rozprawie niejawnej", na karę śmierci, zamienioną na 10 lat więzienia. Po powrocie na Lubelszczyznę skontaktował się z kpt. Marianem Bernaciakiem „Orlikiem" i otrzymał zadanie zorganizowania struktur WiN na Kielecczyźnie. Wobec czego, jak wspominał jeden z dowódców leśnych oddziałów, st. sierż. Tadeusz Bednarski „Orzeł", na początku 1946 roku „nastąpiło przejście zgrupowania [„Zagończyka"], około 100 osób, na drugą stronę Wisły, na stałe. Miało to miejsce w Dęblinie. Podzieleni na grupy (z ukrytą bronią), przechodziliśmy stopniowo mostem. Część zgrupowania została przetransportowana łódkami. Kwatery mieliśmy w Zajezierzu, Gniewoszowie, Garbatce, Zwoleniu, Pionkach oraz przyległych do tych miejscowości wioskach. Od marca 1946 r. stałą bazę mieliśmy w Jedlni".

Związek Zbrojnej Konspiracji

Przez następne pół roku „Zagończyk" tworzył nową podziemną strukturę – Inspektorat Zrzeszenia WiN o kryptonimie Związek Zbrojnej Konspiracji. „Kryptonim ZZK został zapożyczony od nazwy Związek Zawodowy Kolejarzy. Nazwa Wolność i Niezawisłość nie była używana. Określaliśmy się jako ROAK [Ruch Oporu Armii Krajowej], ponieważ byliśmy akowcami". Związek zorganizowany na wzór wojskowy liczył ponad tysiąc żołnierzy. Od stycznia do lipca 1946 roku w ramach ZZK zorganizowano cztery obwody, obejmujące powiaty: kozienicki, radomski, iłżecki i konecki. Oddziały „Zagończyka" zajmowały się rozbrajaniem posterunków milicji, z których zabierały broń i dokumenty, paraliżując prace komunistycznej administracji. Już 13 stycznia 1946 roku sam „Zagończyk" poprowadził stu swoich ludzi na Fabrykę Prochu w Pionkach. Przeprowadzano też konieczne akcje ekspropriacyjne oraz działania bardziej pokazowe, gdy na kilka godzin partyzanci zajmowali większe miejscowości, jak choćby Pionki, do których 10 kwietnia 1946 roku około godziny 20, jak donosił starosta kozienicki, wjechały trzy samochody z około 50 uzbrojonymi ludźmi i po rozstawieniu posterunków z ciężką bronią maszynową przez cztery godziny przebywali w miejscowości, poszukując m.in. funkcjonariuszy UB z Kozienic, Kielc i Częstochowy, których jednak w Pionkach już nie było. Podobnie stało się 16 maja 1946 roku, kiedy o godz. 12.00 „od strony Radomia do Zwolenia przyjechało auto ciężarowe wyposażone w około 50 osób w ubraniach WP. Uzbrojeni w broń maszynową ciężką i lekką, obstawili miasto Zwoleń i w czasie tym zrabowali centralę telefoniczną z Urzędu Pocztowego w Zwoleniu, w sklepie Spółdzielni Rolniczo-Handlowej zrabowali 12140 zł gotówki, na co pozostawili pisemne pokwitowanie w książce kasowej z podpisem grupy AK 'Charnasia' [tak w oryginale] oraz zabrali ze sobą jeden samochód ciężarowy, który przewoził tytoń z Lublina do Radomia. Dowódca tej grupy zameldował się na Posterunku MO w Zwoleniu, okazując legitymację

Mjr Franciszek Jaskulski „Zagończyk"

z PUBP w Starachowicach (...) w randze ppor. Sprawcy rabunku tak swoim samochodem, jak i samochodem ze zrabowanym tytoniem udali się w kierunku Ciepielowa".

W powiecie kozienickim i radomskim władza komunistów miała bardzo ograniczony zasięg. Ludność znajdowała w partyzantach skutecznych obrońców: „Przejeżdżająca kolumna taborów sowieckich przez Zwoleń w dniu 22 maja br. [1946] obrabowała spokojną ludność z mienia prywatnego, a krzyki, które podnieśli mieszkańcy, zaalarmowały przechodzący oddział partyzancki, który ruszył natychmiast w pogoń za pośpiesznie wycofującymi się bolszewikami, którzy porzuciwszy zrabowany towar, zbiegli do odległego o 1 km obozu sowieckiego" – pisano w „Polsce Walczącej", gazetce redagowanej przez „Zagończyka".

Sowiecka zasadzka pod Zwoleniem

Największą akcją oddziałów ZZK miało być zajęcie powiatowych Kozienic i rozbicie siedziby PUBP, gdzie przetrzymywano aresztowanych żołnierzy podziemia. Czesław Fundowicz „Tońko" wspominał, że odbicie więźniów wymyślił Tadeusz Bednarski „Orzeł", który chciał iść na Kozienice wspólnie z grupą ppor. Tadeusza Życkiego „Beliny" z powiatu iłżeckiego. Operację zamierzał przeprowadzić z zaskoczenia, w biały dzień, w przebraniu w mundury WP i UB. Jednak „Zagończyk", kiedy miał zaakceptować plan, zdecydował o podjęciu akcji większymi siłami. Dlatego na koncentrację we wsi Gzowice, w przeddzień ataku, 14 czerwca 1946 roku oprócz oddziałów „Orła" i „Beliny" stawiły się grupy ppor. Tadeusza Zielińskiego „Igły", Konstantego Koniusza „Zapory", Stanisława Piwnickiego „Szczerbola" i ppor. Włodzimierza Kozłowskiego „Oriona", który pełnił funkcję szefa pionu zbrojnego ZZK i rozbijał już więzienia z „Szarym" oraz „Harnasiem" w Kielcach i Radomiu. W akcji w Kielcach uczestniczył też, wtedy podwładny kpt. Hedy, 18-letni „Igła", jeden z najmłodszych, ale i najdzielniejszych partyzantów, w kwietniu 1946 roku wybrany na dowódcę przez żołnierzy.

Zgrupowanie, liczące około 200 partyzantów uzbrojonych m.in. w gammony, PIAT-a i niemiecki pancerfaust, przenocowało w Gzowicach i Męciszowie, a rano 15 czerwca 1946 roku wymaszerowało do położonej około 8 kilometrów na zachód od Zwolenia wsi Podgóry. Przy niej, na szosie z Radomia urządzono zasadzkę na samochody wojskowe potrzebne na przejazd do Kozienic. W niedługim czasie wpadła w nią kolumna trzydziestu sowieckich ciężarówek. Wywiązała się gwałtowna wymiana ognia, w której zginęło lub zostało rannych prawdopodobnie kilkunastu Sowietów. Partyzanci zdobyli wszystkie pojazdy, ale stracili efekt zaskoczenia, bo potyczka nie mogła ujść uwagi sił bezpieczeństwa. Mimo to akcję prowadzili dalej. Z przejętych samochodów wybrali dziewięć nieuszkodzonych (resztę zniszczyli) i pojechali nimi do Zwolenia. Żołnierze „Orła" i „Beliny" na czterech wozach, nie zatrzymując się, przejechali przez miasteczko w kierunku Kozienic, a pozostałe pięć ciężarówek przerwało podróż. Chłopcy opanowali posterunek MO i pocztę, niszcząc łączność z Kozienicami. Akcję ubezpieczał patrol czterech łączników na rowerach na szosie z Garbatki do Kozienic i prawdopodobnie także na drodze z Radomia do Kozienic.

Tymczasem cztery pierwsze samochody napotkały poważną przeszkodę. Tadeusz Bednarski „Orzeł" zapamiętał, że ze Zwolenia ruszyli w kierunku Kozienic w szyku ubezpieczonym, samochody w odstępie 150 m jeden od drugiego, tylko pierwszy jechał w odległości 250 m od następnego. „Ja byłem w drugim samochodzie. Gdy pierwszy samochód zjeżdżał w dość nisko położoną dolinę, ja jeszcze z moim samochodem byłem u góry, (...) padły pierwsze strzały. Było to na wysokości Błotne Górne, gdzie pierwszy samochód wpadł w zasadzkę przygotowaną przez wojska sowieckie. Myśmy natychmiast zeskoczyli z samochodów i zajęliśmy stanowiska po obu stronach szosy, w rowach. Rozpoczęła się walka trwająca do trzech godzin. Nasze oddziały zaczęły się wycofywać. Ja pozostałem z czterema kolegami, by powstrzymać sowiecki atak i ułatwić innym wycofanie się". Należący do oddziału „Orła" Kazimierz Fundowicz „Szczepko" wspominał, że gdy żołnierze „Orła" i „Beliny", prowadząc walkę z bliskiej odległości, wycofali się w kierunku lasu, na zachód, na południowy skraj Puszczy Kozienickiej, pozostała część zgrupowania przyszła im z pomocą po akcji w Zwoleniu i w tyralierze dotarła do kolegów. Obie grupy połączyły się na skraju lasu, w pobliżu miejscowości Niwki. Partyzanci silnym ogniem odparli atak i zadając Sowietom straty, oceniane na ponad trzydziestu zabitych i kilkunastu rannych, zmusili ich do odwrotu w kierunku szosy. Z powodu niespodziewanej bitwy atak na Kozienice nie mógł dojść do skutku i zgrupowanie zostało rozwiązane w okolicach miejscowości Sucha. W walce z Sowietami pod Zwoleniem poległo siedmiu partyzantów ZZK: st. strz. Sylwester Rokita „Czarny", Tadeusz Krawczyk „Witold", Władysław Skrzypek „Groźny", Tadeusz Nowakowski „Zając" z lotnej „Orła", Jan Pyrgiel „Gołąb", kpr. „Burza" (NN) z lotnej Zenona Ochala „Jastrzębia" i jeden nierozpoznany.

Zemsta czerwonoarmistów

Po wycofaniu się partyzantów do Puszczy Kozienickiej, Sowieci w odwecie spacyfikowali dwie wsie – Jedlankę i Karczówkę. Czerwonoarmiści wchodzili do domów, bili mieszkańców, rabowali dobytek i podpalali, głównie, budynki gospodarcze: „Jeden z żołnierzy podpalił zapalniczką spichlerz, który spłonął doszczętnie. W spichlerzu tym znajdowała się: sieczkarnia, warsztat stolarski, narzędzia, piła traczna, 15 wiązek siana (...). Wszystko to również spłonęło, ponieważ nie można było ratować". Mieszkańcy Jedlanki skarżyli się na zachowanie sowieckich żołnierzy, „ponieważ przechodząc przez wieś bili i strzelali do każdego spotkanego mężczyzny, uważając ich za bandytów, kobietom urągali i bili je również, w każdym prawie domu wybijali szyby w oknach". Jedna z kobiet opisywała, że kilku żołnierzy weszło na jej podwórko, chcieli zabić szwagra i siostrzeńca, których uważali za bandytów, „ja nie pozwoliłam im tego uczynić, stając z matką w ich obronie, zostawili więc mężczyzn w spokoju, a mnie chcieli zgwałcić, broniłam się wszelkimi siłami wspólnie z matką, bili mnie, strzelali, ale jednak nie doszło to do skutku, z zemsty zapalili stodołę szwagra (...). Zabrali mi również konia, a matce jedną parę butów z cholewami". Podobnie było w Karczówce, gdzie Sowieci „przyszli na podwórze i podpalili dom, spotkali się tu z trudnościami, ponieważ dom kryty był dachówką, zapalali więc kilka razy, używając sienników wypełnionych słomą, które zapalili i podkładali pod dom, wkrótce dom zaczął płonąć. Od domu zajęły się i spłonęły 3 stodoły i obora, spichrz, chlewy, piwnica".

Na polecenie sowieckiego doradcy z WUBP w Kielcach, płk. Szpilewoja, prokurator Wojskowej Prokuratury Rejonowej w Kielcach 17 czerwca 1946 roku wysłał podprokuratora Mariana Jaskowskiego do Radomia, aby wszczął śledztwo w sprawie „napadu band na przejeżdżające zdemobilizowane oddziały Armii Czerwonej w okolicy Zwolenia, pow. Kozienice, który to napad miał miejsce w dniu 15 czerwca 1946 roku". Po przybyciu do Radomia Jaskowski dokonał „wspólnie z Prokuratorem SO w Radomiu Borkowskim, przy udziale komisji lekarskiej w składzie 3-ch osób – dwóch lekarzy Polaków i jeden Sowiet – oględzin zwłok 16-tu żołnierzy sowieckich znajdujących się w kostnicy szpitala garnizonowego w Radomiu. Ponieważ komisja lekarska na skutek oględzin zewnętrznych zwłok zdołała ustalić przyczynę śmierci zabitych, od sekcji zwłok odstąpiono. Oględziny wykazały, że wszyscy zabici zginęli od kul i pocisków karabinowych, względnie broni automatycznej, przy czem rozmieszczenia ran na rozmaitych częściach ciała wskazują, że zadano je w czasie boju".

Dwa dni później, 19 czerwca 1946 roku podprokurator pojechał do Zwolenia, gdzie stwierdził co następuje: „Zgrupowane bandy NSZ [tak określano oddziały „Zagończyka"] w sile nieokreślonej zatrzymały w miejscowości Podgóra, 8 km przed Zwoleniem, kolumnę samochodów sowieckich w liczbie 30, z czego część rozbito, następnie banda załadowała się na 9 samochodów i udała się do Zwolenia. W Zwoleniu, po rozbiciu posterunku MO i zerwaniu łączności telefonicznej, skierowała się do Kozienic. W miejscowości Jedlnia, w odległości 2-3 km na płn. od Zwolenia, napastnicy natknęli się na oddział wojska sowieckiego, który transportował konie do Związku Radzieckiego. W związku z tym zawiązała się walka. W pomoc wojskom sowieckim przyszło Bezpieczeństwo z Radomia i pogranicznicy. Bandy wycofały się na zachód od miejscowości Jedlanka, do okolicznych lasów Puszczy Kozienickiej, zabierając ze sobą zabitych i rannych. W wyniku napadu zginęło ze strony Sowietów 20-tu zabitych i 14-tu rannych, ze strony bandy 34 zabitych oraz 16-20 rannych. Spalono 28 domów, z osób cywilnych zginęły dwie. Miejscowemu posterunkowi MO w Zwoleniu poleciłem przeprowadzić dochodzenie w sprawie pożarów, ich skutków oraz przyczyn. Akcja ratunkowa utrudniona była, wg relacji Pow. Kom. MO Kozienice, częstymi wybuchami i eksplozjami następującymi w palących się budynkach. Jak z przeprowadzonych ogólnych dochodzeń wynika, pożary spowodowane zostały częściowo od granatów, względnie pocisków zapalających w czasie walki, częściowo od podpaleń przez Sowietów. Bandyci, cofając się, ostrzeliwali się z poszczególnych domów, które następnie opuszczali. Sowieci doszedłszy do nich, podpalili je, jako niedawne gniazda oporu. W związku z powyższym zajściem zatrzymano około 200 osób, z czego zwolniono wszystkich za wyjątkiem 10. Przeciwko 2 zebrano dowody. Dalsze śledztwo w toku".

Informacje o starciu pod Zwoleniem z nieoficjalnych źródeł zbierał także kierownik Miejskiego Oddziału Informacji i Propagandy w Kielcach, który nie biorąc odpowiedzialności za ścisłość danych raportował, iż „szerzy się wersja, że fakt zamordowania w okolicy Zwolenia 18 żołnierzy Armii Czerwonej należy sobie tłumaczyć jako odruch samoobrony ludności wiejskiej, napadniętej przez przejeżdżające oddziały wojsk rosyjskich. Według tych danych, chłopi, napadnięci i rabowani, wezwali na pomoc stacjonujące w pobliskich lasach bandy NSZ-u. Oddziały sowieckie napadły na miasteczko Zwoleń, były liczne przypadki rabunków, pobić, a nawet gwałtów. Oddziały napadające odcięły połączenie Zwolenia z Radomiem przez przecięcie drutów telefonicznych. Wg innych danych napadu na Zwoleń i rabunku dokonały właśnie oddziały NSZ-u. Faktem bezspornym staje się szerzona ogólnie wersja, że (…) w okolicach Zwolenia, we wioskach wybuchły pożary. Komentuje się to jako zemstę dalszych oddziałów Armii Czerwonej za pomordowanie 18 żołnierzy rosyjskich. Inna znów wersja idzie w tym kierunku, że pożary są wynikiem walk. Dochodzą wreszcie głosy, że jeszcze dzisiaj tj. 18 b.m. toczą się w Zwoleniu walki, a stacjonujące w tamtych okolicach oddziały wojska rosyjskiego i Bezpieczeństwa dopuszczają się rabunków etc. Na zakończenie pozwalam sobie zauważyć, że wiadomość o wypadkach w ok. Zwolenia na ogół nie dotarła jeszcze do wiadomości szerokich mas. Tam, gdzie rzeczy te są wiadome, budzą one pewnego rodzaju zadowolenie z tego, że pomordowani zostali żołnierze Armii Czerwonej, a oburzenie jeśli chodzi o ocenę jakichkolwiek akcji dążących do zlikwidowania band. W szczególności komentuje się udział wojsk sowieckich w akcji zwalczania oddziałów NSZ-u”.

„Bić się do ostatniego"

Jeszcze w czerwcu 1946 roku oddziały „Zagończyka" nasiliły działalność przed referendum ludowym. „Igła", w noc przed głosowaniem, razem ze swoimi ludźmi rozbroił grupy żołnierzy i funkcjonariuszy (jeden ubek został zabity) zabezpieczających lokale komisji w Dzierzkówku, Suliszkach oraz Kowalkowie. Natomiast 18 lipca 1946 roku urządził zasadzkę na trasie Iłża-Skaryszew, w okolicy Modrzejowic, w którą wpadł jego „stary znajomy" – jadący na odprawę do Warszawy 26-letni oficer Armii Czerwonej, dowódca wojsk Korpusu Bezpieczeństwa Wewnętrznego na województwo rzeszowskie, ppłk Alfred Wnukowski, który już kilka miesięcy wcześniej w podobnej sytuacji został przez „Igłę" ostro napomniany, żeby zaprzestał walki z niepodległościowym podziemiem – i puszczony wolno. Jednak ten były politruk sowieckiej Brygady im. 25-lecia Sowieckiej Białorusi, walczącej z AK na Nowogródczyźnie, nie zamierzał słuchać partyzanckiego ostrzeżenia. Tym razem Wnukowski z adiutantem oraz sześcioma żołnierzami KBW został rozstrzelany. Był on najwyższym rangą sowieckim oficerem poległym w walce z oddziałami polskiego podziemia antykomunistycznego. W czasie ataku na kolumnę samochodów zginęła także żona Wnukowskiego, Irena Sztejmach, (była w siódmym miesiącu ciąży). O tym, że podróżowała z mężem, partyzanci nie mieli pojęcia. Komuniści wykorzystali jednak ten wypadek w tworzeniu czarnej legendy „Igły", opisując go jako zwyrodnialca, który rozkazał torturować i gwałcić brzemienną kobietę.

„Zagończyka" aresztowano w Jedlni-Letnisku 26 lipca 1946 roku. Został zdradzony przez swojego starego żołnierza Aleksandra Zdybickiego „Kreta", złamanego torturami. Jedna z łączniczek, nieświadoma prowokacji, na jego prośbę przyprowadziła „Zagończyka" na spotkanie, które okazało się pułapką. Akcją dowodził szef WUBP Kielce, mjr Jan Tataj. Początkowo Jaskulski zgodził się w zamian za uwolnienie wydać rozkaz o ujawnieniu swoich żołnierzy, ale kiedy zrozumiał, że go oszukano, przygotował plan ucieczki, który jednak się nie powiódł. Wojskowy Sąd Rejonowy

Oddział ppor. Tadeusza Zielińskiego „Igły" (stoi drugi z lewej). 1946

w Kielcach skazał go 17 stycznia 1947 roku na karę śmierci. Sam „Zagończyk" w ostatnim słowie prosił o taki wyrok. Sędziowie uznali, że „oskarżony jest osobnikiem bardzo niebezpiecznym dla porządku prawnego, recydywistą nierokującym nadziei poprawy, którego należy wyeliminować na zawsze, jako szkodliwego, ze społeczeństwa". Zamordowano go w więzieniu kieleckim w środę popielcową, 19 lutego 1947 roku, trzy dni przed ogłoszeniem amnestii. Miał 34 lata i zupełnie siwe włosy, jak opowiadał ksiądz Kapralski, który go spowiadał przed śmiercią.

Ppor. Zieliński „Igła" przetrwał „w lesie" jeszcze przeszło rok. Przeciwko jego patrolom od maja 1946 roku do czerwca 1948 przeprowadzono 28 akcji zbrojnych. W jednej z nich, 14 czerwca 1948 roku, w starciu niedaleko Skaryszewa, „Igła" został ranny. Wtedy rozformował oddział i z jednym ze swoich ludzi, Marianem Mirotą „Listkiem" poszedł pieszo w kierunku Piotrkowa Trybunalskiego. Dziesięć dni później „Listek", przeżywając psychiczne załamanie, ciężko zranił śpiącego dowódcę, a sam zgłosił się na UB, licząc „na darowanie win".

„Igła" zawsze powtarzał swoim podwładnym, „żeby w bojach z UB lub wojskiem bić się do ostatniego, nie poddawać się, a gdy braknie amunicji, to ostatnią kulą zabić siebie, a nie dać się złapać żywym". I tak też zrobił – rozrywając się granatem. Miał zaledwie 21 lat, przez trzy lata walczył z komunistami i wierzył w wolną Polskę. Pułkownik UB Stanisław Wałach w swoich wspomnieniach nazwał go „nieugiętą bestią".

BEZ JEDNEGO STRZAŁU, W BIAŁY DZIEŃ...

ROZBICIE WIĘZIENIA ŚW. MICHAŁA W KRAKOWIE, 18 SIERPNIA 1946

„Pamiętam, że 18 sierpnia był dniem upalnym. Po śniadaniu już zaczęło nam być w celi gorąco i duszno. Nie miałem żadnych przeczuć, jak to się innym zdarza. Kiedy usłyszałem niecodzienny ruch na korytarzu, odmykanie cel, trzaskanie drzwi, tupot nóg i podniecone głosy – trochę się zdziwiłem, ale jeszcze nic nie podejrzewałem. Pomyślałem sobie, że to pewnie coś więcej niż zwykła przerzutka więźniów z celi do celi, że to może transport albo wysyłka? Podobnie myśleli inni więźniowie w mojej celi. Aż wreszcie zrozumieliśmy! Ktoś otworzył drzwi, chyba kalifaktor, i padło pytanie-rozkaz: 'Kto chce wychodzić, niech wychodzi! Więzienie zostało opanowane przez Armię Krajową!'. Jezus Maria! Co się zaczęło dziać! Tak jak nas było w celi ze dwudziestu, od razu zdecydowana większość postanowiła pryskać" – wspominał Tadeusz Bystrzycki „Bystry".

Więzienie Ministerstwa Bezpieczeństwa Publicznego w Krakowie mieściło się w dawnym cesarskim więzieniu św. Michała (dzisiaj Muzeum Archeologiczne), przy ulicy Poselskiej, między Plantami a ulicą Grodzką, niedaleko Wawelu. Strzegło go pilnie 52 strażników pełniących dyżury oraz dodatkowo 21 pozostających w odwodzie i wzywanych na wypadek alarmu, którego przycisk znajdował się w biurze naczelnika. Strażnicy byli uzbrojeni w sześć erkaemów, pięć automatów, 62 karabiny i 30 granatów. Od strony Plant stały dwie wieże z erkaemami, a na zakręcie przy ulicy Senackiej – dwa karabiny maszynowe. Jedyne wejście zamykała mocna, okuta brama. Na dziedziniec, przez który trzeba było przejść po kontroli przy bramie, skierowany był karabin maszynowy. W tym czasie w całym mieście było pełno milicji, sił bezpieczeństwa oraz wojska, także sowieckiego. Swoje siedziby miały tu wojewódzkie i rejonowe komendy milicji, Urząd Bezpieczeństwa, sztaby Korpusu Bezpieczeństwa Wewnętrznego i dowództwa jednostek wojskowych. Mimo to żołnierze antykomunistycznego podziemia postanowili rozbić więzienie, aby uwolnić przetrzymywanych w nim członków Armii Krajowej i Narodowych Sił Zbrojnych.

Vis od „Mściciela"

Akcję zaplanowała i przeprowadziła VI krakowska kompania Zgrupowania Partyzanckiego „Błyskawica" mjr. Józefa Kurasia „Ognia", dowodzona przez Jana Janusza

Zbigniew Paliwoda „Jur" (pierwszy z prawej)

„Siekierę". Oddział „Ogniowców" miał swoją bazę w samym środku Krakowa, w stojącym do dziś budynku przy ulicy Na Zjeździe 8 w Podgórzu, niedaleko Wisły, w dawnym Składzie Solnym, zamienionym później przez Austriaków na koszary wojskowe. Od stycznia 1945 roku przez kilka miesięcy stacjonowało w nich wojsko sowieckie, a po jego wyprowadzce niepostrzeżenie przejęli je partyzanci, którzy mieli tu miejsce zbiórek oraz magazyn broni i sprzętu, w tym zdobyczną amerykańską czterotonową wojskową ciężarówkę GMC, tzw. „dżemsa". Prowadził ją zawodowy kierowca Marian Zielonka „Bill". Kompania, w wojskowych mundurach, swobodnie jeździła samochodem po Krakowie oraz okolicznych powiatach – myślenickim i miechowskim, nie zważając na obecność bezpieki i sowieckich wojsk.

Rozbicie krakowskiego więzienia zaplanowano na niedzielę, 18 sierpnia 1946 roku. Akcja nie mogłaby się udać bez współpracy zaufanych strażników oraz samych więźniów. „Siekiera" nawiązał kontakt z przetrzymywanym przy Poselskiej porucznikiem AK Bolesławem Pronobisem „Ikarem", a Antoni Kożuch, współdziałający z podziemiem dezerter z milicji, wskazał właściwego, gotowego do pomocy strażnika, Stanisława Krejczę. Nieocenione okazało się także zaangażowanie młodej kierowniczki więziennej pralni, Ireny Odrzywołek. To z nimi spotkał się na stadionie „Olszy" Zdzisław Lisik „Mściciel" z grupy „Siekiery" i w tłumie, w czasie meczu, przekazał Irenie broń. „Oddałem jej nawet swojego własnego visa" – wspominał. W sobotę 17 sierpnia 1946 roku Stanisław Krejcza wywołał w więzieniu na widzenie Edwarda Czarneckiego „Murzyna": „Wyszedłem na korytarz i zobaczyłem go w towarzystwie młodej, bardzo ładnej kobiety w więziennym mundurze służbowym. Była to, jak się potem dowiedziałem, kierowniczka więziennej pralni Irena Odrzywołek, dobra znajoma Pronobisa. Krejcza poprowadził nas w kierunku najbliższego karceru i otworzywszy go, wpuścił nas do środka. 'Poznajcie się – powiedział – ta pani przyniosła ci coś dobrego do jedzenia'. I pozostawił nas samych. 'Ma pan pozdrowienia od kolegów z wolności – powiedziała kobieta i wręczyła mi koszyk z owocami. – Proszę uważać – dodała – tam pod spodem są granaty'. Zza paska spódnicy wyjęła trzy pistolety, w tym jednego visa. Rozmawialiśmy przez chwilę. Upewniłem się, że ustalona data jest aktualna i pożegnaliśmy się. Broń ukryłem na sobie, pod bluzą, a owoce z ukrytymi pod spodem granatami niosłem w ręce. Wróciłem do celi. Przy pomocy dwóch wtajemniczonych kolegów ukryłem broń w schowku, który przygotowaliśmy wcześniej w okrągłym piecu".

Dżemsem na Planty

W niedzielę rano, po sprawdzeniu broni, granatów i samochodu, młodzi „Ogniowcy", wszyscy w wieku od 17 do 22 lat: Jan Janusz „Siekiera", Marian Zielonka „Bill", Bolesław Świątnicki „Lampart" i Zbigniew Paliwoda „Jur", wyjechali ze swojej bazy w Podgórzu. Jak wspominał „Lampart", punktualnie o dziesiątej byli na ulicy Poselskiej, gdzie dołączył do nich Henryk Krawczyk „Groźny" z obstawy zewnętrznej. „'Bill', ubrany w mundur wojskowy, stanął obok wozu swobodnie oparty o błotnik, a my przechadzaliśmy się w pobliżu. Czekaliśmy... Z bramy więzienia wyjechał na motorze zastępca naczelnika, bodajże Halicki. Zaświerzbiły nas ręce na jego widok, ale zdawaliśmy sobie sprawę, że musimy powściągnąć nasze pragnienia. Najmniejszy nawet alarm podniesiony w takim momencie mógłby zaszkodzić sprawie. Wokoło panowała niezmącona cisza niedzielnego przedpołudnia".

„Jur" zdawał sobie sprawę z tego, że znajdują się w zasięgu dwóch karabinów maszynowych, umieszczonych na zabudowaniach więziennych. „Wiedziałem także, że moim zadaniem i moich kolegów z obstawy jest, w razie najgorszego, zniszczenie wieżyczek wartowniczych. W sytuacji zaś, na jaką czekaliśmy – zabezpieczenie wyjazdu uwolnionych spod więzienia – przechadzaliśmy się, to znów przysiadaliśmy na jakiejś ławeczce. Czas – wydawało się – płynął przeraźliwie wolno".

Na ławce na Plantach siedział także i czekał Zdzisław Lisik „Mściciel": „Obok mnie stali i przechadzali się nasi ludzie z obstawy. Niektórzy z nich przyjechali z terenu i nie znali się nawzajem. Dwa karabiny maszynowe, dobrze zamaskowane – wystawione były od strony ulicy Grodzkiej i Zamku. Nasi ludzie byli na Grodzkiej, na placu św. Magdaleny (Wita Stwosza), gdzie mieściła się Komenda Miasta, i na Plantach w pobliżu prokuratury, słowem – wszędzie naokoło". Odetchnęli z ulgą, kiedy wreszcie zobaczyli umówiony sygnał: „Z okna budynku więziennego powiewała biała chusteczka. A więc w środku zaczęło się...".

„Żołnierze Armii Krajowej opanowali więzienie"

Tak wspominał jeden z więźniów wtajemniczonych w plany ucieczki, Tadeusz Honkisz „Bawół": „Strażnik, który miał od rana dyżur na naszym oddziale, nie był zbyt rozgarnięty. Był poza tym wielkim służbistą, co nie było nam wtedy na rękę. Był bowiem latem taki zwyczaj – niezupełnie zgodny z więziennym regulaminem – że otwierało się drzwi celi dla przewietrzenia pomieszczeń. Strażnik wiedział, że to nie jest obowiązkowe i nie śpieszył się z otwieraniem. Czekaliśmy niecierpliwie. Sytuacja zaczęła się robić niesamowita. Czas mijał, a nasz głupek ani drgnie. Wyobrażaliśmy sobie, jak muszą się denerwować Pronobis i Czarnecki zamknięci w celi! Popatrzyłem na Stefana [Małka „Wiernego"], on na mnie i zrozumieliśmy, że nie pozostało nam nic innego, tylko dać w czapę strażnikowi. Na szczęście w tym momencie rozległy się z tamtej celi głośne okrzyki: 'Duszno, duszno!' i łomotanie w drzwi. Strażnik ruszył się flegmatycznie, zapowiadając, że będzie otwierał jednocześnie tylko po dwie cele. Jego szczęście, że otworzył najpierw tę właściwą. Poczekałem, aż Stefan wyjmie pistolet i zatknie za pas. Za chwilę wypadliśmy obaj na korytarz. Zobaczyliśmy w otwartych drzwiach Pronobisa i Czarneckiego...".

Czarnecki „Murzyn" obudził się tego dnia wcześniej niż zwykle i ciągle powtarzał sobie: „musi się udać!". Podobnie zdenerwowany był Pronobis „Ikar". „Murzyn" zapamiętał, że dzień był bardzo gorący i duszny i zmuszeni byli przynaglić strażnika do szybszego otwarcia celi. W tym samym niemal momencie usłyszeli jego głos: „Oddział, baczność!". Składał meldunek oficerowi inspekcyjnemu. Nie czekali, aż skończy, i wyskoczyli z celi z wycelowanymi w ich stronę pistoletami. Zaskoczenie było kompletne! Widząc przerażenie w oczach obu funkcjonariuszy, „Ikar" powiedział szybko: „Żołnierze Armii Krajowej opanowali więzienie. Proszę zachowywać się spokojnie, to nic nikomu się nie stanie". „Odebraliśmy klucze zbaraniałemu strażnikowi i podczas gdy jeden z nas trzymał obu panów na muszce, inni otwierali cele i wypuszczali więźniów, którzy zaraz ruszali nam w sukurs". Wszystko odbywało się w miarę spokojnie.

Tadeusz Bystrzycki „Bystry" też zapamiętał, że 18 sierpnia był dniem upalnym. „Po śniadaniu już zaczęło nam być w celi gorąco i duszno. Nie miałem żadnych przeczuć, jak to się innym zdarza. Kiedy usłyszałem niecodzienny ruch na korytarzu, odmykanie cel, trzaskanie drzwi, tupot nóg i podniecone głosy – trochę się zdziwiłem, ale jeszcze nic nie podejrzewałem. Pomyślałem sobie, że to pewnie coś więcej niż zwykła przerzutka więźniów z celi do celi, że to może transport albo wysyłka? Podobnie myśleli inni więźniowie w mojej celi. Aż wreszcie zrozumieliśmy! Ktoś otworzył drzwi, chyba kalifaktor, i padło pytanie-rozkaz: 'Kto chce wychodzić, niech wychodzi! Więzienie zostało opanowane przez Armię Krajową!'. Jezus Maria! Co się zaczęło dziać! Tak jak nas było w celi ze dwudziestu, od razu zdecydowana większość postanowiła pryskać" – wspominał „Bystry".

Grupa uzbrojonych i część uwolnionych pobiegła jeszcze na górę, a „Bawół" z kilkoma innymi stał na dole i pilnował porządku. „Otwierałem pozostałe cele i cieszyłem się, widząc miny tych, którzy z nich wylatywali. Rozpoznałem jednego lwowiaka imieniem Stefan. Rzucił mi się na szyję z okrzykiem: 'Tadek, nareszcie wolność!'. I pognał za innymi. Ja stałem dalej i, muszę przyznać, coraz bardziej się niecierpliwiłem".

„Murzyn" razem z Antonim Szczyrkiem „Stefanem", „Ikarem" i Władysławem Dziedzicem „Waldemarem" z NSZ poszedł do mieszkania naczelnika więzienia: „Zadzwoniliśmy do drzwi. Otworzyła nam służąca, więźniarka – Ukrainka. Usłyszawszy od nas, że chcemy się widzieć z naczelnikiem – przypominam, że byliśmy w cywilnych ubraniach, więziennych wtedy jeszcze nie było – powiadomiła o tym swoją panią. Ta obrzuciła nas przelotnym spojrzeniem i niczego nie podejrzewając, krzyknęła do męża: 'Michasiu – bo naczelnik nosił imię patrona więzienia (!) – panowie do ciebie'. Za chwilę pojawił się pan naczelnik bez koszuli, w samych tylko spodniach, wprost z łazienki. Zdziwiony spojrzał na nas. Powiedzieliśmy: 'Panie naczelniku, więzienie zostało opanowane przez żołnierzy AK'. Zdenerwował się mocno i zaczął dukać bez sensu: 'A ja… właśnie mam tutaj przyjaciół na śniadaniu… Panowie, co wy…'. Uspokoiliśmy go, że ani jemu, ani jego gościom nie stanie się nic złego, jeżeli tylko będą się zachowywać spokojnie" – wspominał „Murzyn".

Gdy chwilę później „Bystry" wszedł do mieszkania naczelnika, zobaczył go już przywiązanego do fotela, na którym siedział. „Był związany, chyba nie sznurkiem, tylko jakimiś szmatami, może własnym paskiem od spodni, rękawami od koszuli czy marynarki – nie pamiętam. Wyraźnie był przestraszony, chociaż powinien już się oswoić z sytuacją. Stanąłem koło niego, ale byłem bez broni. Nikt mi nie powiedział, jak długo mam stać. Wreszcie zaniepokoiłem się i zostawiwszy go tak, jak go zastałem w tym fotelu – wybiegłem z mieszkania, kierując się w dół".

„Rzucili się całą chmarą do ucieczki"

Uciekający więźniowie kierowali się do bramy wyjściowej. Po drodze zabrali broń ze zbrojowni i przerwali przewody telefoniczne oraz alarmowe. „Kiedy broń została rozdana między naszych chłopaków – otworzyliśmy główną bramę. A tam już czekali nasi koledzy! Zobaczyłem Jana Janusza 'Siekierę', który rzucił mi się na szyję z głośnym okrzykiem: 'Murzyn', myślałem, że już nic z tego nie będzie! Zobaczyłem także 'Billa' z parabelką i 'Lamparta' stojącego obok otwartej klapy wozu. Przynaglani okrzykami zaczęliśmy wchodzić na wóz, obładowani bronią. Pronobis zarządził jeszcze postawienie przy bramie dwóch chłopaków z karabinami dla pilnowania porządku, zaczął się już bowiem gwałtowny exodus z więzienia" – wspominał „Murzyn".

Na Plantach Zbigniew Paliwoda „Jur" miał się zająć wieżą strażniczą, pod którą zatrzymała się ciężarówka „Ogniowców", ale okazało się to niepotrzebne, bo strażnicy szybko uciekli, gdy zobaczyli w oknie wyciągnięty przez więźniów ze zbrojowni i skierowany na nich ciężki karabin maszynowy. Nagle usłyszał od strony więzienia hałas. Z ławki zerwał się „Mściciel" i zaczął krzyczeć: „Obstawiać", „Obstawiać". „Po chwili zobaczyłem więźniów biegnących w stronę samochodu. Wyglądali przerażająco, wielu tylko w białych koszulach, wychudzone, blade twarze, ogolone głowy, niektórzy z bronią. Z trudem wdrapywali się na ciężarówkę" – wspominał „Jur".

Kiedy pierwsi uciekinierzy zaczęli ładować się na samochód, Plantami przechodzili akurat trzej sowieccy oficerowie. Podszedł do nich „Mściciel" i powiedział: „Armia Krajowa uwalnia swoich więźniów, proszę nie przeszkadzać". Sowieci zapewnili, że niczego nie widzieli. W tym czasie wóz, na który wsiadło dwudziestu sześciu uwolnionych, był już gotowy do odjazdu. W szoferce siedział „Bill" i „Lampart", a w tyle samochodu „Mściciel". Ruszyli ostro. „Z ulicy Poselskiej przejechaliśmy koło Plant na Straszewskiego, obok kina 'Świt' (dzisiejsza Filharmonia) i dalej ulicami Podwale i Karmelicką. Przegrzmieliśmy koło budynku UB na placu Inwalidów – cicho tam było i spokojnie – i pomknęliśmy dalej w stronę Bronowic. Za pętlą minęło nas kilka wozów KBW, jadących prawdopodobnie do koszar na Rajską. Niewykluczone jednak, że mogły być już zaalarmowane. Była już chyba dwunasta, na ulicy kręciło się sporo ludzi. Widząc wozy KBW, na wszelki wypadek zacisnąłem mocniej w dłoni granaty. Minęliśmy ich jednak bez przeszkód. Skierowaliśmy się na Ojców, z zamiarem dotarcia w okolice Miechowa" – wspominał „Lampart". W Pieskowej Skale zarekwirowali oficerom „ludowego" WP benzynę, a w Ojcowie zepsuło im się koło. Po naprawie ruszyli do Miechowa. Na rynku wygłodzonym więźniom kupili trochę żywności i wysadzili ich w Górkach Miechowskich. Stamtąd już w mniejszych grupach kierowali się na Podhale, do „Ognia". „Lampart" z „Billem" bezpiecznie wrócili wieczorem do Krakowa, przepuszczani swobodnie przez wszystkie posterunki.

Kiedy ciężarówka odjechała z Plant, „Jur" szybko pobiegł do domu. Kilka dni później wyjechał w Miechowskie i do Puszczy Niepołomickiej. Tadeusz Honkisz „Bawół" dotarł do bramy więzienia, gdy pozostawieni do pilnowania porządku ludzie porzucili karabiny i uciekli. „I wtedy zaczęło się! Nikt już nad niczym nie panował, nikt nie 'regulował ruchu', wszyscy rzucili się całą chmarą do ucieczki. W pootwieranych celach pozostali chyba tylko ci, którym nie opłacało się uciekać albo którzy za bardzo się bali". „Bawół" pobiegł w stronę placu Na Groblach, a stamtąd nad Wisłę, przez którą przeprawił się wpław. Potem zamelinował się na Ludwinowie, a następnie przedostał do oddziału partyzanckiego por. Mieczysława Wądolnego „Mściciela".

Losy uciekających na własną rękę potoczyły się różnie. Tym, którzy znali miasto, mieli tu znajomych, rodziny i trochę szczęścia, udało się zbiec. Inni, ukrywając się najczęściej po kościołach, wkrótce zostali pojmani.

„Więźniowie zaczęli szaleć z radości"

Nie wszystkim więźniom jednak udało się opuścić więzienie. Jednego z tych pechowców, kryminalistę i recydywistę, znanego jako „Dziadek", spotkał na Montelupich Stanisław Szuro, skazany w 1947 roku na karę śmierci, zamienioną na 15 lat, za udział w powiązanym z NOW związku Liga Walki z Bolszewizmem. „Dziadek" opowiadał współwięźniom jak to stracił największą w swoim życiu szansę na wydostanie się na wolność, kiedy partyzanci rozbijali św. Michała, w którym akurat przebywał. Pamiętał, że tego dnia, jako prawie stały bywalec zakładów karnych, miał przeczucie, że coś się wydarzy. I choć upał i duchota były tak niemiłosierne, że wszyscy pod celą porozbierali się prawie kompletnie, on założył na siebie wszystkie ubrania jakie miał i kompletnie spocony oczekiwał spokojnie na to, co przeczuwał – i jak się wkrótce okazało, przeczucie go nie myliło. Na korytarzu zaczął się jakiś podejrzany ruch, po czym do celi wpadł człowiek z pistoletem, mówiąc: „Armia Krajowa opanowała więzienie! Będziecie wolni, ale na razie poczekajcie na swoją kolej!" i zamknął drzwi. Więźniowie zaczęli szaleć z radości, a najbardziej cieszył się „Dziadek". Po pewnym czasie, który wydawał się zdecydowanie za długi, ktoś krzyknął do nich, otwierając drzwi: „Kto chce, niech ucieka!". „Dziadek" razem z resztą wyskoczył na korytarz i popędził do bramy. Ale tu spotkała go niemiła niespodzianka – wyjście było kompletnie zapchane, a z drugiej strony już krzyczano, że idą ruskie i ubeki, przez co uciekający zaczęli się cofać z powrotem do więzienia. „Dziadek" nie dał jeszcze za wygraną i ile sił mu starczyło parł do przodu kopiąc, drapiąc i wrzeszcząc na całe gardło: „Nie cofać się, nie cofać!". Nie miał jednak szans: „byłby zatonął, byliby go zadusili". Zrezygnował. Zrozpaczony i wściekły wrócił do celi, położył się na pryczę i udawał, że nic a nic się nie wydarzyło. „Na pewno zdążyłbym uciec, gdyby mnie tylko przepuszczono. Ale te głupie ćwoki przestraszyły się! Taką okazję stracić! Jeszcze teraz, jak sobie przypomnę, krew mnie zalewa!"– mówił, ale do żołnierzy Armii Krajowej nie miał żalu, a wręcz przeciwnie – odnosił się do nich z wielkim szacunkiem i podziwem: „Oni jedni pomyśleli o biednych złodziejach, a nie tylko o swoich ludziach" – powtarzał często.

W czasie akcji w św. Michale nikt z przechodniów, włącznie z oficerami wojska, w żaden sposób nie zareagował, widząc ludzi wybiegających z więzienia. W ten sposób w biały dzień, w centrum miasta pełnego milicji, sił bezpieczeństwa i wojska uwolniono bez jednego strzału 64 osoby. Była to jedna z najbardziej brawurowych akcji żołnierzy majora „Ognia". Dwa dni później w komunistycznym „Dzienniku Polskim" ukazała informacja zatytułowana *Ucieczka więźniów kryminalnych*: „W niedzielę 18 sierpnia, w czasie przechadzki, kilkunastu więźniów kryminalnych z więzienia św. Michała rzuciło się na dozorcę. Korzystając z zamieszania, ośmiu poważnych przestępców kryminalnych uciekło przez mur więzienia na planty. Patrole MO schwytały w ciągu dnia pięciu zbiegłych przestępców. Pościg za dalszymi trwa".

Zamordowana w przeddzień 21 urodzin

Jako pierwszy został aresztowany pomagający więźniom w ucieczce strażnik, 25-letni Stanisław Krejcza, który, mimo że w dniu akcji nie pełnił służby, wpadł prawie natychmiast – 19 sierpnia. Przeszedł ciężkie śledztwo i dostał siedem lat więzienia, ale wyszedł po dwóch. Ożenił się wtedy z siostrą Stefana Małka, Janiną Dzierwą, także zaangażowaną w akcję rozbicia więzienia. Zmarł tragicznie w 1952 roku, pozostawiając ją z dwójką małych dzieci.

Dowodzący akcją rozbicia więzienia św. Michała 21-letni Jan Janusz „Siekiera" został przypadkowo aresztowany 13 września 1946 roku w okolicy Obidowej koło

Jan Janusz „Siekiera"

Nowego Targu, gdy szedł z raportem do mjr. Józefa Kurasia „Ognia" i wziął za „Ogniowców" patrol wojskowy, który go zatrzymał. W styczniu 1947 roku skazano go na dwukrotną karę śmierci, zamienioną na mocy amnestii na 15 lat więzienia. Razem z nim był sądzony Bolesław Świątnicki „Lampart", który 26 września 1946 roku wpadł w kocioł zastawiony na melinie „Siekiery" przy ulicy Lubelskiej w Krakowie. Był torturowany, ale nic nie powiedział ani nie podpisał. Kilka miesięcy siedział w celi śmierci. Wyszedł w 1956 roku. Torturowany był także, zatrzymany 29 września na Plantach w Krakowie Zbigniew Paliwoda „Jur", lecz i on do niczego się nie przyznał. W procesie został uniewinniony jako niepełnoletni. Nie uniknęli natomiast więzienia Zdzisław Lisik „Mściciel", Stefan Małek „Wierny", Henryk Krawczyk „Groźny", Edward Czarnecki „Murzyn" i Antoni Szczyrek „Stefan". Udało się tylko Marianowi Zielonce „Billowi", który nie został złapany i przejął po „Siekierze" dowództwo grupy krakowskiej.

W listopadzie 1946 roku UB aresztowało w Gliwicach Irenę Odrzywołek, „bez której pomocy akcja w ogóle by się nie odbyła", jak podkreśla jedyny żyjący dzisiaj jej uczestnik, mjr Zbigniew Paliwoda. Była sądzona i skazana na karę śmierci razem z por. Bolesławem Pronobisem „Ikarem". Prezydent Bolesław Bierut nie skorzystał z prawa łaski. Zamordowano ją 17 grudnia 1946 roku, cztery dni przed jej 21 urodzinami.

ATAK „JASTRZĘBIA"

ROZBICIE PUBP WE WŁODAWIE, 22 PAŹDZIERNIKA 1946

„Tuż przed samą Włodawą 'Jastrząb' zatrzymuje auta i przemawia krótko do chłopaków mówiąc, że idziemy z Bogiem w sercu odbić i uwolnić naszych aresztowanych ludzi. Elektryczne lampy migają w wieczornym mroku. Wjeżdżamy do miasta. Ludzie niewiele zwracają na nas uwagi, zjawisko takie jest tu częste. Przed rynkiem na chwilę stają auta, gdzie 'Lew', 'Szakal' oraz dwóch innych otrzymuje polecenie: zejść i rozbić centralę telefoniczną na poczcie. 'Lew' jest z Włodawy, więc grupa ta znika szybko w ciemnościach nocy. Jedziemy dalej z szalonym napięciem nerwów" – zapisał w Pamiętniku Edward Taraszkiewicz „Żelazny", brat „Jastrzębia", dowódcy ataku na PUBP we Włodawie.

Piętrowy budynek przy alei Józefa Piłsudskiego 51 we Włodawie, zajmowany dziś przez Powiatową Komendę Policji, a przedtem będący siedzibą milicji i bezpieki, od sierpnia 1944 roku należał do Powiatowego Urzędu

Bezpieczeństwa Publicznego. Naprzeciwko niego znajdował się plac sportowy, obok kort tenisowy, a z tyłu, 200-300 metrów za nim, cmentarz żydowski, na którym w latach 40. i 50. ubowcy mordowali i grzebali swoje ofiary. W piwnicach gmachu urządzono areszt. We wrześniu i październiku 1946 roku, po przeprowadzeniu przez KBW, UB i MO serii obław na żołnierzy niepodległościowego podziemia, znaleźli się w nim m.in. członkowie konspiracji włodawskiego obwodu WiN, w tym komendant rejonu Dębowa Kłoda – Piotr Kwiatkowski „Dąbek", jego adiutant Wojciech Kąfera „Wojtek" oraz komendant gminnej placówki z Białki – Władysław Kondracki „Kulon". Dlatego dowódca partyzanckiego oddziału WiN, por. Leon Taraszkiewicz „Jastrząb" zamierzał rozbić ubecką katownię we Włodawie.

Bracia Taraszkiewiczowie

Leon już jako 15-letni chłopak, pracując przymusowo w Radomiu przy budowie nasypu kolejowego, pomógł zbiec więźniom z pociągu i został aresztowany. Uciekł jednak z posterunku przez rozebrany piec i ukrywał się potem w warsztacie stolarskim swojego ojca we Włodawie. Gdy kryjówkę zdradził jego kolega, znów wpadł w ręce gestapo. Torturowali go do nieprzytomności, żeby wyciągnąć konspiracyjne kontakty. Nie zdradził nikogo, a wieziony na rozstrzelanie znowu uciekł, ale ponownie został złapany, tym razem przez Ukraińców pilnujących więźniów w Sobiborze. Odstawiono go na Zamek w Lublinie. Zbiegł, wracając z przesłuchania, na drodze między Zamkiem a siedzibą gestapo „Pod Zegarem" przy Uniwersyteckiej. Chciał przyłączyć się do oddziału AK, ale zamiast tego trafił do partyzantki sowieckiej, do oddziału Anatola Krotowa z Sowieckiego Zjednoczenia Partyzantów ppłk. Iwana Banowa „Czornego". Zaimponował Sowietom niezwykłą odwagą. Odznaczyli go nawet Orderem Czerwonej Gwiazdy.

Po wkroczeniu Armii Czerwonej miał podobno zostać naczelnikiem więzienia na Zamku w Lublinie, ale nie chciał, więc w grudniu 1944 roku razem z rodzicami i rodzeństwem został przez niedoszłych pracodawców aresztowany. Uciekł z transportu wiozącego go do łagru w głębi Rosji i wstąpił do oddziału partyzanckiego Tadeusza

Oddział por. Leona Taraszkiewicza „Jastrzębia (drugi z lewej)

Bychawskiego „Sępa". Został „Jastrzębiem". Oddział rozsławiło kilka udanych ataków na posterunki milicji w Hańsku, Pieszowoli, Dubecznie i Sosnowicy. Po śmierci „Sępa", w czerwcu 1945 roku „Jastrząb" przejął dowództwo nad oddziałem. Właśnie wtedy też wrócił z Niemiec jego starszy brat Edward Taraszkiewicz i został w oddziale kronikarzem oraz zastępcą dowódcy.

W lutym 1946 roku bracia razem zdobywali Parczew, który w 50 ludzi opanowali na pięć godzin. Najbardziej zaskakującą akcję przeprowadził „Jastrząb" razem z oddziałem NSZ Stefana Brzuszka „Boruty" 17 lipca 1946 roku na szosie Chełm-Lublin, kiedy w zorganizowaną przez nich zasadzkę wpadł samochód z rodzoną siostrą komunistycznego prezydenta Bolesława Bieruta, Zofią Malewską, jej mężem oraz synem i jego żoną. Na polecenie komendanta obwodu, w obawie przed zemstą komunistów, zostali oni wkrótce zwolnieni. Bezpieka jednak aresztowała wtedy wielu członków podziemia. Tych osadzonych w więzieniu we Włodawie postanowił odbić „Jastrząb" z „Ordonem". Akcję przeprowadzili 21 października 1946 roku, najpierw atakując posterunki MO w Cycowie i Milejowie, a potem areszt PUBP we Włodawie.

Sto wiader marmelady

„Jastrząb" proponował komendantowi Obwodu WiN Włodawa, kpt. Zygmuntowi Szumowskiemu „Komarowi" i jego zastępcy, por. Klemensowi Panasiukowi „Orlisowi" rozbicie aresztu PUBP we Włodawie już wiosną 1946 roku, ale „plan ten zawsze bywał odrzucany twierdzeniem, że się nie uda z powodu wojska, które w sile jednego pułku stacjonowało we Włodawie" – pisał w swoim *Pamiętniku* Edward Taraszkiewicz „Żelazny", który poza tym był przekonany, że „nie to było przyczyną odmowy do uderzenia na UB, lecz fakt, że na taką ważną akcję musieliby iść i prowadzić ją panowie 'Komar' i 'Orlis', od tego byli przecież wojskowymi komendantami. Lecz ci panowie cenili wszystko ładnie, ale swoje życie nade wszystko i nie chcieli ryzykować w myśl przysłowia, że człowiek żyje tylko raz". W końcu „Jastrząb" zdecydował się uderzyć na Włodawę bez ich zgody, wspólnie z oddziałem sierż. Józefa Struga „Ordona". Plan ataku utrzymywany był przez braci Taraszkiewiczów w kompletnej tajemnicy. Dwa dni przed akcją, 20 października 1946 roku zmobilizowano 65 uzbrojonych ludzi. Tak pisze o tym „Żelazny": „połowa naszej grupy z 'Jastrzębiem' na czele udała się na krzyżówkę szosy Lubartów-Biała Podlaska i Lubartów-Radzyń koło wsi Glinny Stok, gdzie zatrzymała i zarekwirowała duży samochód osobowy firmy 'Dżems' [G.M.C. – General Motors Company], z przyczepką", którym pojechała do „Ordona", czekającego na nich wieczorem we wsi Czarny Las, w powiecie Lubartowskim, skąd razem udali się na nocleg do wsi Bogdanka.

We wtorek 22 października 1946 roku o świcie w Puchaczowie partyzanci zarekwirowali kursowy autobus na linii Puchaczów-Lublin, skąd, zgodnie z planem, „Jastrząb" z połową ludzi pojechał do Milejowa, gdzie „miał rozbroić posterunek MO i z fabryki marmelady wziąć prowiantu, jaki tam akurat będzie". „Żelazny" i pozostali, „razem z kolegą 'Ordonem' otrzymali polecenie pojechać do Łęcznej, rozbroić posterunek MO i w spółdzielni zarekwirować prowiantu suchego z UNRRA". Po tej akcji miał spalić most na Wieprzu od strony Lublina i czekać na przybycie „Jastrzębia" z Milejowa. „Posterunek udało mi się bez strat rozbroić i dalszy plan akcji wykonałem również" – zapisał „Żelazny". „Jastrząb" przyjechał niedługo potem z Milejowa ze stu wiaderkami „dobrej marmelady" na pace samochodu i ściągniętymi z milicjantów mundurami, które podarował ludziom „Ordona", ponieważ „oni z mundurami stali bardzo słabo". W całym tym zamieszaniu – z atakami w różnych miejscach, oddalonych od głównego celu – „chodziło o to, ażeby wyciągnąć resorty, a między innymi i włodawski UB w teren – a potem nad wieczorem zupełnie inną drogą podjechać do Włodawy i rozbić włodawski UB" – stwierdził „Żelazny".

Partyzanci załadowali się na auta i ruszyli dalej. Po drodze wymienili w Łęcznej stary, niepewny technicznie wóz z Puchaczowa na „fajną, nową półciężarówkę, która stała na rynku przed kinem" i wjechali do Cycowa w powiecie chełmskim, gdzie sprawnie rozbroili posterunek MO i zniszczyli połączenia telefoniczne. „Żelazny" zapisał, że jakieś dwie godziny przed zachodem słońca, czyli około wpół do czwartej, na rozkaz wsiedli szybko na auta i pojechali w stronę odległej o 20 kilometrów Włodawy, choć żaden z chłopców nie miał jeszcze pojęcia, że główna akcja dopiero

Oddział WiN Józefa Struga „Ordona" (siedzi pierwszy z prawej). 1946

ich czeka. Tylko „Ordon" w okolicach Hańska uśmiechał się jakoś tajemniczo do „Żelaznego": „Zdaje mi się, że on przypuszcza, dokąd prą nasze samochody" – wspomniał Edward. Na szosie Chełm-Włodawa zatrzymali jadący z przeciwnej strony samochód wiozący pięciu oficerów WOP z Chełma, ale nie rozbroili ich, tylko przestrzelili im opony, żeby nie pojechali dalej. Sami partyzanci zarekwirowali kolejny, już trzeci wóz.

„Stań na baczność, durniu"

„Tuż przed samą Włodawą 'Jastrząb' zatrzymuje auta i przemawia krótko do chłopaków mówiąc, że idziemy z Bogiem w sercu odbić i uwolnić naszych aresztowanych ludzi. Elektryczne lampy migają w wieczornym mroku. Wjeżdżamy do miasta. Ludzie niewiele zwracają na nas uwagi, zjawisko takie jest tu częste. Przed rynkiem na chwilę stają auta, gdzie 'Lew' [Albin Bojczuk], 'Szakal' [Zdzisław Pogonowski] oraz dwóch innych otrzymuje polecenie zejść i rozbić centralę telefoniczną na poczcie. 'Lew' jest z Włodawy, więc grupa ta znika szybko w ciemnościach nocy. Jedziemy dalej z szalonym napięciem nerwów" – wspominał „Żelazny".

Na rynku „Jastrząb", który jechał pierwszym autem, zauważył idącego ulicą oficera-ubeka Leona Zubiaka. Pamiętał go z wcześniejszej akcji we wsi Lipniak, gdzie brał udział w obławie i został zatrzymany. „Spokojnie przywołuje go do siebie, gdzie zostaje po cichu rozbrojony. Pakujemy go na auto i gdy auta ruszają naprzód wyjąc motorami, rozlega się cichy strzał...”. Stanisław Pakuła „Krzewina” wspominał, że Zubiak miał przy sobie list, w którym nazywał „Jastrzębia” i „Żelaznego” bandytami oraz obiecywał, że ich dopadnie i pozabija, co przesądziło o wykonaniu wyroku na funkcjonariuszu. Po tym zdarzeniu partyzanci podjechali pod przedwojenną willę doktora Rosiniaka, zajmowaną przez Komendę Powiatową Milicji Obywatelskiej, i opanowali ją bez hałasu. Tak pisze swoich wspomnieniach wydanych w 1975 roku Leopold Pytko, żołnierz stacjonującego wtedy we Włodawie 49 Pułku Piechoty: „Tutaj rozbili oni magazyn broni, dozbrajając się głównie w broń maszynową, granaty i amunicję, po czym wypuścili wszystkich przebywających w areszcie, a ‘zatrzymanych’ na mieście i rozbrojonych milicjantów pozostawili w budynku komendy pod niewielką stosunkowo strażą”. „Żelazny” pisał, że „Jastrząb” wyznaczył siedmiu ludzi, ażeby pozostali i trzymali w rękach rozbrojoną komendę, reszta zaś pojechała do odległego zaledwie o pół kilometra PUBP.

Trzy samochody z partyzantami zatrzymały się przed siedzibą bezpieki, a „‘Jastrząb’ na czele wybranej przedtem grupy szturmowej wchodzi w teren budynków UB. Wartownik zatrzymuje ich pytaniem: ‘Stój, kto idzie?’ Nie zwracając [uwagi] na pytanie, idzie ‘Jastrząb’ dalej, mówiąc do wartownika: ‘Stań na baczność, durniu, nie widzisz, że my z Chełma!’. Przy słowach tych mija go spokojnie i idzie w kierunku drzwi wartowni. Po cichu chłopcy idący za nim rozbrajają osłupiałego wartownika. Na wartowni, gdzie była jednocześnie i jadalnia UB, była kolacja, przy stołach siedzą ubeki w ilości 20. Gdy wchodzi 'Jastrząb' witając ich słowem: 'Czołem!' Kilka głosów odpowiada mu: 'Czołem!', pochylając się dalej w spokoju nad kolacją. 'Jastrząb' chce poczekać kilka sekund, ażeby idący za nim chłopcy weszli do środka, bo sam wie, że nie opanuje tych ludzi. W tym

Pomnik we Włodawie, upamiętniający poległych żołnierzy dowodzonych przez Leona i Edwarda Taraszkiewiczów

momencie jeden z ubeków, a mianowicie złapany przez nas kiedyś Stefan Pietrykowski, odwraca głowę, poznaje ‘Jastrzębia’... Blednie okropnie, łyżka wypada mu z ręki na stół, z ust wypływa mu tylko jakiś dziwny bełkot. Ubeki zrozumieli przestrach swego kolegi, lecz w tym momencie ‘Jastrząb’ rozkazuje: ‘Wszyscy ręce do góry!’ Ubeki wahają się podnieść ręce, ale widok kilku skierowanych luf zmusza ich do tego, jednak jeden z nich, stojący blisko tylnych drzwi, szybko wyskakuje z myślą, ażeby powiadomić resztę.

Nie ma rady, plan opanowania UB spala na panewce, wobec tego ‘Jastrząb’ i chłopcy znajdujący się wewnątrz razem z nim otwierają w tę grupę ogień, a wyskoczywszy z powrotem na korytarz rzucają do tego pokoju granaty. Gaśnie światło, rozlegają się stamtąd jęki. ‘Jastrząb’ pozostawia ich tak i sam podsuwa się pod główny gmach, gdzie siedzą więźniowie. Drzwi do gmachu zostały zaryglowane przez tego ubeka, który zdążył uciec z wartowni. Z góry, z pierwszego i drugiego piętra zaczynają przed drzwi padać i wybuchać granaty. Na rozkaz zaczynamy huraganowo z oddali ostrzeliwać okna, pod osłoną ognia ‘Tygrys’ [Piotr Popielewicz] wyłamuje drzwi główne. W tym czasie zostaje on ranny w nogę odłamkiem granatu” – opisywał walkę w PUBP „Żelazny”.

Wtedy też „Jastrząb” razem z Janem Jarmułem „Wężem” podskoczyli do zamkniętej od podwórka bramy – Leon „myśli, myśli... [i mówi] leć no przynieś minę od Edka [‘Żelaznego’]. Tylko bierz sowiecką, nie niemiecką, bo sowiecka silniejsza. Faktycznie, miny sowieckie były silniejsze. Zanim ja przyniosłem tę minę, to on już dołek wygrzebał pod drzwiami. Minę załadowaliśmy, wysadziliśmy w powietrze drzwi. Wysadziliśmy w powietrze te drzwi, ale oberwaliśmy klatkę schodową i nie można tam [było] wejść [na piętro budynku PUBP]. Ale nic, mówi ['Jastrząb'], teraz będziemy wypuszczać... ty siedziałeś tu, znasz rozkład tych cel. Tam gdzie krzyczałem do mężczyzn: cofnijcie się pod ulicę, pod okna od ulicy, [bo] będziemy granatami otwierali drzwi, to w porządku, ale tam gdzie kobiety – pisk, płacz, lament. (...) Mieliśmy granaty, a te zamki to były takie pudła, jeszcze carskie, te zamczyska na wierzchu. I Leon mówi: wiesz jak będziemy otwierali? Granatami! Dlatego krzyczałem, by w celach pod ulicę się cofnęli. Leon z jednej strony korytarza, ja z drugiej, odbezpieczamy granat i [kładziemy] na to pudło i jak on eksplodował to sprężynę odbijał i same drzwi się otwierały. Kobiety jak wyskoczyły... jak płakały! jak nas całowały!" – wspominał „Wąż". Gdy po wybuchu miny cały budynek aż się zachwiał i zgasło światło w całym gmachu, wystraszeni ubecy przestali strzelać. Po uwolnieniu 70 więźniów, partyzanci załadowali na samochody broń, amunicję i mundury, a „Jastrząb" zamierzał jeszcze zabrać tajne dokumenty i potem spalić cały gmach. „Nagle otrzymujemy od strony koszar silny ogień różnej broni z odl[egłości] 100 m. To wojsko z koszar przybyło ubekom na pomoc i otoczyło nas. Powoli wycofaliśmy się jednym tylko autem dżemsem, dwa inne pozostały, bo szoferzy na skutek ognia ze strony wojska uciekli" – pisał „Żelazny".

W czasie rozbijania UB, jak wspominał 16-letni wtedy Stanisław Pakuła „Krzewina", były ordynans płk. Roberta Satanowskiego, dowódcy 49 Pułku Piechoty, który zdezerterował i przeszedł do oddziału „Jastrzębia", w Komendzie Powiatowej MO uwolnili się milicjanci, gdy huk wybuchu miny na PUBP zdezorientował żołnierzy „Jastrzębia" pilnujących funkcjonariuszy. Zdenerwowani partyzanci pobiegli do budynku UB, pozostawiając w MO tylko jednego, Wacława Kondrackiego „Sybiraka". Wykorzystali to milicjanci i w czasie szamotaniny „Sybirak" zginął. Jego ciało nie zostało zabrane z komendy. W walce poległ także „Śmigły" z Karczewa koło Warszawy, a pięciu chłopców zostało rannych. „Ze strony UB było zabitych kilkunastu ludzi, a drugie tyle rannych, lecz zatuszowali oni swoje straty do liczby sześciu zabitych, których w trzy dni potem chowano z paradą na cmentarzu" – twierdził „Żelazny".

„Żelazny", „Jastrząb", „Stary", „Grot"...

Tymczasem w drodze powrotnej z Włodawy partyzanci rozbroili jeszcze samochód wojskowy jadący do miasta. Według zeznań szer. Tadeusza Śmiałowskiego, spotkanie nastąpiło 22 października około godziny 21.30 na szosie Lublin-Włodawa, koło miejscowości Kołacze: „Tuż za zakrętem stał w poprzek szosy przechylony samochód ciężarowy. Wyglądało to na wypadek, nikogo tylko nie było widać przy samochodzie. Trzeba było ostro hamować, aby nie nastąpiło zderzenie. Dopiero po zatrzymaniu samochodu zauważyliśmy wokoło szosy bandytów na stanowiskach ogniowych. Naliczyłem ich potem około sześćdziesięciu, na pierwszy rzut oka było widać, że nie ma żadnych nadziei na stawienie skutecznego oporu. Po dość długiej chwili, na powtórne żądanie poddania ppor. Gierada podniósł ręce. Żołnierze zaczęli wysiadać z samochodu. Było nas tylko dziesięciu. Bandyci otoczyli naszą grupę półkolem i pokazywali broń angielską, nowiutkie wyposażenie, oraz namawiali wszystkich po kolei, aby przeszli do «prawdziwego wojska». Dość mocnym argumentem było to, że w ich szeregach znajdował się były ordynans dowódcy pułku, «plutonowy Stasio»[Stanisław Pakuła „Krzewina"], świetnie umundurowany i wyposażony. Wszyscy jednak bez wahania odrzucili te propozycje. Wówczas bandyci zaczęli rozbierać żołnierzy i chcieli dokonać samosądu za to, że w czasie akcji na Włodawę poległo trzech członków bandy i czterech zostało rannych. W tym momencie nadszedł 'Jastrząb' – skrzyczał on jednego z podwładnych, zaprowadził porządek i zagroził ostrymi sankcjami. Był to wysoki, szczupły blondyn o twarzy chłopaka, z kosmykiem włosów wysuwających się spod mocno przechylonej rogatywki. Zachowywał się pewnie i energicznie, wydając krótkie i jasne rozkazy. Mówił szybko, jakby chciał jednym tchem wyrzucić z siebie każde zdanie. W jego oczach czaiły się jednak jakieś złe błyski. Na mój samochód wsiadło 20 bandytów. Nakazano mi zawrócić w kierunku Lublina. Do tego momentu nasza grupa stała w dalszym ciągu przy szosie pod strażą. W czasie rozmów słyszałem pseudonimy: 'Żelazny',

'Jastrząb', 'Stary' i 'Grot'. Osiemnastu bandytów wysiadło na wysokości wsi Dominiczyn i rozeszło się grupkami w różnych kierunkach. Dwóch kazało się wieźć w kierunku lasu. Po pewnym czasie kazali stanąć i wysiedli bez słowa. Natychmiast zawróciłem samochód i odjechałem. Do pułku powracałem przez Kratie, Hańsk, Łowczą, do szosy Chełm-Włodawa. Chciałem uniknąć po raz drugi spotkania z częścią bandy pozostałą w lasach pod Kołaczami. W pułku byłem około godziny 4.00 23 października".

Tego też dnia, 23 października, a zatem nazajutrz po akcji „Jastrzębia", w 49 Pułku Piechoty nadzwyczajna komisja starała się wyjaśnić dlaczego przez prawie dwie godziny

Grób Leona Taraszkiewicza. Obok stoi ppor. Wacław Szacoń „Czarny", żołnierz oddziałów kpt. Zdzisława Brońskiego „Uskoka", przyjaciel Józefa Franczaka „Lalusia".

bandyci bezkarnie grasowali w mieście. Dowództwu pułku zarzucono, że dopuściło do rozproszenia sił pułku i nie wykazało sensownego zamiaru przeciwdziałania, pozwoliło na wycofanie się bandy z Włodawy w zasadzie bez walki i nie odcięło napastnikom dróg odwrotu z miasta, poza tym przedstawiło w meldunku „odbiegającą od prawdziwej wersję działania i tendencyjnie zawyżyło siły przeciwnika, z chęcią zamaskowania własnej bierności i powodów zwłoki w rozpoczęciu aktywnego działania". Skutkiem tych zaniedbań były personalne zmiany w dowództwie pułku, które jednak w znaczący sposób nie poprawiły bezpieczeństwa garnizonu.

„Siódmy roczek wojny minął..."

Szef Powiatowego Urzędy Bezpieczeństwa Publicznego we Włodawie, kpt. Mikołaj Oleksa sporządził „Raport specjalny o bandyckim napadzie na UB Włodawa" dwa dni po akcji oddziałów „Jastrzębia" i „Ordona". Pisał w nim: „W dn. 22.X.1946 r. o godz. 15.30 otrzymałem telefonogram z P.U.B.P. Lublin, iż banda w powiecie Lubelskim zrabowała większą ilość marmolady i samochodem z przyczepą udała się w kierunku pow. Włodawskiego. Po otrzymaniu telefonogramu zorganizowałem grupę operacyjną w sile 80 ludzi z W.P. – 49 p.p., która to grupa wyjechała o godz. 16.30 i miała za zadanie zrobić zasadzkę w dwóch miejscach na szosie Włodawa-Lublin koło wsi Andrzejów gm. Wola Wereszczyńska i koło Sosnowicy gm. Wołoskowola, na szosie Włodawa-Parczew, celem rozbicia takowej bandy. Jak zeznaje świadek, szofer Ufnal Tadeusz z O.Z.K. w Lublinie, w/w banda w sile 70 ludzi pod dowództwem 'Zawiei'-'Jastrzębia' i 'Żelaznego'-'Grota' o godz. 9 rano rozbroiła post. MO w Łęcznej i zrabowawszy dwie maszyny, trzema maszynami udali się do Cycowa, gdzie też rozbroili post. MO. Oba posterunki zostały rozbrojone bez boju. Z Cycowa banda udała się dwiema maszynami przez las polnymi drogami w kierunku szosy Włodawa-Chełm, na której zatrzymali maszynę pasażerską jadącą z Chełma i maszynę W.O.P. Włodawa, jadącą w kierunku Chełma z 20-ma żołnierzami, bandyci żołnierzy nie rozbroili, tylko przestrzelili koła maszyny. Wojsko W.O.P. boju z bandą nie podjęło. To miało miejsce na 14-tym kilometrze od Włodawy o godz. 17.40. Następnie bandyci, załadowawszy się do maszyny pasażerskiej, pojechali trzema samochodami do Włodawy. We Włodawie część bandy maszyną pasażerską udała się pod Urząd Pocztowy, przerywając wewnątrz połączenia telefoniczne, reszta bandytów dwiema maszynami pojechała pod Urząd Bezpieczeństwa. Kilku bandytów udało się do Komendy Pow. MO. Po zejściu z samochodu bandyci okrążyli UB, kilku wtargnęło na stołówkę, gdzie około 10 pracowników jadło kolację. Na stołówce od razu wywiązała się strzelanina, w czasie której został zabity jeden bandyta, a następnie pracownik UB Hulewski Władysław, a dwóch naszych pracowników zostało rannych. Pozostali bronili się z pistoletów. Usłyszawszy strzały, będąc w swoim gabinecie z majorem [major 'Pietia' – sowiecki tzw. doradca przy PUBP Włodawa] i pracownikiem Robaczewskim, natychmiast połączyłem się telefonicznie z Szefem Sztabu 49 p.p., którego powiadomiłem o napadzie na UB, prosząc o pomoc, następnie zostawiłem Robaczewskiego przy aparacie, by nie rozłączał się z pułkiem i takowy bez przerwy prosił o pomoc wskazując, z której strony banda naciera. Szef Sztabu konkretnej mi odpowiedzi nie dał. Ja wraz z 8 pracownikami stanąłem do obrony, nie wpuszczając bandytów do wnętrza gmachu i tak strzelając z pistoletów, automatów broniliśmy się jedną godzinę i 20 minut. W czasie obrony został zabity nasz pracownik Czeran [Czerkan] Michał i jeden ranny. W czasie walki bandyci podłożyli 4 miny pod klatkę schodową, z których dwie wybuchły, zrywając drzwi wejściowe do aresztu. Po wybuchu min bandyci wypuścili aresztowanych i po kilkunastu minutach odjechali tymiż samochodami. Przez cały czas walki były ciągłe strzały i stałe wybuchy granatów. Po upływie 10 minut jak banda odjechała, dało się widzieć koło Urzędu około 50 żołnierzy z 49 p.p., którzy zaraz powrócili z powrotem do koszar. O godz. 1.30 w nocy d-ca pułku w porozumieniu ze mną wysłał grupę w pościgu za bandą, która to do obecnej chwili znajduje się w terenie. Banda odjechała szosą w kierunku Lublina, gdzie po drodze spotkała maszynę z 10-ma żołnierzami i oficerem, którym zabrała jedną rusznicę P-panc i chwilowo zarekwirowała samochód. Zarekwirowanym samochodem wojskowym bandyci pojechali dalej, poczem samochód ten zwrócili".

Akcja rozbicia PUBP we Włodawie, jak wspominał „Żelazny", odbiło się głośnym echem w całej okolicy. Ułożono o niej nawet piosenkę *Siódmy roczek wojny minął*.

„Gorąco Boga proszę w codziennym różańcu"

Oddział „Jastrzębia" w noc sylwestrową 1946/1947 przyłączył się do ataku na Radzyń Podlaski, w którym wzięło udział około 350 partyzantów z obwodu WiN Włodawa i inspektoratu radzyńskiego. Była to jego ostatnia akcja. Trzy dni później w Siemieniu natknął się na grupę KBW.

Kapliczka w Zbereżu nad Bugiem, upamiętniająca Edwarda Taraszkiewicza „Żelaznego"

W walce dostał serię i po kilku godzinach zmarł, miał 22 lata. Koledzy pochowali go potajemnie na cmentarzu. Na brzozowym krzyżu napisali „Leon". Jego grób przetrwał do dzisiaj.

Po śmierci „Jastrzębia" oddział przejął jego brat Edward Taraszkiewicz „Żelazny". W ogłoszonej przez komunistów „amnestii" nie zamierzał się ujawniać i walczył dalej. Już 22 kwietnia 1947 roku jego dziewięcioosobowy oddział przeszedł chrzest bojowy w starciu pod Białką z grupą operacyjną PUBP z Włodawy. A 3 lipca 1947 roku, razem z Józefem Strugiem „Ordonem" i Stanisławem Kuchciewiczem „Wiktorem" wziął krwawy odwet na „czerwonym" Puchaczowie, gdzie za wydanie UB i śmierć trzech partyzantów „Uskoka" z patrolu „Wiktora" rozstrzelano 21 osób, jedna zmarła z ran.

„Żelazny" nie miał litości dla komunistycznej agentury. Wykonane wyroki podawał do publicznej wiadomości, a zdrajców ostrzegał, żeby zeszli ze złej drogi, póki czas. Coraz częściej jednak musiał wymykać się czyhającej na niego bezpiece. W listopadzie 1948 roku w jednej z urządzonych na niego przez UB zasadzek został ranny w rękę. „Wiktor" zaprowadził go wtedy do bunkra kpt. Zdzisława Brońskiego „Uskoka", gdzie został całą zimę. Po czterech latach usilnych starań UB „Żelazny" jednak wciąż był na wolności. Nie przynosiła skutku także gra operacyjna, w której, tak jak mjr. Hieronima Dekutowskiego „Zaporę", starano się namówić Taraszkiewicza na „wyjazd" na Zachód. Jeszcze 29 maja 1951 roku „Żelazny" i dwaj jego ludzie przeprowadzili prawdziwy rajd partyzancki. W kilku miejscowościach, do których zawitali zarekwirowanym samochodem, zastrzelili pięciu komunistów i wychłostali dwie nauczycielki za wychowywanie dzieci w „miłości do Polski ludowej". Bezpieka wpadła w szał. Od razu powołano specjalną Grupę Operacyjną „Włodawa" do zlikwidowania „Żelaznego", z płk. Stanisławem Wolańskim, wicedyrektorem Departamentu III jako jej dowódcą. W końcu kilkumiesięczna praca ponad 370 informatorów dała wyniki – ustalono miejsce pobytu najbardziej poszukiwanego partyzanta.

Rankiem 6 października 1951 roku prawie 600 funkcjonariuszy UB okrążyło gospodarstwo Teodora Kaszczuka w Zbereżu nad Bugiem, w którym ukrywał się „Żelazny" oraz jego trzech ludzi. Otoczonym partyzantom udało się przejść pierwszą linię okrążenia, ale nie wyrwali się z obławy. „Żelazny" zginął w walce. Niedługo przed śmiercią Edward Taraszkiewicz pisał w liście do swojej siostry Rozalii: „O ile żyję do tej pory, przypisuję to łasce najwyższego Boga. Inny człowiek na moim miejscu, mając broń i będąc w takim podziemiu, na pewno stałby się wykolejeńcem, jednak gdy chodzi o mnie, to zawsze gorąco Boga proszę w codziennym różańcu, by mi dał siłę wytrwać w tej ciężkiej pracy i trudach, które dźwigam na swych barkach. Widocznie Bóg dobry iskierkę łaski [ma] dla mnie, bo naprawdę przez tyle lat walki ręce moje nie splamiły się niczym brudnym czy czyjąś krzywdą".

OSTATNIA TAKA AKCJA...

ROZBICIE WIĘZIENIA W PUŁTUSKU, 25/26 LISTOPADA 1946

„O godz. 19.40 usłyszano pierwsze strzały rozlegające się na mieście. W tym to czasie kilka strzałów oddano do wartowników pełniących służbę przed gmachem Urzędu, ci to zameldowali, twierdząc, że szykuje się napad na PUBP w Pułtusku. Wobec tego Urząd przyjął pozycję obronną, wysyłając patrol na miasto w celu zorientowania się w sytuacji. Patrol ta [sic] natknęła się na bandytów w okolicy mostku pomiędzy więzieniem a Kom[endą] Pow[iatową] MO, tracąc tam jednego człowieka, który jako były partyzant palu [AL], w tym trakcie [sic] zabito także jednego z bandytów oraz odebrano karabin jednemu ze zwolnionych więźniów, który w czasie zamieszania uciekł, pozostawiając karabin KBK, który patrol zabrał ze sobą. Powyższy fakt zorientował [sic] patrol, że w Pułtusku działa banda przeprowadzająca jakieś operacje w więzieniu" – pisał szef PUBP w Pułtusku Jan Marzecki w sprawozdaniu z rozbicia więzienia.

W powiecie pułtuskim z komunistami otwarcie walczyli żołnierze WiN z sąsiedniego Obwodu Ostrów Mazowiecka (kryptonim „Otylia") i to oni w lutym 1946 roku wykonali wyrok na staroście pułtuskim Czesławie Skoczniu, pepeerowcu udającym ludowca, oni też zaatakowali 8 maja 1946 roku grupę operacyjną PUBP pod Lubielem, gdzie zginęło 13 funkcjonariuszy UB, MO i członków PPR. Bo choć Obwód Ruchu Oporu Armii Krajowej (ROAK) Pułtusk (kryptonim „Maciejka") był jednym z najlepiej zorganizowanych na Mazowszu, nie przeprowadzał z zasady większych akcji zbrojnych i poza likwidacją wyjątkowo gorliwych funkcjonariuszy komunistycznej władzy, skupiał się na rozpracowywaniu systemu od wewnątrz przez własnych agentów. Miał pięciu swoich ludzi w PUBP i dziewięciu w MO. Wśród nich był m.in. zastępca szefa PUBP Antoni Skura „Szczapa" oraz kierownik ewidencji operacyjnej PUBP Zygmunt Dąbkowski „Krym", dzięki któremu w rękach podziemia znalazła się kartoteka agentów PUBP w Pułtusku. Dlatego też pułtuski ROAK wiedział doskonale, jakie były plany i działania bezpieki, a ta z kolei była przekonana, że konspiracja poakowska na ich terenie praktycznie nie istnieje. Ale w lutym 1946 roku doszło do „wsypy", w wyniku której UB aresztowało 43 osoby, w tym 25 żołnierzy ROAK z dowódcą Obwodu, Konstantym Kociszewskim „Górką". Nie był to koniec wpadek i wkrótce Obwód „Maciejka" został prawie zupełnie rozbity. W więzieniu znalazł się m.in. kolejny jego dowódca, Mieczysław Żebrowski „Kordian".

Odbudową struktur organizacji zajął się zdekonspirowany w UB Zygmunt Dąbkowski „Krym", który otrzymał pomoc od Obwodu WiN Ostrów Mazowiecka „Otylia" i w połowie listopada 1946 roku dawny Obwód ROAK „Maciejka" przekształcił się w Obwód WiN „Paulina", podporządkowany Białostockiemu Okręgowi Zrzeszenia Wolność i Niezawisłość. „Krym" zaś za najważniejsze zadanie uznał odbicie aresztowanych towarzyszy z więzienia PUBP w Pułtusku. Ponieważ jednak siły „Pauliny" były do takiej akcji niewystarczające, zwrócił się o pomoc do prezesa Obwodu WiN Ostrów Mazowiecka Hieronima Piotrowskiego „Jura", a ten oddał mu do dyspozycji swój oddział osłonowy

Ppor. Stanisław Łanecki „Przelotny"

po dowództwem ppor. Stanisława Łaneckiego „Przelotnego” oraz patrol Stanisława Sumińskiego „Visa” i grupę dyspozycyjną placówki WiN Łochów, dowodzoną przez Jana Rogalskiego „Guberskiego”.

„Przelotny” był doświadczonym partyzantem, w 1945 roku dowodził plutonem w Zgrupowaniu Partyzanckim „Piotrków”, działającym w Puszczy Knyszyńskiej, a po demobilizacji oddziałów leśnych nie złożył broni i został dowódcą oddziału osłonowego por. Hieronima Piotrowskiego „Jura”, wtedy komendanta Sokólsko-Białostockiego Obwodu WiN. Po przeniesieniu do Ostrowi Mazowieckiej „Jur” zabrał go i jego ludzi ze sobą. W czasie przechodzenia na nową placówkę pod koniec lutego 1946 roku wpadli w kocioł wielkiej obławy zastawionej właśnie przez KBW i UBP na zgrupowanie PAS NZW Romualda Rajsa „Burego” po starciu pod Orłowem, na skraju Puszczy Boreckiej na Mazurach. Udało im się wyrwać z okrążenia, ale w walce w rejonie wsi Żuki i Szafranka w Białostockiem stracili siedmiu ludzi, w tym sześciu zabitych. Oddział „Przelotnego” był główną jednostką bojową Obwodu Ostrów Mazowiecka i zajmował się przede wszystkim samoobroną, wykonując wyroki na funkcjonariuszach UB i agentach bezpieki nie tylko w swoim powiecie, ale także sąsiednich: węgrowskim, radzymińskim i pułtuskim. Urządzał też wypady na Rembertów oraz Radzymin i miał na swym koncie opanowanie Wyszkowa.

„Operacja była przeprowadzona świetnie"

Katownię PUBP w Pułtusku, która w przeszłości była już więzieniem pruskim, francuskim, rosyjskim, niemieckim, polskim i znów niemieckim, miało rozbić 39 partyzantów pod dowództwem ppor. „Przelotnego", uzbrojonych m.in. w dziesięć karabinów maszynowych.

Akcja rozpoczęła się po południu 25 listopada 1946 roku, kiedy na rynek w Pułtusku wjechały trzy samochody ciężarowe z partyzantami w mundurach żołnierskich, co nikogo specjalnie nie zdziwiło, bo w tym miejscu samochody wojskowe parkowały bardzo często. Pozostali uczestnicy przyjechali do miasta furmankami. Dopiero po zmroku żołnierze WiN wyszli z wozów i otoczyli budynki PUBP oraz Komendy Powiatowej MO, a także obstawili dwa mosty na kanale płynącym przez Pułtusk. W ten sposób partyzanci zajęli zachodnią część miasta od strony Lipnik. Około godz. 19 kilkuosobowy patrol opanował pocztę i zniszczył centralę telefoniczną, przerywając łączność. Wtedy rozpoczął się też ostrzał PUBP i KP MO z broni maszynowej, a specjalna grupa weszła do budynku, w którym mieszkali pracownicy służby więziennej i wyprowadziła naczelnika Jana Dwornika. Na polecenie partyzantów wydał on rozkaz otwarcia bram więzienia, po czym opanowano je błyskawicznie. Naczelnik bardzo pomagał w uwalnianiu więźniów i aby mieć usprawiedliwienie przed zwierzchnikami, na własną prośbę został poturbowany i skrępowany. I rzeczywiście, kamuflaż okazał się skuteczny, gdyż szef PUBP w Pułtusku Jan Marzecki w swoim sprawozdaniu z „napadu" na więzienie pisał: „[bandyci] wtargnęli do mieszkania Naczelnika Więzienia, po sterroryzowaniu go wkroczyli na obiekt więzienia, równocześnie sterroryzowali pewną część służby znajdującą się w więzieniu. Pod groźbą śmierci zmusili Naczelnika, ażeby kazał otworzyć bramę wartownikowi do wnętrza więzienia. Po wtargnięciu do więzienia zażądali pootwierania cel więźniów politycznych (…)".

Przetrzymywani w areszcie zostali uwolnieni. Według źródeł ubeckich było ich 48, jednak „Krym" w raporcie dla „Jura" podał liczbę 70 uratowanych. Partyzanci wykonali wyroki śmierci na trzech najbardziej znienawidzonych strażnikach więziennych: Edwardzie Dziubłowskim, Kazimierzu Kostuniu i Czesławie Brzezińskim. Poza tym zabrali ze sobą 64 granaty, 3 rkmy, 4 automaty, 21 karabinów, a 6 karabinów połamali. Wzięli także pieniądze – według szefa PUBP było to 96.000 zł gotówki – oraz biżuterię z depozytu.

W czasie akcji w samym więzieniu partyzanci przydzieleni do obrony przeprawy przez kanał musieli walczyć, bo jak raportował „Krym", „UB z MO kilkakrotnie atakowało na te dwa mostki, lecz po otworzeniu ognia z naszej strony uciekali z powrotem w pośpiechu". Zdaniem „Kryma" „operacja była przeprowadzona świetnie i w należytym porządku", ale nie obyło się bez ofiar. Ich przyczyną „było w nieodpowiednim momencie ściągnięcie posterunków z mostków i ulic rozkazem śp. 'Przelotnego'. Bo po ściągnięciu tych posterunków wszyscy w kupie chodzili przy więzieniu przez jakieś dwadzieścia minut. I UB miało czas przedostać się na tę część miasta, która była opanowana przez nas. A gdy już posterunek, który stał przy więzieniu od strony mostku zaobserwował, że podciąga UB, śp. 'Przelotny' wydał rozkaz cofania i wystrzelił rakietę, która narobiła dużo popłochu we własnych szeregach, bo tylko najbliżsi wiedzieli z której strony została wystrzelona. I w popłochu wszystko zaczęło się cofać. Ja – pisał „Krym" – wycofywałem się za śp. 'Przelotnym', tylko po drugiej stronie ulicy. I w tym czasie wyskoczyło z ulicy czy z podwórka dwóch osobników. Śp. 'Przelotny' zastrzelił pierwszego, a drugi jego śmiertelnie ranił, lecz i ten został zabity".

Partyzanci wycofali się z miasta spokojnie. Akcja trwała około dwóch godzin. Z powodu obrażeń dowódcy partyzanci zrezygnowali z wcześniej planowanego i przygotowanego wywiadowczo rozbicia magazynów „Społem". Komendę nad oddziałem przejął sierż. „Czech". Ppor. Stanisław Łanecki „Przelotny" zmarł w czasie odwrotu. Pochowano go na cmentarzu w Długosiodle. Jego grób znajduje się tam do dzisiaj. W walce zginął jeszcze jeden partyzant, nieznany z imienia i nazwiska, noszący pseudonim „Góra". Komuniści stracili siedmiu ludzi: trzech rozstrzelanych strażników oraz poległych w walce, jednego milicjanta i trzech ormowców.

„Urząd nie był zorientowany"

Atak oddziału „Przelotnego" był dla pułtuskiego aparatu bezpieczeństwa kompletnym zaskoczeniem. Ubecy nie wiedzieli nawet kto przeprowadził akcję, jak i w którym kierunku się wycofał. Sprawozdanie szefa PUBP Jana Marzeckiego świadczy o zupełnej nieświadomości działań partyzantów i dezorientacji funkcjonariuszy w czasie rozbijania więzienia: „O godz. 19.40 usłyszano pierwsze strzały rozlegające się na mieście. W tym to czasie kilka strzałów oddano do wartowników pełniących służbę przed gmachem Urzędu, ci to zameldowali, twierdząc, że szykuje się napad na PUBP w Pułtusku. Wobec tego Urząd przyjął pozycję obronną, wysyłając patrol na miasto w celu zorientowania się w sytuacji. Patrol ta natknęła (pisownia oryginalna – red.) się na bandytów w okolicy mostku pomiędzy więzieniem a Kom[endą] Pow[iatową] MO, tracąc tam jednego człowieka, który jako były partyzant palu [AL], w tym trakcie zabito także jednego z bandytów oraz odebrano karabin jednemu ze zwolnionych więźniów, który w czasie zamieszania uciekł, pozostawiając karabin KBK, który patrol zabrał ze sobą. Powyższy fakt zorientował patrol, że w Pułtusku działa banda przeprowadzająca jakieś operacje w więzieniu. Bliższych danych ustalić nie zdołano, gdyż patrol pod silnym obstrzałem ze strony bandy sam obstrzeliwując się, zmuszony był się wycofać. Z powodu braku amunicji, którą zużyto w czasie wycofywania się patrol zmuszona była drogą okrężną powrócić do gmachu Urzędu, wobec tego dłuższy czas Urząd nie był zorientowany w sytuacji, gdyż umówionych sygnałów alarmowych nie stosowano tak z więzienia, jak i z Komendy MO. Patrol powróciła gdzieś około godz. 21.30, podając do wiadomości, że prawdopodobnie jest napad na więzienie. Po kilku minutach uzyskano połączenie telefoniczne, gdyż poprzednio nie mieliśmy z powodu uszkodzenia przez bandę centrali telefonicznej [–] i wtedy to dowiedzieliśmy się, że dokonano napadu na więzienie, w rezultacie czego zwolniono więźniów politycznych. Około godz. 21.30 bandyci wycofali się w sile 30-35 ludzi, udając się na furmankach w stronę Serocka. Zwolnieni więźniowie udali się częściowo pieszo w kierunku Serocka, częściowo pojechali furmankami z bandą. W toku przeprowadzonych szeregu wywiadów ustalono, że 8 samochodów w mieście nie było. W toku dalszego śledztwa, współpracując razem z wojskiem ustalono, że banda udała się w kierunku Gromina gm. Kozłowo-Gzy, z Gromina udali się na Trzciniec gm. Kleszewo, skąd, jak wynika z ostatnio otrzymanego meldunku w dniu 27 XI [19]46 r. o godz. 16-tej banda dotarła do Gnojna gm. Kleszewo. W Gnojnie notowano pojawienie się bandy przypuszczalnie [o] godz. 23.00 dnia 26 XI [19]46 r. Grupa ta wiozła na furmance jednego zabitego ze swojej grupy, który miał dystynkcje por[ucznika], pseuda nie ustalono. Można przypuszczać z rysopisu, a także z tego, że zwłoki wieziono gdzieś do większej bazy, że był to dowódca tejże grupy, do którego podczas akcji ludzie zwracali się komendancie. Rysopis następujący: mężczyzna lat około 25-27, wzrostu 1,75-1,80, włosy jasne blond, twarz pociągła o układzie płaskim, koścista, oczy zbiegające się skośnie w kierunku nosa. Ubrany był: czapka konfederatka polowa, płaszcz z wykładanymi klapkami, mocno przypasowany do figury, dystynkcje na naramiennikach – por[ucznik], malowane na sposób angielski, buty długie oficerskie. Banda ta, jak ustalono w czasie wywiadu, uzbrojona była w RKM-y systemu Dyktyrow [Diegtariewa] oraz PPSze, samozaradki rosyjskie i karabiny KBK. Operacja trwa dalej, kontynuuje się pościg, który dał już pozytywne wyniki w kierunku odnalezienia zbiegłych więźniów. Zatrzymano i osadzono w areszcie 7-miu zbiegłych. Znaleziono 2 KBK i 85 [sztuk] amunicji, jedna samozaradka, 4 magazynki, 1 pistolet TT oraz torba (raportówka ceratowa) z dokumentami mało wartościowymi oraz fotografiami, na których rozpoznano 'Ponurego' i 'Przelotnego', są przypuszczenia niestwierdzone konkretnie, że jest tam także 'Vis', oraz rzeczy osobiste, jak np. brzytwa, szczotka do zębów itp. (...)".

Poza aresztowaniem kilku oswobodzonych więźniów, których zatrzymano w ich domach, UB udało się schwytać dwóch uczestników akcji: Kazimierza Rasińskiego i Antoniego Wiśniewskiego z Lipnik Starych. 11 stycznia 1947 roku, na wyjazdowej sesji Wojskowego Sądu Rejonowego w Warszawie, obradującego w Pułtusku, zostali oni skazani na karę śmierci. Wyroki wykonano.

Mimo śmierci ppor. „Przelotnego" akcja rozbicia więzienia PUBP w Pułtusku była w pełni udana i należała do jednych z najbardziej spektakularnych w walce podziemia niepodległościowego z komunistami. Była też ostatnią taką akcją w czasie antykomunistycznego powstania. Wśród uwolnionych więźniów nie znalazł się Mieczysław Żebrowski „Kordian", wywieziony kilka dni wcześniej do Warszawy, ale oswobodzono jego syna, Tadeusza Żebrowskiego, który potem został księdzem i profesorem, wybitnym znawcą historii Mazowsza. W 2008 roku brał udział w uroczystości odsłonięcia pamiątkowej tablicy przy kościele św. Józefa w Pułtusku, na murze dawnego więzienia, gdzie dziś znajduje się hospicjum „Caritasu". Ks. prof. Żebrowski zmarł w październiku 2014 roku, mając 89 lat, był najstarszym kapłanem Diecezji Płockiej. Wolność zawdzięczał niezłomnym Żołnierzom Wyklętym.

WYBRANA LITERATURA

Wspomnienia

Błażejewicz Z., *W walce z wrogami Rzeczypospolitej. Partyzanckie wspomnienia z Wileńszczyzny i Podlasia*, oprac. J. Gillern, Zwierzyniec-Rzeszów 2003.
Broński Z. „Uskok", *Pamiętnik 1941 – maj 1949*, wstęp i red. S. Poleszak, Warszawa 2004.
Christa O., *U „Szczerbca" i „Łupaszki"*, Warszawa 2000.
Heda-Szary A., *Wspomnienia „Szarego"*, Warszawa 1992.
Kołaciński W. „Żbik", *Między młotem a swastyką,* Chicago 1961.
Łabuszewski T., Krajewski K., *Od „Łupaszki" do „Młota". Materiały źródłowe do dziejów V i VI Brygady Wileńskiej,* Warszawa 1994.
Szacki A. „Bohun", „Dąbrowski", *Byłem dowódcą Brygady Świętokrzyskiej* NSZ, Warszawa-Kraków 2014.
Taraszkiewicz E. E. „Żelazny", *Trzy pamiętniki*, oprac. A. T. Filipek, B. Janocińska, Warszawa-Lublin 2008.
Z obu stron, red. S. Madrak, „Karta", nr 2, 1991.
Zaporczycy. Relacje, t. 1-5, red. E. Kurek, Lublin 1997-1999.

Opracowania

Atlas polskiego podziemia niepodległościowego 1944-1956, Warszawa-Lublin 2007.

Brzoza C., *Od Miechowa do Coburga. Brygada Świętokrzyska Narodowych Sił Zbrojnych w marszu na zachód*, „Pamięć i Sprawiedliwość" nr 1(5)/2004.

Cegiełka A., *Rozbicie obozu NKWD*, „Biuletyn Instytutu Pamięci Narodowej", nr 4 (99) 2009.

Chodakiewicz M. J., *Narodowe Siły Zbrojne. „Ząb" przeciw dwu wrogom*, Warszawa 1999.

Franciszek z Podlasia, *Chłopcy z lasu*, Biała Podlaska 2011

Garbacz D., *Wołyniak, legenda prawdziwa*, Stalowa Wola 2008.

Greniuch T., *Król Podbeskidzia. Biografia kpt. Henryka Flame „Bartka"*, Kęty 2008.

Konspiracja i opór społeczny w Polsce 1944-1956. Słownik Biograficzny, Kraków-Warszawa-Wrocław 2002-2010.

Kozłowski P., *Jeden z wyklętych. Zygmunt Szendzielarz „Łupaszko" 1910-1951*, Warszawa 2004.

Krajewski K., *Akcje uwalniania więźniów z więzień, obozów oraz placówek UBP i NKWD 1944-1948 (wstępna próba bilansu)*, „Zeszyty Historyczne WiN-u", nr 26-27/2007.

Krajewski K., Łabuszewski T., *„Łupaszka", „Młot", „Huzar". Działalność 5 i 6 Brygady Wileńskiej AK (1944-1952)*, Warszawa 2002.

Krajewski K., Łabuszewski T., *5 Wileńska Brygada AK 18 sierpnia 1945 Bitwa w Miodusach Pokrzywnych*, Perlejewo 2005.

Krajewski K., Kurtyka J., Łabuszewski T., Niwiński P., Pawłowicz J., Wąsowski G., Węgierski J., Żebrowski L., *Żołnierze wyklęci. Antykomunistyczne podziemie zbrojne po 1944 roku*, Warszawa 2002.

Kurek E., *Zaporczycy 1943-1949*, Lublin 2005.

Kurpierz T., *Likwidacja zgrupowania Narodowych Sił zbrojnych Henryka Flamego „Bartka" w 1946 roku – próba rekonstrukcji działań aparatu bezpieczeństwa,* „Pamięć i Sprawiedliwość", nr 1(5)/2004.

Lewtak A., *Bitwa w Lesie Stockim 24 maja 1945 r.,* Końskowola 2010.

Madrak S., *Uwolnienie,* „Karta", nr 2, 1991.

Makus G., *„Jastrząb" i „Żelazny", ostatni partyzanci Polesia Lubelskiego 1945-1951,* Włodawa 2008.

Nowak S., *Oddziały Wyklętych,* Warszawa 2014.

Pietrzak L., *Antykomunistyczne podziemie zbrojne na terenie Inspektoratu Puławy 1944-1956,* Warszawa 2011.

Piwowarski S., Salwiński J., *Rozbicie więzienia św. Michała w Krakowie 18 VIII 1946 r.,* Kraków 1997.

Ostatni leśni, red. T. Łabuszewski, Warszawa 2003.

Pająk H., *Oni się nigdy nie poddali,* Lublin 1997.

Peska R., *Warszyc. Stanisław Michał Sojczyński – Komendant Główny Konspiracyjnego Wojska Polskiego 1910-1947. Biogram życia, walki, śmierci 1910-1947,* Pabianice 2002.

Piątkowski S., Sołtysiak M., *Antoni Heda „Szary". Biografia,* Kielce 2014.

Poleszak S., *Akcja na Grajewo,* „Zeszyty Historyczne WiN-u", nr 12, R. VIII, 1999.

Poleszak S., *Jeden z wyklętych. Major Jan Tabortowski „Bruzda",* Warszawa 1998.

Suchorowska D., *Najdłużej stawiali zbrojny opór. Zbrojne podziemie na Podbeskidziu 1945-1950,* Kraków 1993.

Suchorowska D., *Rozbić więzienie UB! Akcje zbrojne AK i WiN 1945-1946,* Łomianki 2010.

Sulej M., *Marian Bernaciak „Orlik". Biografia,* Warszawa 2015.

Sulej M., *Zdrada i zbrodnia. Studium Przypadku. Komuniści na terenie Podobwodu Dęblin-Ryki Armii Krajowej podczas II wojny światowej i później,* Warszawa 2012.

Ślaski J., *Polska Walcząca,* Warszawa 1990.

Ślaski J., *Żołnierze wyklęci,* Warszawa 2000.

Śmietanka-Kruszelnicki R., *Komendant „Zagończyk". Z dziejów zbrojnego podziemia antykomunistycznego,* Warszawa 2000.

Śmietanka-Kruszelnicki R., Sołtysiak M., *Rozbicie więzienia w Kielcach w nocy z 4 na 5 sierpnia 1945 r.,* Kielce 2009.

Toborek T., *Stanisław Sojczyński i Konspiracyjne Wojsko Polskie,* Łódź 2007.

Wąsowski G., *Szkice o Żołnierzach Wyklętych i współczesnej Polsce,* Łomianki 2015.

Żaryn J., *Dramatyczny marsz, czyli Brygada Świętokrzyska od wewnątrz,* „Biuletyn Instytutu Pamięci Narodowej", nr 8-9(19-20), sierpień-wrzesień 2002.

Żebrowski L., *Brygada Świętokrzyska NSZ w fotografiach i dokumentach,* Warszawa 2014.

Żołnierze Wyklęci 1943-1963. Historia antykomunistycznego podziemia niepodległościowego, Warszawa 2011.

Strony internetowe

podziemiezbrojne.blox.pl
www.fundacjapamietamy.pl
www.lupaszko.pl
www.zolnierzewykleci.pl

INDEKS OSÓB

„Achilles” zob. Macherzyński Franciszek
„Adam” zob. Rutkowski Józef
„Albert” zob. Błasiak Ksawery
Aleksandrow kpt. 64
Amielin Aleksiej 168
Anders Władysław 24, 215
„Andrus” zob. Kraus Zdzisław
„Andrzej” zob. Piotrowski Hieronim
„Anuszka” zob. Szweda Anna
„Armata” zob. Legięza Aleksander
Artejew 224
Badocha Zdzisław „Żelazny” 7, 211, 212, 213, 214, 215, 216, 217, 219, 220, 222, 223, 225, 226, 227, 228, 229, 230, 231
Bajcer Franciszek „Sanowski” 9, 15, 16, 17
„Balon” 121
Banow Iwan „Czorny” 265
Baranowski Jan 203
„Barbara” zob. Brogowska Józefa
„Bartek” zob. Flame Henryk
Bartel Władysław 110
Bartkowski Zygmunt „Zygmunt” 119, 124, 126, 130

„Bartosz” 172
„Bawół” zob. Honkisz Tadeusz
Bednarski Tadeusz „Orzeł” 234, 237, 238, 239
„Bej” zob. Gomuła Adam
„Belina” zob. Życki Tadeusz
Bembiński Stefan „Harnaś” 119, 121, 122, 124, 125, 128, 129, 130, 137, 138, 139, 140, 141, 144, 145, 147, 149, 150, 151, 235, 237
Bernaciak Marian „Dymek” „Orlik” 79, 80, 82, 84, 85, 86, 87, 88, 89, 90, 91, 92, 94, 95, 96, 97, 98, 99, 100, 102, 169, 234
Beynar Lech Leon „Nowina”, Paweł Jasienica 158, 161, 212
Biegun Antoni „Sztubak” 193, 194, 196, 197, 201, 203, 204, 206
Bieńkowski Witold 65
Biernacki Marian 101, 102
Biernacki Wacław „Zabój” 147
Bierut Bolesław 133, 262, 266
„Bill” zob. Zielonka Marian
Błasiak Ksawery „Albert” 190
Błaż Franciszek „Mróz” 14
Błażejak kpt. 225
Błażejewicz Zygmunt „Zygmunt” 153, 154, 155, 156, 157, 158, 159, 160, 161, 162, 163, 164, 169, 170
„Bogucki” zob. Broniewski Zygmunt
„Boguś” zob. Szlachetka Antoni
„Bohun” zob. Szacki Antoni
Bojczuk Albin „Lew” 263, 270
Borkowski 241

Borkowski Jan „Gordon" 145, 149
Borowiec Józef „Hak" 120
Borowiec Wacław „Niegolewski" 119, 122, 123, 126, 130, 131
„Boruta" 141
„Boruta" zob. Brzuszek Stefan
Boryczko Adam „Tońko" 155
Borysewicz Jan 7
Brogowska Józefa „Barbara" 124
Broniewski Zygmunt „Bogucki" 14
Broński Zdzisław „Uskok" 7, 8, 282
„Bruzda" zob. Tabortowski Jan 8
„Brzask" zob. Małczuk Józef Ludwik
Brzeziński Czesław 290
Brzoza Jan 198
Brzózka Henryk „Żbik" 188
Brzuszek Stefan „Boruta" 266
Bujak Andrzej „Jędrek" 207
Bukojemski Zbigniew „Grom" 38
„Bursztyn" zob. Karnicki Jerzy
„Bury" zob. Rajs Romuald
„Burza" (NN) 239
Bychawski Tadeusz „Sęp" 266
„Bystry" zob. Bystrzycki Tadeusz
Bystrzycki Tadeusz „Bystry" 247, 254, 255, 256
„Cegliński" zob. Cielniak Zygmunt
„Cezar" (NN) 50

Chojnowski Stanisław „Komar” 48, 50, 51
Chomko Tadeusz „Gerwazy” 158
Christa Olgierd „Leszek” 213, 214, 215, 217, 218, 223, 227
Chrząstowski Jan 150, 151
Cichoń Zbigniew „Skromny” 137, 147
Cielniak Zygmunt „Cegliński” 139, 141, 143
Ciepliński Łukasz 7
Ciesielski Albin „Montwiłł” 185, 190
Cieślewski Stanisław „Lipiec” 60
Cimochowicz Kazimierz „Ken” 108, 110
Ciuk Tadeusz „Trzask” 120
Cynk Tadeusz 161
„Czajka” zob. Kazimierczak Henryk
Czajkowski Tadeusz „Kotwica” 86
Czarnecki Edward „Murzyn” 251, 253, 254, 256, 262
„Czarny” zob. Jarosz Zdzisław
Czarny” zob. Rokita Sylwester
Czech Henryk „Śmigły” 120
„Czech” 291
Czeran [Czerkan] Michał 280
Czerwiński Bolesław „Wir” 117
„Czorny” zob. Banow Iwan
Czylok Józef 207
Ćwikłowski Kazimierz „Grzmot” 57
Dadak Rudolf 207, 208
Dakowicz Przemysław 8

Dalewski Włodzimierz „Szparag" 119, 123, 127
„Dąb" zob. Kiszka Andrzej
„Dąb" zob. Rzeniewicz Władysław
„Dąbek" zob. Kwiatkowski Piotr
Dąb-Kocioł Jan 177
Dąbkowski Zygmunt „Krym" 286, 287, 290, 291
Dąbrowski Czesław „Socha" 57
Dąbrowski Marian „Węgorz" 57
Dąbrowski Wacław „Tygrys" 57, 61
Dekutowski Hieronim „Zapora" 7, 90, 102, 282
Deresiewicz Henryk 93, 96, 98
Dokszyn Aleksander 156
Dresler Tadeusz „Wężyk" 108
Dubois Alice zob. Trojanowska Alicja
Dwornik Jan 289
„Dymek" zob. Bernaciak Marian
„Dziadek" (NN) 259, 260
„Dziadźka" – „Orkan" (NN) 166, 168
Dziedzic Władysław „Waldemar" 255
Dziemieszkiewicz Mieczysław 7
Dzierwa Janina 261
Dzięciołkowski Tadeusz „Minus" 71
„Dziki" 69
Dzioba Czesław „Piżmowicz" 120, 123
Dziubłowski Edward 290
„Ewunia" zob. Pikulska Halina

Fieldorf August Emil „Nil" 65
Figuro-Podhorski Henryk „Step" 15
Fijałkowski ks. 162
Fijałkowski (zdrajca) 167
Flame Henryk „Bartek" 7, 191, 192, 193, 195, 196, 197, 198, 202, 203, 204, 206, 207, 208, 209, 210
Foksa Władysław „Rodzynka" 201, 203
Franczak Józef 7
Fróg Gracjan „Szczerbiec" 104
Fundowicz Czesław „Tońko" 237
Fundowicz Kazimierz „Szczepko" 239
Gajda Tadeusz „Tarzan" 34, 42
„Garbaty" zob. Kusz Adam
Garlicki Tadeusz 187
Gaworek Władysław „Lucjan" 148
Gawriuszyn Grigorij 168
Gądzio Stefan „Kos" 117, 118
Gdanicki Walenty zob. Fieldorf August Emil „Nil"
„Gerwazy" zob. Chomko Tadeusz
Gierad ppor. 276
„Gil" 149
Glapiński Henryk „Klinga" 177, 178, 181, 182, 184, 185, 186, 188, 189, 190
Gliniak Bronisław „Radwan" 34, 37, 38, 39, 40, 41
Glińska Alina 43
„Głaz" zob. Kiecka Krzysztof

Goga (Ukrainiec) 64, 74
„Gołąb" zob. Pyrgiel Jan
„Gołąb" zob. Sawicz (Sawik?) Stanisław
Gomuła Adam „Bej" 139, 140, 142
Gondek Michał 39
Góra Władysław 98
„Góra" NN 291
„Góral" zob. Wichrowski Albin
Góralski Jan 118
„Górka" zob. Kociszewski Konstanty
Górski Jakub „Jurand" 109, 114
Grabowski Alfred 64, 67, 74, 75
Grabowski Apolinary 61
Graff Kazimierz 190
Gribko Wasilij 162, 163, 164, 167, 168
Grochal Tadeusz „Tadek Biały" 16
„Grom" zob. Bukojemski Zbigniew
„Grom" zob. Sałabun Józef
„Grot" 277
„Grot" 67, 68, 69, 72, 73
„Grot" zob. Rogólka Jan
„Grot" zob. Taraszkiewicz Edward
„Groźny" zob. Gruszczyk Wiktor
„Groźny" zob. Krawczyk Henryk
„Groźny" zob. Skrzypek Władysław
Gruber Edward 65

Grusza" 110
Gruszczyk Wiktor „Groźny" 194
„Grześ" 108
„Grzmot" zob. Ćwikłowski Kazimierz
„Grzmot" zob. Holak Stanisław
„Guberski" zob. Rogalski Jan
Gurgacz Władysław 7
Hajduk Edward „Mewa" 225
„Hak" zob. Borowiec Józef
Halicki 252
„Halka" (NN) 50
„Hanys" zob. Krzysztanowicz Józef
„Harłapan" zob. Łubrzyc Ryszard
„Harnaś" zob. Bembiński Stefan 8
Heda Antoni „Szary" 115, 116, 117, 118, 119, 120, 121, 122, 123, 124, 126, 127, 128, 129, 130, 131, 132, 133, 134, 135, 237
Heda Jan 118
Heda Stanisław 118
Heda Stefan 118
Holak Stanisław „Grzmot" 103, 110
Honkisz Tadeusz „Bawół" 253, 255, 258
Hübner Zygmunt 180
Hulewski Władysław 279
Humer Adam 93
„Huragan", „Ramzes", „Wierny", „Pewny", „Znak", „M" i „A" zob. Wasilewski

„Huzar" zob. Kamieński Kazimierz
„Huzar" zob. Waniewski Hipolit
„Igła" zob. Zieliński Tadeusz
„Ignac" zob. Niesytko Rudolf
„Igołka" zob. Szymański Stanisław
„Ikar" zob. Pronobis Bolesław
„Inka" zob. Siedzikówna Danuta
„Iskierka" zob. Rybakowska-Szulc
„Iskra" zob. Ramotowska Franciszka
„Iwan Iwanowicz" zob. Karawajew Iwan
Jabłoński Antoni „Jasieńczyk" 82
Jabłoński Stefan „Żubr" 145
„Jacek" zob. Kazimierz Stocki
Jachimowicz Franciszek 161
„Jaga" zob. Przysiężniak Janina
Jakubowski Zenon 98
„Jałowiec" (NN) 57, 58
Jankowski Leon „Obarek" 99, 100
Jankowski Marian „Marek" 222
Janusiak Wiesław „Prawdzic" 177
Janusz Jan „Siekiera" 248, 250, 251, 256, 261, 262
Jarmuł Jan „Wąż" 273, 274
Jarosz Zdzisław „Czarny" 80, 85, 95
„Jasieńczyk" zob. Jabłoński Antoni
Jaskowski Marian 241

Jaskulski Franciszek „Zagończyk" 233, 234, 235, 236, 237, 241, 244, 245, 246
„Jastrząb" zob. Ochal Zenon
„Jastrząb" zob. Taraszkiewicz Leon
„Jastrząb" zob. Wesołowski Władysław
„Jastrzębiec" zob. Woźniakiewicz Jerzy
Jaworski Stanisław vel Piotrowski Tytus „Korwin" 12
„Jaxa" zob. Marcinkowski Władysław
Jaxa-Maderski Jerzy 13,
„Jeleń" zob. Wiechuła Ludwik
„Jerzy" zob. Rybnik Aleksander
„Jędrek" zob. Bujak Andrzej
„Józio" zob. Kędzierski Aleksander
„Junacz" zob. Jurkiewicz Jerzy
„Jur" zob. Paliwoda Zbigniew
„Jur" zob. Piotrowski Hieronim
„Jurand" zob. Górski Jakub
Jurkiewicz Jerzy „Junacz" 79, 94, 95, 98
Kaczmarczyk Feliks „Słowik" 143, 151
Kaczurba Tadeusz „Tatar" 36, 37, 38
Kaczyński Lech 6, 135
Kalinowski Bolesław „Karaś" 48, 49, 50
Kamieński Franciszek 161
Kamieński Kazimierz „Huzar" 77, 171, 172
„Kapelan" 143
Kapralski ks. 246

„Karaś” zob. Kalinowski Bolesław
Karawajew Iwan „Iwan Iwanowicz” 16
Karnicki Jerzy „Bursztyn” 184
Karpowicz Henryk „Rusin” 12, 16, 25
Kaszczuk Teodor 283
Kazanowski Marian „Ospały” 34,
Kazimierczak Henryk „Czajka” 226
Kazimierz Stocki „Jacek” 37, 38, 39
„Kazimierz” zob. Kerner Eugeniusz
Kąfera Wojciech „Wojtek” 264
Kempa Bolesław 20, 23
„Ken” zob. Cimochowicz Kazimierz
Kerner Eugeniusz „Kazimierz” 15
Kędra 179
Kędzierski Aleksander „Bończa” 151
Kędzierski Aleksander „Józio” 143
Kęska Zygmunt „Świt” 85, 87, 88, 96, 98
Kiecka Krzysztof „Głaz” 140
Kieliszek Dariusz „Ponury” 112
Kiełbasa Stanisław 118
Kilanowski 225
Kisiel sierż. 219
Kiszka Andrzej „Dąb” 43
Kitowski Władysław „Orlicz” 105
Kleeberg Franciszek 32,
„Klinga” zob. Glapiński Henryk

Kliszko Zenon 133
Kmiołek Jan „Wir" 77
Knop Marian „Własow" 190
Kociszewski Konstanty „Górka" 286
Kołaciński Władysław „Żbik" 16
Kołodziej Józef „Wichura" 192
„Komar" zob. Chojnowski Stanisław
„Komar" zob. Szumowski Zygmunt
„Konar" 153, 165, 166
Kondracki Wacław „Sybirak" 275
Kondracki Władysław „Kulon" 264
Koniusz Konstanty „Zapora" 237
„Konrad" wachmistrz 108, 109
Kopacz Piotr „Sokolik" 48, 50
„Kordian" zob. Żebrowski Mieczysław
Kornecki Adam 131, 132
Korzeniewski Władysław „Ryg" 171
Korżenko mjr 73
„Kos" zob. Gądzio Stefan
Kostek Emil „Maciek" 39
Kostuń Kazimierz 290
„Kotwica" zob. Czajkowski Tadeusz
Kowalski Eugeniusz „Łódź" 66, 69, 72
„Kozak" 178
Kozłowski Witold „Pikuś" 166, 168
Kozłowski Włodzimierz „Orion" 237

Kożuch Antoni 250
„Kożuszek" zob. Maciejewski Stanisław
„kpt. Lawina" zob. Wendrowski Henryk
Krajewski Henryk „Trzaska" 99
Krasnow Nikołaj 168
Kraus Zdzisław „Andrus" 193
Krawczyk Henryk „Groźny" 252, 262
Krawczyk Józef „Kudłaty" 34,
Krawczyk Tadeusz „Witold" 239
Krejcza Stanisław 250, 251, 261
„Kret" zob. Zdybicki Aleksander
„Krogulec" zob. Łęcki Tadeusz
Krotow Anatol 265
Kruczkin mjr 64, 67
„Kruk" zob. Kuczyński Zygmunt
Krupa Michał „Wierzba" 43, 44
Krupowies Czesław „por. Korzeń" 207
„Krym" zob. Dąbkowski Zygmunt
„Krystyna" zob. Trojanowska Alicja
„Krzewina" zob. Pakuła Stanisław
Krzysztanowicz Józef „Hanys" 34
Krzyżanowski Aleksander „Wilk" 104
„Kuba" zob. Mazurek Zygmunt
„Kuba" zob. Przewoźnik Tadeusz
Kuchciewicz Stanisław „Wiktor" 282
Kuchnio Wacław „Spokojny" 96

Kuczyński Zygmunt „Kruk” 165, 168
„Kudłata” 118
„Kudłaty” zob. Głowacki Bartłomiej 36
Kujach Jan 221
„Kula” zob. Pityński Aleksander
Kulas Leon 220
„Kulon” zob. Kondracki Władysław
Kuraś Józef „Ogień” 248, 260, 262
Kurowski Antoni „Olszyna” 53, 54, 56
Kurtyka Janusz 6
Kusz Adam „Garbaty” 43, 44
Kuśmierczyk Władysław „Longinus” 177, 178
Kuzarow 183
„Kwas” zob. Kwaskiewicz Stefan
Kwaskiewicz Stefan „Kwas” 48
Kwiatkowski Kazimierz 83
Kwiatkowski Piotr „Dąbek” 264
„Lampart” zob. Świątnicki Bolesław
„Lampart” zob. Wódz Jan
„Laweta” zob. Marchewka Jan
Lebiediew 56
„Lech” 69
„Lech” zob. Władyka Stefan
Legięza Aleksander „Armata” 87, 93, 96
Lejkowski Jerzy „Szpagat” 212
„Leonidas” zob. Polak Mieczysław

Lercel Zygmunt „Z-24" 188
„Leszek" zob. Christa Olgierd
Leśniewski Stanisław 118
„Lew" zob. Bojczuk Albin
„Lewy" zob. Zbroja Józef
„Lin" zob. Żółkiewski Antoni
Liniarski Władysław „Mścisław" 45,
„Lipiec" zob. Cieślewski Stanisław
Lipiński Marian „Młot" 64, 71
Lipiński Witold „Szczedroń" 48, 50
Lipiński Zdzisław „Szczara" 55
Lipski Bolesław 8
„Lis" zob. Szarek Franciszek
Lisik Zdzisław „Mściciel" 250, 252, 257, 262
„Listek" zob. Mirota Marian
„Longinus" zob. Kuśmierczyk Władysław
„Longinus" zob. Tymoszuk Feliks
„Lucjan" zob. Gaworek Władysław
„Lufa" zob. Wieliczko Henryk
Łagocki Bolesław 231
Łanecki Stanisław „Przelotny" 112, 288, 289, 290, 291, 292, 294
Łapiński Czesław 190
Ławrientij Beria 76
Łęcki Tadeusz „Krogulec" 119
„Łoś" zob. Przybylak Wojciech
„Łódź" zob. Kowalski Eugeniusz

Łubrzyc Ryszard „Harłapan" 161, 166, 168
Łukasik Kazimierz „Samopał" 95
Łukasiuk Władysław „Młot" 157, 158, 159, 160, 161, 162, 163, 164, 165, 168, 170, 172
„Łupaszko" zob. Szendzielarz Zygmunt
Machaj (z Niska) 34,
Machej Józef „Sęp" 200
Machejek Władysław 17
Macherzyński Franciszek „Achilles" 120
Maciejewski Stanisław „Kożuszek" 67, 71
„Maciek" zob. Kostek Emil
„Majka" zob. Pelczar Stanisław
„Maks" zob. Szlendak Czesław
Malewska Zofia 266
Małczuk Józef Ludwik „Brzask" 171
Małecki Franciszek 145
Małek Stefan „Wierny" 253, 261, 262
Mandziara Michał „Siwy" 118
Maraszek Jan 99
Marchewka Jan „Laweta" 57
Marchewka Stanisław „Ryba" 49, 50, 51, 53, 55, 57, 58, 60, 61
Marcinkowski Władysław „Jaxa" 12
„Marek" zob. Jankowski Marian
„Marek" zob. Ogorzałek Edward
Marszewski Kazimierz 65,
Marzecki Jan 285, 290, 292

Mastalerz Zygmunt 221
Matejko Jan 7
Maziewicz Józef „Tada” 37
Mazur Jan „Piast” 154
Mazur Mieczysław 227
Mazurek Zygmunt „Kuba” 52, 53,
Mazurkiewicz Jan „Radosław” 175
„Mercedes” zob. Wojczyński Henryk
Mergler Wacław 178
„Mewa” zob. Hajduk Edward
„Mewa” zob. Toth Jan
Michalak Jerzy „Świda” 85, 94
Mierzwiński Piotr „Wierny” 82, 84, 92, 95
Minkiewicz Lucjan „Wiktor” 161, 164, 166, 170, 172
„Minus” zob. Dzięciołkowski Tadeusz
Mirecki Kazimierz „Żmuda” 32, 33
Mirota Marian „Listek” 246
„mjr Górny Łamigłowa” zob. Zaborski Kazimierz
„Młot” zob. Łukasiuk Władysław
„Młot” zob. Suda Walenty
Moczar Mieczysław 177, 188
„Mohort” zob. Piotrowski Hieronim
„Montwiłł” zob. Ciesielski Albin
Morelais Jean zob. Błażejewicz Zygmunt
Morgut Józef 93
„Morwa” zob. Pawełczak Marian

Motylewicz Piotr „Szczepcio" 155
Mrozowski Włodzimierz 182, 183
„Mróz" zob. Błaż Franciszek
„Mściciel" zob. Lisik Zdzisław
„Mściciel" zob. Wądolny Mieczysław
„Mścisław" zob. Liniarski Władysław
„Mścisław" zob. Pluciński Marian
„Mucha" zob. Suproń Władysław
Murawski Tadeusz „Sokół" 67
„Murzyn" zob. Czarnecki Edward
Nadarkiewicz Edward „Narew" 119, 124
„Nagan" zob. Wancerz Bronisław
„Nałęcz" zob. Żelanowski Stanisław
„Narew" zob. Nadarkiewicz Edward
„Nieczuja" zob. Ślaski Jerzy
„Niedźwiadek" zob. Okulicki Leopold
„Niedźwiedź" 72
„Niegolewski" zob. Borowiec Wacław
Nienacki Zbigniew 173, 179
Niesytko Rudolf „Ignac" 192
Nogalewski 184, 185
Nowakowski Tadeusz „Zając" 239
„Nowina" zob. Beynar Lech Leon
„Obarek" zob. Jankowski Leon
Ochal Zenon „Jastrząb" 239
Odrzywołek Irena 250, 251, 262

„Ogień" zob. Kuraś Józef
Ogorzałek Edward „Marek" 140
„Ojciec Jan" zob. Przysiężniak Franciszek
Oksanicz Eugeniusz 109, 110
Okulicki Leopold „Niedźwiadek" 45
„Olcha" 145
„Olek" NN 168
Oleksa Mikołaj 278
Oleszkiewicz Marian 34,
„Olszak" zob. Skurkiewicz Henryk
„Olszyna" zob. Kurowski Antoni
„Ordon" zob. Strug Józef
„Orion" zob. Kozłowski Włodzimierz
„Orlicz" zob. Kitowski Władysław
„Orlik" zob. Bernaciak Marian
„Orlis" zob. Panasiuk Klemens
Orłowski Stanisław „Weuwart" 34
Orłowski Tadeusz „Szatan" 89, 90
„Orzeł" zob. Bednarski Tadeusz
„Orzeł" zob. Sałapatek Jan
„Ospały" zob. Kazanowski Marian
Ostrolot" zob. Podkowiński Henryk
Pająk Jan „Sęp" 122, 124, 126, 144, 145
Pakuła Stanisław „Krzewina" 271, 275, 276
Paliwoda Zbigniew „Jur" 251, 252, 257, 258, 262
Panasiuk Klemens „Orlis" 266, 267

Passendorfer Jerzy 180
Pawelec Ryszard „Spłonka" 95
Paweł Jasienica zob. Beynar Lech Leon
Pawełczak Marian „Morwa" 90
Pelczar Stanisław „Majka" 34, 37, 38, 40, 41
Piątek Józef 230
Piekarski Janusz „Ryś" 120
Pielacha Krystian 101
„Pietia" mjr 279
Pietrykowski Stefan 273
Pikulska Halina „Ewunia" 188
„Pikuś" zob. Kozłowski Witold
Pilecki Witold 190
Piłsudski Józef 5
Piotrowski Hieronim „Jur", „Mohort", „Andrzej" 104, 105, 106, 112, 113, 114, 287, 288, 290
Piotrowski Jan 83
Pityński Aleksander „Kula" 31, 39
Piwnicki Stanisław „Szczerbol"
Piwnik Jan „Ponury" 116
Piwowar Elżbieta 192, 207
Piwowarski ppor. 153, 165
Piwowarski Stanisław 187
„Piżmowicz" zob. Dzioba Czesław
Plebaniak Zofia 26
Pluciński Marian „Mścisław" 154, 212

Płoski Tadeusz 136
Pochwatka Jan 110
„Pocisk" zob. Szymanek Michał
Podkowiński Henryk „Ostrolot" 119, 124, 125, 130, 139, 140, 141
Pogonowski Zdzisław „Szakal" 263, 270
Polak Mieczysław „Leonidas" 94
Połaniecka Ewa zob. Nienacki Zbigniew
„Ponury" 294
Ponury" zob. Kieliszek Dariusz
Ponury" zob. Piwnik Jan
Popielewicz Piotr „Tygrys" 273
„por. Korzeń" zob. Krupowies Czesław
Porczyk Kazimierz 224
„Prawdzic" zob. Janusiak Wiesław
Pronobis Bolesław „Ikar" 250, 251, 253, 254, 255, 256, 262
„Przelotny" zob. Łanecki Stanisław
Przewoźnik Jan „Ryś" 192, 198, 200
Przewoźnik Tadeusz „Kuba" 200
Przybylak Wojciech „Łoś" 57
Przybylski Michał 5
Przysiężniak Franciszek „Ojciec Jan" 31, 32, 33, 34, 35, 37, 38, 39, 41, 42, 44, 169
Przysiężniak Janina „Jaga" 34
„Puchacz" 165, 166, 167
Puchow Nikołaj 32
Pyć Tadeusz 223

Pyrgiel Jan „Gołąb" 239
Pyrkosz Witold 180
Pytko Leopold 271
Radkiewicz Stanisław 132
„Radosław" zob. Mazurkiewicz Jan
Radulski Władysław „Renoma" 140
„Radwan" zob. Gliniak Bronisław
Rajs Romuald „Bury" 154, 288
Rakszawski Władysław 37
Ramotowska Franciszka „Iskra" 47, 48, 50, 51
Ramotowski Józef „Rawicz" 60
Rasiński Kazimierz 294
„Rawicz" zob. Ramotowski Józef
„Regina" zob. Żelińska Regina
„Renoma" zob. Radulski Władysław
Riezinkin płk 169
Robaczewski 280
„Robert" 140, 143, 149
„Rodzynka" zob. Foksa Władysław
Rogalski Jan „Guberski" 288
Rogólka Jan „Grot" 174, 177, 178, 186
Rokita Sylwester „Czarny" 239
Różański Józef 133
„Rusin" zob. Karpowicz Henryk
Rutkowski Józef „Adam" 53,
„Ryba" zob. Marchewka Stanisław

Rybakowska-Szulc Halina „Iskierka” 100
Rybnik Aleksander „Jerzy” 104, 105, 106, 112
„Ryg” zob. Korzeniewski Władysław
„Ryś” zob. Piekarski Janusz
„Ryś” zob. Przewoźnik Jan
Rzeniewicz Władysław „Dąb” 54
Safian Michał 221
Sałabun Józef „Grom” 42
Sałapatek Jan „Orzeł” 77
„Samopał” zob. Łukasik Kazimierz
„Sanowski” zob. Bajcer Franciszek
Satanowski Robert 275
Sawicz (Sawik?) Stanisław „Gołąb” 166, 168
Seliwanowski Nikołaj N. 169
Senk (milicjant) 222
„Sęk” zob. Wojciechowski Henryk
„Sęp” zob. Bychawski Tadeusz
„Sęp” zob. Machej Józef
„Sęp” zob. Pająk Jan
Siedzikówna Danuta „Inka” 230
„Siekiera” zob. Janusz Jan
Siemiątkowski Jerzy 225
„Siwy” zob. Mandziara Michał
Skoczeń Czesław 286
Skolimowski Jerzy „Znicz” 95
„Skromny” zob. Cichoń Zbigniew

Skrzypek Władysław „Groźny" 239
Skura Antoni „Szczapa" 286
Skurkiewicz Henryk „Olszak" 144, 145
Słomczyński Leopold 187
„Słowik" zob. Kaczmarczyk Feliks
Smolarek 179
„Socha" zob. Dąbrowski Czesław
Sojczyński Stanisław „Warszyc" 173, 175, 176, 177, 178, 179, 180, 185, 186, 187, 190
„Sokolik" zob. Kopacz Piotr
„Sokolik" zob. Wyrozębski Kazimierz
„Sokół" zob. Murawski Tadeusz
Sowiński Józef 5
„Spłonka" zob. Pawelec Ryszard
„Spokojny" zob. Kuchnio Wacław
„Stach" zob. Szczykna Stanisław
Stalin Józef 123
Stankiewicz Edmund 224
„Stary" 277
„Staś" 166
Stawowczyk Irena „Sarna" 191, 200
„Stefan" mjr UB 204, 206
„Stefan" zob. Szczyrek Antoni
„Step" zob. Figuro-Podhorski Henryk
Strug Józef „Ordon" 266, 267, 268, 270, 278, 282
Suda Walenty „Młot" 63, 66

Sumiński Stanisław „Vis” 288
Suproń Władysław „Mucha” 103, 109, 114
„Sybirak” zob. Kondracki Wacław
Szacki Antoni „Bohun” 9, 10, 12, 14, 15, 16, 17, 18, 19, 20, 22, 24, 25, 26, 28
„Szakal” zob. Pogonowski Zdzisław
Szarek Franciszek „Lis” 34, 37
Szarek Jarosław 8
„Szary” zob. Heda Antoni 8
„Szatan” zob. Orłowski Tadeusz
„Szczapa” zob. Skura Antoni
„Szczara” zob. Lipiński Zdzisław
„Szczedroń” zob. Lipiński Witold
Szczepanik Kazimierz 132
„Szczepcio” zob. Motylewicz Piotr
„Szczerbiec” zob. Fróg Gracjan
„Szczerbol” zob. Piwnicki Stanisław
Szczykna Stanisław „Stach” 231
Szczyrek Antoni „Stefan” 255, 262
Szendzielarz Zygmunt „Łupaszko” 7, 150, 153, 155, 156, 157, 162, 169, 170, 211, 214, 215, 216, 221, 223, 226, 228, 229
Szlachetka Antoni „Boguś” 83, 84
Szlagowski Antoni 5
Szlendak Czesław „Maks” 92, 94
„Szpagat” zob. Lejkowski Jerzy
„Szparag” zob. Dalewski Włodzimierz

Szpilewoj płk 240
Sztejmach Irena 244
„Sztubak" zob. Biegun Antoni
„Szumny" zob. Śmiałowski Teodor
Szumowski Zygmunt „Komar" 266, 267
Szurmiński Michał 5
Szuro Stanisław 259
Szwagrzyk Krzysztof 102
Szwagrzyk Krzysztof 208, 210
Szweda Anna „Anuszka" 200
Szymanek Michał „Pocisk" 57
Szymański Andrzej 144
Szymański Stanisław „Igołka" 85, 86, 87
Szymczak Jan 227
Szyniedzin Piotr 222
Ślaski Jerzy „Nieczuja" 80, 94, 95, 96, 97
„Śląski" zob. Więcław Ludwik
Śliwa Kazimierz 118
Śmiałowski Tadeusz 275
Śmiałowski Teodor „Szumny" 158
„Śmigły" 275
„Śmigły" zob. Czech Henryk
Światło Józef 99
Świątnicki Bolesław „Lampart" 251, 256, 257, 258, 262
„Świda" zob. Michalak Jerzy
Świderski Edmund „Wicher" 66, 68

Świerczewski Karol 100
„Świt" zob. Kęska Zygmunt
Świtalski Antoni 117, 118
„Tabor" zob. Tabortowski Jan
Tabortowski Jan „Bruzda", Tabor" 45, 46, 47, 48, 50, 51, 52, 53, 55, 56, 57, 58, 59, 60, 61, 77
„Tadek Biały" zob. Grochal Tadeusz
Talaśka Witold 8
Talpa Jan 215
Taraszkiewicz Edward „Żelazny" 263, 264, 267, 268, 270, 271, 273, 274, 275, 276, 279, 281, 282, 283
Taraszkiewicz Leon „Jastrząb" 263, 266, 267, 268, 270, 271, 272, 273, 274, 275, 277, 278, 279, 281, 282, 283
Taraszkiewicz Rozalia 283
Taraś Marian 140
„Tarzan" zob. Gajda Tadeusz
„Tarzan" zob. Zalewski Mieczysław
Tataj Jan 245
„Tatar" zob. Kaczurba Tadeusz
Toborek Tomasz 175
„Tońko" zob. Boryczko Adam
„Tońko" zob. Fundowicz Czesław
Torniewicz Mikołaj „Wacek" 165, 168
Toth Jan „Mewa", „Twardy" 40, 42
Traugutt Romuald 5
Trojanowska Alicja „Krystyna" 165, 166, 170

„Trzask" zob. Ciuk Tadeusz
„Trzaska" zob. Krajewski Henryk
„Twardy" zob. Toth Jan
„Tygrys" zob. Dąbrowski Wacław
„Tygrys" zob. Popielewicz Piotr
Tymoszuk Feliks „Longinus" 86, 87,
Ufnal Tadeusz 279
Urbanowicz Henryk „Zabawa" 219, 220, 222
„Uskok" zob. Broński Zdzisław
„Vis" zob. Sumiński Stanisław
„Wacek" zob. Torniewicz Mikołaj
„Waldemar" zob. Dziedzic Władysław
Wałach Stanisław 246
Wancerz Bronisław „Nagan" 140, 141
Wanicki Andrzej „Zbyszko" 204
Waniewski Hipolit „Huzar" 47
„Warszyc" zob. Sojczyński Stanisław
Warzyński Franciszek „Wawer" 52, 53, 55
Wasilewska Wanda 157
Wasilewski Edward „Wichura" 63, 66, 67, 68, 69, 72, 76, 77
Waszkiewicz Franciszek „Wicher" 53, 54,
„Wawer" zob. Warzyński Franciszek
Wądolny Mieczysław „Mściciel" 258
„Wąż" zob. Jarmuł Jan
Wendrowski Henryk „kpt. Lawina" 206, 207
Werszyhora Piotr 32,

Wesołowski Władysław „Jastrząb” 48, 50, 51
„Weuwart” zob. Orłowski Stanisław
Węglewski 179
„Węgorz” zob. Dąbrowski Marian
„Wężyk” zob. Dresler Tadeusz
„Wicher” zob. Świderski Edmund
„Wicher” zob. Waszkiewicz Franciszek
Wichrowski Albin „Góral” 68, 69, 72, 73
„Wichura” zob. Kołodziej Józef
„Wichura” zob. Wasilewski Edward
Widaj Mieczysław 150
Wiechuła Ludwik „Jeleń” 115, 118, 128
Wieliczko Henryk „Lufa” 212, 216, 228, 230, 231
„Wierny” zob. Małek Stefan
„Wierny” zob. Mierzwiński Piotr
Wierzba” zob. Krupa Michał
Więcław Ludwik „Śląski” 37
„Wiktor” zob. Kuchciewicz Stanisław
„Wilejka” 203
„Wilk” zob. Krzyżanowski Aleksander
Wiłkomirski dr 150
„Wir” zob. Czerwiński Bolesław
„Wir” zob. Kmiołek Jan
Wiśniewski Antoni 294
„Witold” zob. Krawczyk Tadeusz
Władyka Stefan „Lech” 13

„Własow" zob. Knop Marian
Wnukowski Alfred 244
Wojciechowski Henryk „Sęk" 119, 123, 124, 126, 129
Wojciechowski Mikołaj 47,
Wojczyński Henryk „Mercedes" 222, 226
„Wojtek" zob. Kąfera Wojciech
Wojtulewski Janusz 53
Wolański Stanisław 283
„Wołyniak" zob. Zadzierski Józef
Woźniakiewicz Jerzy „Jastrzębiec" 120
Wódz Jan „Lampart" 18
„Wróbel" NN 168
„Wujek" zob. Żywocki Zygmunt
Wyrozębski Kazimierz „Sokolik" 171
Wyrwa Józef 118
„Wyrwa" 67
Wyrwas Michał 58,
Wysocki Tadeusz „Zegar" 60, 61
Wyspiański Stanisław 7
„Zabawa" 38
„Zabawa" zob. Urbanowicz Henryk
Zaborski Kazimierz „mjr Górny-Łamigłowa" 206
Zacharow Fiodor 47
Zadzierski Józef „Wołyniak" 32, 33, 34, 39, 41, 42, 43, 44
„Zagończyk" zob. Jaskulski Franciszek
„Zając" zob. Nowakowski Tadeusz

Zalewski Mieczysław „Tarzan” 60
„Zapora” zob. Dekutowski Hieronim
„Zapora” zob. Koniusz Konstanty
Zarako-Zarakowski Stanisław 190
Zawadzki Aleksander 202
„Ząb” zob. Zub-Zdanowicz Leonard
Zbroja Józef „Lewy” 120
„Zbyszko” zob. Wanicki Andrzej
Zdybicki Aleksander „Kret” 245
„Zegar” zob. Wysocki Tadeusz
Zieliński Tadeusz „Igła” 237, 244, 246
Zielke Ottomar 230
Zielonka Marian „Bill” 250, 251, 252, 256, 257, 258, 262
Zienkiewicz dr 76
Ziółek Wacław 138
„Znicz” zob. Skolimowski Jerzy
„Zofia” 118
Zubiak Leon 270, 271
Zub-Zdanowicz Leonard „Ząb” 12, 13, 32, 193
„Zygmunt” zob. Bartkowski Zygmunt
„Zygmunt” zob. Błażejewicz Zygmunt
Zyskowski Czesław 53, 55
Zyskowski Henryk 55
„Żak” zob. Żubrowski Mirosław
„Żandarm” 144
„Żbik” zob. Brzózka Henryk

„Żbik" zob. Kołaciński Władysław
Żebrowski Mieczysław „Kordian" 286, 295
Żebrowski Tadeusz 295
Żelanowski Stanisław „Nałęcz" 190
„Żelazny" zob. Badocha Zdzisław
„Żelazny" zob. Taraszkiewicz Edward
Żelińska Regina „Regina" 231
„Żmija" 219
Żmuda" zob. Mirecki Kazimierz
Żółkiewski Antoni „Lin" 118, 128, 131, 135
„Żubr" zob. Jabłoński Stefan
Żubrowski Mirosław „Żak" 127
Żurowski Antoni 99
Żwirko" 165, 166, 167
Życki Tadeusz „Belina" 237, 238, 239
Żywocki Zygmunt „Wujek" 138, 150

SPIS TREŚCI

WSTĘP. Powrót do Polski (Jarosław Szarek) 5

„ZAMELDOWAĆ SIĘ U NACZELNEGO WODZA...".
Brygada Świętokrzyska 9

JEŃCÓW NIE BRANO. Bitwa pod Kuryłówką, 7 maja 1945 31

PARTYZANCKI DZIEŃ ZWYCIĘSTWA.
Opanowanie Grajewa, 8/9 maja 1945 45

„WYCHODŹCIE, JESTEŚCIE WOLNI".
Rozbicie obozu NKWD w Rembertowie, 20/21 maja 1945 63

JUŻ NIE BYŁO SŁYCHAĆ „URRA!".
Bitwa w Lesie Stockim, 24 maja 1945 79

SOWIECI NACIERALI KILKA RAZY.
Bitwa pod Ogółami, 8 lipca 1945 103

Z PIAT-a W BRAMĘ.
Rozbicie więzienia w Kielcach, 4/5 sierpnia 1945 115

„IDĄ PO NAS! BĘDZIEMY WOLNI!".
Rozbicie więzienia w Radomiu, 9 września 1945 137

„NIE DAJCIE SIĘ, CHŁOPCY".
Bitwa w Miodusach Pokrzywnych, 18 sierpnia 1945 153

LEPIEJ SIĘ PODDAJCIE...
Zdobycie Radomska, 19/20 kwietnia 1946 173

SZLI I SZLI...
Defilada oddziałów „Bartka" w Wiśle, 3 maja 1946 191

RAJD SZWADRONU „ŻELAZNEGO".
Rozbicie posterunków MO i UB w Borach Tucholskich,
19 maja 1946 211

ZDOBYĆ KOZIENICE.
Walka pod Zwoleniem, 15 czerwca 1946 233

BEZ JEDNEGO STRZAŁU,
W BIAŁY DZIEŃ...
Rozbicie więzienia św. Michała w Krakowie, 18 sierpnia 1946 247

ATAK „JASTRZĘBIA".
Rozbicie PUBP we Włodawie, 22 października 1946 263

OSTATNIA TAKA AKCJA...
Rozbicie więzienia w Pułtusku, 25/26 listopada 1946 285

Wybrana literatura 297

Indeks osób 303